実務叢書 わかりやすい不動産の適正取引 シリーズ

不動産売買 Q&A

著：佐藤 貴美
編：（一財）不動産適正取引推進機構

はじめに

不動産の売買において主に対象となる宅地・建物は、住宅であれば生活の拠点として、事務所・店舗等であれば経済活動の拠点として、いずれも衣食とともに生活の基盤となり、人間が生存するために欠くことのできないものです。しかし、このような貴重な財産である宅地・建物につき、大多数の人は、一生に数回しかその売買などを経験することがありません。宅地・建物の取引の適正化が図られ、安全安心な利活用が実現されることは、そのような個人の利益を保護する観点から大変重要です。

また、不動産は、我が国の限られた有用な資源であり、その需要と供給を直接結び付ける売買が適正に行われ、その有効な利活用が推進されることは、地域の在り方や、良質な街並み形成などに資するものとして、社会全体の利益にもつながるところです。

本来、宅地・建物をはじめとする不動産の取引は、売主と買主との間の私法上の行為であって、それぞれの当事者個人の自由に任せるべきものです。しかし、その取引が正常に行われず、取引の過程において事故や紛争が頻発し、その流通が円滑に行われないこととなると、個人の立場からも、社会全体の立場からも、極めて問題であると言うことができましょう。

以上のような観点から、個人および社会全体にとって貴重かつ重要な財産である宅地・建物の取引を安全に取り扱い、その円滑な流通と利用の促進を図るための法律として、宅地建物取引業法が制定されています。

すなわち宅地・建物に関しては、宅地建物取引業法に従い、免許を受けた宅地建物取引業者や宅地建物取引士が、不動産取引の専門家として当事者間の手続き等に関与することによって、安全安心な取引の実現が図られているところです。

しかし、実際の売買の場面では、対象となる宅地・建物の具体的な状況、売買契約に至る経緯、売主買主双方の意向等によって様々なトラブルが生じることがあり、その解決は、最終的には裁判によりなされることが少なくありません。したがって、不動産の売買に携わる宅地建物取引業者や宅地建物取引士、トラブルが発生したときに相談を受ける相談担当者としては、法令等を確認するだけではなく、実際の紛争に際しどのような点が問題となり（争点）、裁判所がその争点について、どのような理由に基づき（判決の理由）、どのような判断を下したのか（判決の結論）も参考にしながら、実務に取り組んでいただくことが大切です。

そこで今般、一般財団法人不動産適正取引推進機構のご協力のもと、当機構に実際に寄せられる相談事例や最近の裁判例を踏まえ、当事者間に実際に起こり得るトラブルに対し、主要な争点を整理する際の視点や宅地建物取引業者・宅地建物取引士が留意すべき点をできるだけ分かり易くご紹介するという趣旨のもと、本書を作成いたしました。

本書は、不動産の売買に係る様々な局面で発生しうる相談内容を、75の項目に分けて紹介しています。各項目は、それぞれ次のような構成となっています。

○「相談事例」

実際に一般財団法人不動産適正取引推進機構に寄せられた相談内容や関連裁判例の事案の概要をベースとし、具体的な相談事例を紹介しています。

○「関連裁判例の紹介」

相談事例の取扱いを検討するうえで参考となる最近の裁判例を紹介しています。具体的な紛争の事案がどうなっているのか、各当事者がそれぞれどのような主張をしているのか、それに対し裁判所がどのような判断したのかを、できるだけ分かり易く記述するよう心掛けました。したがって、類書のように、実際の判決文をそのまま引用しているものではありません。より詳細に判決内容を分析いただく際には、別途判例集等を確認いただく必要があることにご留意ください（※)。

○「本事例を検討する際の留意点」

相談事例や関連裁判例でどのような点が問題とされるのかをまとめています。実際のトラブルは、事案によって背景や事情が異なりますので、類似の裁判例があるからといって同じ結論になるわけではありません。具体的なトラブルの内容を整理し、今後の対応を検討したり、相談者に助言する際のポイントを把握したりする際の参考として活用いただくことを主眼としています。

○「本事案及び上記判決から学ぶこと」

相談事例や関連裁判例をもとに、不動産取引の適正化等のためには何が必要なのか、裁判例等に基づきどのような対応が求められるのかを確認いただくことを主眼としています。

法律相談は、紛争解決の場ではなく、その方法や役割につき一定の限界があることから、相談担当者は、法令や判例等の取扱いにかかる客観的かつ公平な情報を相談者に提示し、考え方の整理をしてもらうようにすることが大切です。

また、不動産取引の適正化に重要な役割を担っている宅地建物取引業者・宅地建物取引士は、法令等に従うことは当然として、それに加えて個別の契約関係において、当事者間にトラブルが生じないようにするための対応が求められます。

実際にトラブルに直面している当事者のみならず、各機関の相談担当者や宅地建物取引業者など、不動産取引に関わる様々な立場の方が、本書を通じて、具体的な事例を踏まえつつ適正な業務遂行等の在り方を考えご対応いただくことによって、適正な不動産取引の実現にお役立ていただければ幸いです。

※関連裁判例については、一般財団法人不動産適正取引機構発行の「RETIO」に掲載されています。また、機構ホームページのRETIO判例検索システムにより裁判年月日（各事例の判決日）等での検索ができますので、適宜ご活用ください。

2024年6月

弁護士　佐藤　貴美

（一財）不動産適正取引推進機構

不動産売買 Q&A●目次

第1章 媒介報酬

第2章 宅建業者等の説明義務

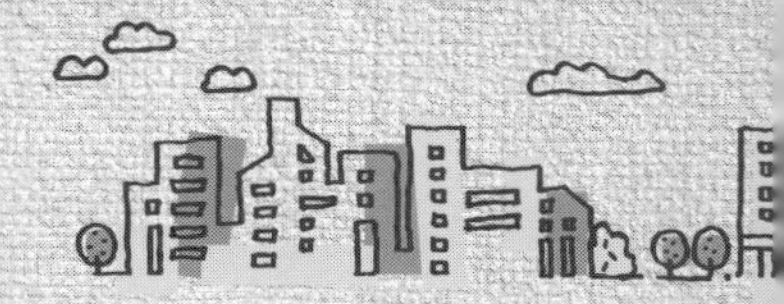

第1章　媒介報酬

◆媒介報酬請求

契約締結直前に契約見送りの申出をした買主が、その直後に当該物件を購入したことから媒介報酬の支払いを求めたい。

買主の希望に合った物件を紹介し、申込書の提出を受けて交渉しましたが、契約締結直前に購入見送りの連絡を受けました。その後、買主は他の業者の媒介で当該物件を購入したことから、買主に媒介報酬相当額の支払いを求めたい。

（媒介業者　法人）

関連裁判例の紹介

本事例を検討するに当たっては、令和3年2月26日東京地裁判決が参考になります。

【上記判決の概要】

●事案の概要●

（X　媒介業者　Y　買主）

平成27年11月、買主Y（個人）は、媒介業者Xから紹介を受けた東京都ａ区内に所在する賃貸マンション（本物件、売却希望価格：4億2,000万円）について、購入価格を4億円とする購入申込書（申込書）をXに提出した。その申込書には、「私は、貴社より紹介を受けております後記表示の物件の不動産を下記の条件にて購入することを申し込みますので、貴社に交渉をお願いします。」「当社は速やかに上記条件にて売主と折衝します。」「成約の際には、成約本体価格の3%＋6万円の仲介手数料及び消費税を申し受けます。」と記載されていたが、その提出の際に、YはXに、媒介報酬の1,080万円への減額を検討するように依頼した。

その後、Yは、本物件の売主側媒介業者Aに申込書を提示して価格交渉をしたものの、他にも購入検討者がいることを理由に価格引下げを拒否された。

同年12月2日、XはYに、売買価格4億2,000万円、媒介報酬1,080万円などとする購入申込書を再提示し、Yはこれに署名・捺印した。

同月7日、XはYに、契約場所（Yが借入を予定していたB銀行の支店応接室）、手付金、仲介手数料540万円（半金）、持参物（印鑑）等、売買契約締結に関する案内が記載された書面（案内文書）を手交した。また、売買契約日は12月10日または11日が予定された。なお、媒介契約書は売買契約時に調印される予定であった。

しかし同月9日、YはXに、家族の反対を理由として、本物件の購入を取り止める旨を告げ、売買契約は中止となった。

ところが平成30年7月頃、ＸはＹが本物件に出入りしているところを偶々目撃して不審に思い、登記情報を確認したところ、Ｙは平成28年2月に本物件を購入していたことが判明した。そこでＸが、Ｙに書面で事情の説明を求めたものの、Ｙはこれに回答しなかった。

以上のような経緯のもと、Ｘが、Ｙとの間で売買契約の成立を停止条件とする1,080万円の報酬合意が成立していたところ、Ｙが故意に本物件の売買契約の成立を妨げたとして、Ｙに対し同額の支払いを求める訴訟を提起したのが本事案である。

●相手方（Ｙ）の言い分●

これに対しＹは、媒介契約書は締結されておらず、媒介契約も報酬合意もなかった、本物件の取得は別途他の媒介業者の媒介によって本物件の購入を検討した結果に過ぎないと主張している。

●裁判所の判断●

裁判所は概ね次のように判示し、Ｘの請求を認容しました。

（媒介契約成立の有無について）

① Ｘは、平成27年11月30日以降、関係者と売買契約成立に向けた調整を行っていることに照らせば、Ｙが申込書をＸに交付した時点で、Ｘが本物件の売買に関する媒介を行い、売買契約が成立した場合には相当額の媒介報酬をＹがＸに支払うことについての基本的な合意が成立したものと認められる。

② 媒介契約書の作成がない場合であっても、それが宅建業法違反の問題が生じるかどうかは格別、媒介契約書の作成が実体的な媒介契約の成立要件であるとまでは解されず、媒介契約書が作成されていないことをもって媒介契約の成立が否定されるということにはならない。

（報酬額の合意の有無について）

③ 申込書には、仲介手数料として「成約本体価格の3％＋6万円」との記載があり、これに対してＹは、1,080万円への減額を求めたこと、また、Ｘは売買契約締結時の仲介手数料半金（540万円）の支払いを求める案内文書をＹに交付し、Ｙはこれに対して特段の異議や疑問は述べなかったことからすると、ＸとＹの間で本物件についての媒介報酬額を1,080万円とする黙示の合意が成立したものと認められる。

（Ｙによる故意の条件成就妨害行為の有無について）

④ 平成27年12月7日の時点で、売買契約の締結日は同月10日又は11日と具体的な日取りが絞り込まれ、同月8日には売買契約書及び重要事項説明書の案文が完成していることから、売買契約は締結直前の段階にあったと認められる。

したがって、Ｙは、Ｘの行った媒介活動を利用しつつ、Ｘに対しては本物件の購入意思がなくなったように装ってＸを排除し、本物件を購入したものと推認できる。

このことは、Ｘの行った媒介による本物件の売買契約の成立を、Ｙが故意に妨げたものと評価すべきであり、ＹがＸに本物件の購入中止を伝えた時期が本物件の売買契約成立直前であったことや、その後間を置かずに他業者の媒介により売買契約の締結に至っていることなどの事情に照らせば、Ｙの行為は、許容され得る自由競争の範囲を逸脱し、信義則に反するものといわざるを得ない。

（結論）

⑤　Ｘは、Ｙに対し、媒介報酬の支払につき付されていた停止条件が成就したものとみなすことができ、媒介報酬相当額1,080万円を請求できる。よって、Ｘの請求は理由がある。

○本事例を検討する際の留意点

上記判決からすれば、本事例においては、相手方との間で媒介契約が成立し、報酬について合意が成立していたと言えるか、相手方が自身で売買契約をしたことが、故意による条件成就（媒介による売買契約の成立）の妨害行為と評価し得るかを確認のうえ、対応を検討することが大切です。

○本事例及び上記判決から学ぶこと

宅建業者に報酬請求権が発生するためには、顧客との間で媒介契約がなされ、報酬の合意がなされたうえで、媒介によって顧客と相手方との間で売買契約が成立したことが必要とされます（成功報酬）。

本事例や上記判決の事案のように、媒介行為により契約締結までの手続きが相当程度進んだ段階で、媒介業者を除外して当該契約を完成させた顧客に対しては、相手方との間で媒介契約が成立し、報酬についても合意が成立していて、相手方が自身で売買契約をしたことが故意による条件成就（媒介による売買契約の成立）の妨害行為と評価し得る場合には、報酬請求権が生じるところです。

宅建業者及び宅建士においては、報酬請求権の前提となる媒介契約の締結、報酬の合意などの手続きをしっかりと履践することが大切です。

また、上記判決では、媒介契約書の作成がないことをもって媒介契約及び報酬合意の成立が否定されるものではないとしていますが、宅建業法では、売買・交換について媒介契約を締結したときは、遅滞なく、必要事項を記載した書面を交付しなければならないとされていますので（宅建業法34条の2）、宅建業者及び宅建士としては、媒介契約書の取り交わしは、宅建業法に基づき適切に行わなければならないことに注意する必要があります。

◆媒介報酬請求

売買契約を手付解除した買主に対して、媒介報酬の支払いを求めたい。

土地売買契約の媒介を行ったものの、買主が売買契約を手付解除しました。媒介報酬の支払いを拒否している買主に対して、その支払いを求めたい。

（媒介業者　法人）

関連裁判例の紹介

本事例を検討するに当たっては、令和元年12月3日東京地裁判決が参考になります。

【上記判決の概要】

●事案の概要●

（X　媒介業者　Y　買主）

平成30年春頃、買主Yは、東京都ａ区周辺に事務所兼代表者自宅を取得することを計画し、媒介業者Xより紹介を受けたａ区所在の宅建業者Bが所有する土地（本物件）を購入するために、Xを通じてBと交渉を行った。

平成30年6月11日、XとYとの間で、本物件の売買に係る同月2日付の以下の内容の媒介契約（本契約）が締結された。

・Xの報酬額：売買金額の3%＋6万円、に消費税を加えた額
・売買契約締結後、手付解除及び違約解除の場合には、Xは規定の報酬を申し受ける。（本件特約）

同日、Xの媒介によりYとBの間で、売買代金を4億1,500万円、手付金を1,000万円、決済日を同年8月31日とする本物件の売買契約が締結され、手付金の授受がなされた。

同年8月中旬、YはXを通じてBに対して、支払済みの手付金を放棄して、売買契約を解除する旨の意思表示を行い、これによって売買契約は解除された。

そして同年11月、Xは、本契約に定められた媒介報酬（1,351万円余）の支払いを求める通知書をYに送付したが、Yはこれに応じなかったことから、XがYに対しその支払いを求めて訴訟を提起したのが本事案である。

●相手方（Yら）の言い分●

これに対しYは、Xとの間で本契約を締結した際に、Xからは売買契約を解除した場合でも手付金以外の費用は掛からない旨の説明を受けていたなどと主張し

ている。

●裁判所の判断●

裁判所は概ね次のように判示し、Xの請求を認容しました。

（本件特約の有効性について）

① Y代表者は、平成30年6月11日、Xの事務所にて、Xの従業員の立会いの下、売買契約に係る契約書の作成とともに、媒介契約書（本契約書）の作成に応じ、Y代表者は自らの意思で双方の契約書に署名押印したことが認められる。したがって、Yは特段の事情がない限り、Xとの間で本件特約を含む内容の本契約を締結する旨の意思表示をしたものと認められる。

② 本件特約は、本契約書の表面に、他の条項とともに、同様の大きさ・字体の不動文字で記載されており、それ自体殊更読みにくいとはいえないし、本件特約を含めた本契約書の条項全体は、直ちに通読することが困難な分量であるともいい難く、むしろ、比較的容易に通読することが可能なものであったところである。

③ Xの従業員は、本契約書作成の際、本件特約を含みその内容をY代表者に説明した旨を陳述及び供述するところ、不動産取引に係る媒介契約の締結の際には、宅建業者から顧客に対してその内容について説明を行うことが一般的であり、本件においてこれを敢えて行わないこととする事情は特段見当たらない。

Y代表者は、本契約締結後、本契約書の交付を受けており、本件特約の存在に関して、自らの認識とは異なるなどとしてXに直ちに異議を述べるなどした形跡はないことからすれば、本件特約の存在を把握していたことが疑われる。

④ なおYは、売買契約及び本契約の締結直後に念のため確認したところ、Xの従業員から、万が一キャンセルの場合は手付金1,000万円の放棄のみでそれ以外は一切掛からないと言われたと主張するが、仮にXの従業員からこのような発言があったとしても、この発言は売買契約についてなされた可能性を否定することはできず、少なくとも、Xの従業員において、本契約書中に不動文字で本件特約が記載されているにもかかわらず、これと矛盾する趣旨の説明をしたとは考え難いから、Yの上記主張は採用することができない。

したがって、Yにおいて、本件特約を含む本契約締結の意思表示をしたとの認定を覆すに足りる特段の事情があるとはいえない。

（結論）

⑤ よって、本契約及び本件特約は有効に成立したものと認められ、Xの請求は理由がある。

〇本事例を検討する際の留意点

上記判決からすれば、本事例においては、媒介報酬の支払合意が証明できる媒介契約書の取り交わし等があるか、当該契約書中に手付解除の場合の報酬の取扱いが規定されているかなどを確認のうえ、対応を検討することが大切です。

○本事例及び上記判決から学ぶこと

宅建業者は、媒介等をした売買契約等が成立したときに報酬請求権が発生し、いったん売買契約が成立した以上、その売買契約等があとで解除された場合であっても、当該報酬請求権が存在することになります。

上記判決の事案では、媒介契約書中に、手付解除の場合でも報酬請求権が存続する旨が明記され、「担当者が手付金以外の費用は掛からない」と説明を受けたとする相手方の主張を認めず、報酬の支払いが命じられました。

宅建業者及び宅建士においては、宅建業者の報酬請求権の在り方一般に係る取扱い、とりわけ売買契約締結後に売買契約が解除された場合の報酬に関して、媒介契約書に明確に規定するともに、契約締結に当たっては、相手方の誤解を招くような発言がないよう心がけることが大切です。

◆媒介報酬請求

売主は媒介契約を解除して買主と直接取引を行ったので、媒介契約に基づいて媒介報酬を支払って欲しい。

収益ビル売買の媒介業者です。ビルの売主は、当社を含めた複数の媒介業者の共同媒介によりビルを特定の買主に売却することとしていたにもかかわらず、別の宅建業者と専任媒介契約を締結しました。そして、共同媒介による取引を中止し、特定の買主と直接に取引を行いました。これは、私たちへの媒介報酬の支払いを故意に免れたものなので、売主には媒介報酬を支払って欲しい。

（媒介業者　法人）

関連裁判例の紹介

本事例を検討するに当たっては、平成30年4月16日東京地裁判決が参考になります。

【上記判決の概要】

●事案の概要●

（X１媒介業者　X２媒介業者　X３媒介業者　Y売主　A宅建業者　B買主　C宅建業者）

平成26年3月、売主Ｙ（個人）は、媒介業者Ｘ１（宅建業者）に対し、所有する収益ビル（8階建て地下2階）を15億円以上で売却したいとして媒介を依頼した。

ただしこのとき媒介契約書は作成されず、媒介型式（専任・一般の別）、媒介期間、媒介報酬などの条件も具体的に取り決めなかった。

平成27年3月、この案件を知った媒介業者Ｘ２がＹにアプローチしたところ、ＹからはＸ１を通すように言われたため、Ｘ２は、Ｘ１に対し、共同で媒介したいと持ち掛け、Ｘ１の承諾を得た。

平成28年3月、Ｘ２は、媒介業者Ｘ３に共同媒介を持ち掛け、更にＸ３が宅建業者Ａにも共同媒介を持ち掛けた結果、Ａが購入候補者Ｂを探し出し、5月30日にＹとＢが面談することになった。

一方Ｙは、当該面談前の5月23日に、知り合いの宅建業者Ｃと本物件の売却に関する専任媒介契約書を締結した。

5月30日、Ｃの事務所にて、ＹとＢの面談が行われ、その場にはＸ１、Ｘ２、Ｘ３（Ｘら）及びＡが同席し、その際ＹがＹ側の媒介業者はＣである旨発言をしたところ、Ｘらはその点について特段の発言をしなかった。

その後Ｘ１は、Ｙに対し、Ｂ側の購入条件が14億5,000万円であり、値上げの余地が全くないことを前提に6月13日までに契約の可否を回答するようメールを送信したが、Yは、6月1日から7月2日まで海外旅行中であり帰国できないのでBと契約することはできないと回答した。さらにYは、本物件に設定された根抵当権を他の物件に付け替えるのに7月末まで時間を要すると説明したところ、X１から「7月15日の決済が必須とのことです」とのBの意向が伝えられたため、6月30日、Bとの間の本件取引を中止し、Bには売却しない旨をX１に返信した。

7月5日、帰国したYは、Cの事務所において、Xらに対して、今後一切、C以外の業者は本物件の売買の媒介には絡ませない、絡んだ場合はその売買には応じないと通告した。そのうえで、Yは、7月15日、Bとの間で、Cを媒介業者として本物件を15億7,736万円余で売却する売買契約を締結した。

以上のような経緯のもと、Xらは、Yが媒介契約を解除したことは報酬請求権発生の停止条件成就の故意による妨害にあたると主張して、同契約に基づく報酬請求として各600万円、計1,800万円の支払いを求めて訴訟を提起したのが本事案である。

●相手方（Y）の言い分●

これに対しYは、媒介契約の成立には書面作成と記名押印が必要であり、口頭での合意では成立しない、仮に口頭の合意で成立していたとしても、後日それを解除しているので、媒介手数料を支払う理由はないなどと主張している。

●裁判所の判断●

裁判所は概ね次のように判示し、Xらの請求を棄却しました。

（X２、X３との媒介契約の成否）

① X２及びX３は、平成28年5月30日の面談時、Yとの間で、口頭で、本物件の売買について媒介契約を締結した旨主張するが、証拠等によれば、X２らからYに対し、媒介契約の締結をするよう要請したような会話はなく、Yからその承諾があったとも認められない。

（X１との媒介契約解除が停止条件の成就の妨害（民法130条）にあたるか）

② X１とYの間には本物件の売買に関する一般媒介契約が成立しているが、その性質は委任契約であり、委任者であるYには解除の自由があると解される（民法第651条）。もっとも、媒介業者の尽力により契約が成立したと同視できるか、またはこれに準ずる程度にまで交渉が進行した後、特段の事由もなく契約を解除した場合や、当該契約の解除が信義則に反すると認められる場合には、媒介業者は、民法第130条の法理により、相当額の報酬を請求することができるものと解すべきである。

③ 本件では、Yは、6月30日の時点で本物件をBに売却しない方針をX１に伝えている上、本件媒介契約を解除した7月5日の時点で、X１が作成した契約書

案等の内容についても了承しなかったことからすれば、Ｘ１の媒介により売買契約が成立したと同視できるか、またはこれに準ずる程度にまで交渉が進行していたとはいい難い。

④　Ｘ１は、Ｙと媒介契約を締結した後、2年以上経過しても購入希望者を見つけ出すことができず、売買契約書案の作成もＡ及びＸ２が中心となって行っていたことからすれば、本件不動産の売買契約に向けた交渉におけるＸ１の貢献はそれほど大きいものとはいえない。

⑤　さらに、ＹがＸ１との媒介契約を解除したのは、Ｂが希望する決済日では根抵当権の付け替えが間に合わないことからＸ１に契約の締結を希望しない旨明確に伝えたにも拘らず、Ｘ１が、帰国したばかりのＹに対し、引渡日を7月15日とする売買契約書の案文等を提示したため、Ｙは、根抵当権の付け替えが間に合わずに債務不履行責任を負う危険がある売買契約をＸ１が性急に締結させようとしていると判断したことによるものと認められる。

⑥　これらの事情に加え、本物件の代金が約15億円と非常に高額であり、仮にＹに債務不履行があった場合には高額の賠償責任を負う危険があったと考えられることも考慮すれば、ＹがＸ１の対応に不信感を覚え、本件媒介契約を解除したことには正当な理由があるというべきであるから、当該解除が信義則に反するとは言えず、Ｘ１はＹに対し媒介報酬を請求することはできない。

（結論）

⑦　以上から、Ｘらの請求は理由がない。

○本事例を検討する際の留意点

上記判決からすれば、本事例においては、報酬請求を検討している媒介業者それぞれが売主との間で媒介契約が成立していたといえるか、売主が相談者らとの媒介契約を解除した理由等に鑑み、当該解除が信義則に反するといえるかなどを確認のうえ、対応を検討することが大切です。

○本事例及び上記判決から学ぶこと

宅建業者の媒介報酬請求権は、媒介契約が成立し、かつ、当該媒介契約に基づく媒介行為により売買が成立したときに発生します。しかし、仮に売買契約が成立しなくとも、媒介業者の尽力により契約が成立したと同視できるか、これに準ずる程度までに交渉が進行していたにもかかわらず、依頼者が、特段の事情もなく、または信義則に反すると認められる状況のもとで媒介契約を解除し、当該媒介により発見した相手方当事者との間で直接、または別な媒介業者の関与のもとで売買契約を成立させせたときは、民法130条（停止条件の成就が故意に妨害されたときは、停止条件は成就したものとみなす）により、相当額の報酬を請求することが可能であると解されます。

上記判決の事案では、一部の業者については媒介契約の成立が認められないこと、媒介契約の成立が認められた業者についても、具体的な媒介行為等の状況や売買契約の成立に対する寄与の度合いなどを考慮し、媒介契約の解除等に信義則違反はないとして、報酬請求は認められませんでした。

宅建業者及び宅建士においては、媒介契約を締結した場合には、その点が明確になるよう媒介契約書を作成するとともに、依頼者の意向等を踏まえた適切な媒介行為の履行に努めることが大切です。

◆説明義務（修繕積立金等）

購入マンションの修繕積立金、管理規約等について誤った説明をした売主業者と媒介業者に売買契約の錯誤無効及び損害賠償を求めたい。

マンションの売買契約に際し、売主業者や媒介業者から、「修繕積立金は規約に定めがあり、既積立額269万円、滞納額25万円となっている。管理方式は媒介業者の常駐管理である」などの説明を受けました。しかし、入居後に確認したところ、修繕積立金が存在しておらず、代わりに損害賠償請求権があること、管理委託は媒介業者の関連会社へ委託予定であることなどが判明しました。虚偽の説明をした売主業者及び媒介業者に売買代金相当額等について損害賠償を請求したい。　　（買主　個人）

関連裁判例の紹介

本事例を検討するに当たっては、令和3年9月29日東京地裁判決が参考になります。

【上記判決の概要】

●事案の概要●

（X　買主　Y１　売主業者　Y２　媒介業者　Y３　媒介業者　A　前売主）

平成28年10月、売主業者Ｙ１は、Ａから3階建てマンションの1階部分の住宅1戸を媒介業者Ｙ２の媒介により1,080万円で取得した。なお、Ｙ２は、以前より、このマンション全体（住宅9戸と店舗1戸）の管理業務を無償で行っていた。また、売買契約書の特約欄には、「修繕積立金が積み立てられていない」、「現況有姿での引き渡し」、「自主管理マンションだが、管理組合や管理規約すら存在していない」との記載があった。

Ｙ１が内装工事を実施した後、Ｙ２は、本件建物を「フルリフォーム済み、管理会社はＹ２、管理形態は全部委託、管理方式は巡回」として、価格3,480万円でレインズに登録した。

これを見た媒介業者Ｙ３が、Ｙ３のネットサイトに掲載したところ、買主Ｘ（個人）が内覧の申し込みをし、Ｘは、Ｙ３の案内により物件を内覧した。

Ｘは、Ｙ３から、本件建物は大規模修繕工事の予定があること、管理会社はＹ２で、管理方式は1階の店舗に入居するＹ２の常駐管理となる予定との説明を受けた。

平成29年10月、Ｘは、Ｙ１、Ｙ２及びＹ３から重要事項説明を受け、売買契約を締結した。Ｙ２が作成した重要事項説明書には、修繕積立金は規約に定めがあり、既積立額は269万円余で、滞納額が25万円余あること、管理形態は全部委託であることなどが記載されていた。

平成30年2月、管理組合の総会とされる会合がＹ１及びＹ２主導で開催された。会合に出席したＸは、管理規約が存在しないこと、管理がＹ２の関係会社に委託予定であること、修繕積立金は現存せず、本件建物に漏水事故を起こした2階居住者への損害賠償請求権293万円があり、その請求訴訟を提起することを知った。

Ｘは、Ｙ１らに対する不信感を強め、弁護士に調査を委任し、管理組合の会計帳簿等の閲覧請求をしたところ、Ｙ１から「修繕積立金がないことが判明した」などの回答がなされた。

以上のような経緯のもと、Ｘが、Ｙ１らに対し、修繕積立金などに係る虚偽説明による共同不法行為等に基づき、売買代金相当額、媒介手数料、慰謝料、弁護士費用など4,200万円余を求める訴訟を提起したのが本事案である。

なお、管理組合による2階居住者に対する損害賠償請求については、平成30年8月に訴訟を起こしたが、同年9月に居住者から入金があったとして、取り下げられている。

●相手方（Ｙ１ら）の言い分●

これに対しＹ１らは、修繕積立金は回収確実な債権（2階居住者に対する損害賠償請求権）として存在していた、管理委託先とは正式な契約はないが、Ｙ２が問題なく管理業務を行っていた、Ｘが反対したため正式な契約が締結できなくなったなどと主張している。

●裁判所の判断●

裁判所は概ね次のように判示し、Ｘの請求を一部認容しました。

（Ｙ１、Ｙ２の共同不法行為について）

① Ｘは、Ｙ３から、修繕積立金269万円余、大規模修繕工事の予定、管理業務はＹ２に全部委託などの説明を受けているが、これはすべてＹ３がＹ２から教示されたものであった。

② 修繕積立金に賠償請求権が含まれていることは、Ｘが総会とされる会合で疑問を抱き調査を始めた後に説明されたもので、売買契約当時、賠償請求権を修繕積立金に含める扱いをしていたとは認めがたく、Ｘへの説明は誤りであったと認められる。

③ Ｙ１、Ｙ２は、管理規約が存在していた旨主張するが、Ａ・Ｙ１間の売買契約書には管理規約が存在しないと明記されている。そして、管理規約が存在しないことは区分所有建物では異例であり、宅建業法35条に照らし、媒介業者か

ら買主に説明すべき事項に当たるというべきである。区分所有建物の管理形態も宅建業法上の説明事項でもあるところ、管理業務がＹ２に全部委託されているとの説明も誤った説明であったと認められる。

④　以上の誤った説明は、本件売買契約の締結上、重要な要素に関わるものというべきであり、仮に真実の説明を受けていれば、Ｘは売買契約を締結しなかったものと認められる。

⑤　Ｙ２は、Ｘへの説明に誤りがあることを認識していたのは明らかであり、また、Ｙ１においても認識をしていたか、容易に認識し得たものと認められることから、両者はＸに対し、共同不法行為責任を負うものと認められる。

（Ｙ３の共同不法行為責任の成否について）

⑥　Ｙ３は、誤った重要事項説明を行ったが、その説明は全てＹ２からの教示によるものであり、その内容は不自然、不合理であったとまでは認められず、Ｙ３には、自ら管理業者を名乗るＹ２の説明内容につき疑問を抱くなどして調査確認をする契機や時間的余裕があったとは認められないことから、Ｙ３に調査義務違反があったとまでは認められない。

（本件売買契約・媒介契約の無効）

⑦　Ｘは、本件マンションの修繕積立金が、外壁塗装工事が可能な程度に存在すること、管理規約や管理業者について一般的な区分所有建物と大きく異なるところはないことを前提に、本件売買契約・媒介契約の締結を決意したもので、修繕積立金の存在等は契約の要素になっていたものと認めることができる。しかし、実際には、修繕積立金はほぼ存在せず、管理規約も、契約に基づく管理業者も存在しなかったものであり、本件売買契約・媒介契約は錯誤により無効と認めるのが相当である。

（結論）

⑧　以上から、Ｘに対し、Ｙ１、Ｙ２には共同不法行為と相当因果関係のあるＸの損害3,804万円余（売買代金・媒介手数料相当額、リフォーム代金、弁護士費用等）の支払義務があり、Ｙ３には本件媒介契約の錯誤無効により媒介報酬109万円余の返還義務がある。

○本事例を検討する際の留意点

上記判決からすれば、本事例においては、売買契約手続きの際の重要事項説明書の記載内容や宅建士による補充的な説明内容、実際のマンションの管理組合における修繕積立金の状況に係る資料などを確認のうえ、対応を検討することが大切です。

○本事例及び上記判決から学ぶこと

区分所有建物において、計画的に実施される大規模修繕のための費用として管理組合で積み立てている修繕積立金の積み立て状況は、当該区分所有建物を購入する買主にとって、将来的な資産価値の評価や出費に直結する重要な情報です。宅建業法においても、重要事項説明の内容として、「修繕積立金の積み立てを行う旨の規約の定めの内容及び既に積み立てられている額」が宅建業法施行規則16条の2第6号で明記されているところです。

また、区分所有建物では、建物の適切な維持保全のためには建物の管理の在り方が重要であり、当該管理が第三者に委託されているときは、委託先の氏名・名称や住所・所在地も説明事項とされているところです（同条第8号）。

宅建業者・宅建士においては、いずれも法令に基づく説明事項であり、誤りがないようしっかりと調査し、当事者に説明する必要があります。

なお、上記判決では、マンションの売買契約は修繕積立金等が一般の区分所有建物と大きく異なることはないことを前提になされるものとしており、上記判決の事案にようにその前提が欠ける場合には、錯誤無効も認められることにも留意すべきでしょう。

◆説明義務（売買目的）

買主が太陽光発電事業目的を居住用と偽って行った土地売買契約について、錯誤無効として、土地の明け渡しを求めたい。

私は、買主より住宅又は別荘用地として利用するとの説明を受けて土地を売却しましたが、実際は太陽光発電事業利用であったことを知りました。私は居住用又は別荘用の用地として本件土地を売却するつもりであったことを黙示に表示しており、買主もそのことを知っていたので、売買契約の錯誤無効や詐欺取消しを求めたい。　（売主　個人）

関連裁判例の紹介

本事例を検討するに当たっては、令和3年10月24日東京高裁判決が参考になります。

【上記判決の概要】

●事案の概要●

（X　売主　Y　買主（個人）　A　Yの息子、B社の業務執行社員　B　太陽光発電事業を行う会社　C　媒介業者　D　媒介業者）

Yが代表社員、Aが業務執行社員を務めるB社は、平成26年3月、P市において太陽光発電の設備IDを取得した。

平成28年2月、放牧地として使われていた土地（分筆前土地）の売却を媒介業者に依頼をしていたXは、Aより、分筆前土地のうち800坪を、倉庫や古い電車置き場等に使用するとして2,000万円で購入する旨の提示を受け、これに対してXは、670坪を坪3万円で売却することをAに提案した。しかし、その後Aが太陽光発電事業目的で土地を購入しようとしていることを知ったXは、平成28年8月、そのような目的のためには売却できないとしてAの購入申し出を断った。

平成29年7月頃、Xは、Cより、住宅用として売却するには分筆したほうが良い旨の助言を受け、分筆前土地の分筆売却を前提とした売却活動をCに依頼した。

平成31年3月、Yは、Dより紹介を受けた本件土地（分筆前土地の一部）について、居住用または別荘用として使用する目的であるとして、Xに購入の申し入れをした。

同年4月、XとYは、本件土地について代金1,130万円とする売買契約を締結し、同年6月、本件土地の引渡しと所有権移転登記が行われた。なお、本件売買に際し媒介業者C・Dは、Yの購入目的が居住用であることを前提に、本件売買の契約書及び重要事項説明書を作成している。

同年8月、Ｘは、Ｂ社が本件土地をＹより賃借し、太陽光発電事業を行う計画があることを知り、本件土地について裁判所から処分禁止仮処分を得たうえで、Ｙは本件土地を太陽光発電事業用地として利用する目的であったのに、住宅又は別荘用地として利用するとの虚偽の説明を行って本件売買契約を締結させたとして、本件売買契約の詐欺取消し又は錯誤無効を理由に、所有権移転登記の抹消と本件土地の明渡しを求める訴訟を提起したのが本事案である。

原審は、Ｘの本件売買契約の錯誤無効の主張を認容したことから、これを不服とするＹが控訴した。

●相手方（Ｙ）の言い分●

これに対しＹは、もともと太陽光発電事業を行う目的で本件土地を購入したのであり、本件売買契約に際し、本件土地で太陽光発電事業を行わないと発言したことはない旨主張している。

●裁判所の判断●

裁判所は概ね次のように判示し、Ｙの控訴を棄却し、Ｘの請求を認めました。

（Ｙの本件土地の購入目的について）

① Ａは、本件土地の購入をＸに持ちかけていた平成28年5月時点で、Ｐ市に対し、本件土地を含む部分に太陽光発電設備を設置する計画があるとの届出を行っており、ＡはＢ社が既に取得済みの設備IDを用いて太陽光発電事業を行うことを前提に、Ｙ名義で本件土地を購入することをＹと協議したこと、ＹはＡとの協議に基づいて、媒介業者を介してＸから本件土地を購入するに至ったことが認められる。

② このような経過に照らせば、Ｙは、Ｂ社による太陽光発電事業の用地として使用する目的で本件土地を購入したものと認められる。

（Ｘの本件契約の動機の錯誤について）

③ これに対しＸは、本件土地を居住用又は別荘用の土地であることを前提に売却しようとしていたことが認められる。

④ Ｙは、媒介業者に対し、居住用又は別荘用の土地を探している旨の説明や文書への記載を行っており、Ｘは、媒介業者からその旨を聞いていたこと、本件売買契約締結に際し、ＹはＸに対し、居住用又は別荘用の土地として本件土地を購入する旨の説明をしていたことに照らせば、Ｘは、Ｙが居住用又は別荘用の土地として本件土地を使用するとの認識で本件売買契約を締結したことは明らかであり、Ｘによる本件売買契約締結の意思表示には、買主の土地の利用目的という動機についての錯誤があったというべきである。

⑤ そして、Ｘが平成28年のＡの買受けの申入れを太陽光発電事業に使われることを理由に断ったことがあること、Ｙが、Ａとの協議を踏まえ、Ｂ社による太

陽光発電事業の目的を当初から有していたにもかかわらず、媒介業者やXに対し、居住用又は別荘用の土地として本件土地を購入する旨の言動を一貫して行っていたことなどの経緯に照らせば、Yは、Xが、本件土地について、居住用又は別荘用の土地として販売しており、太陽光発電事業用地としては販売する意思がないことを知っていたために、あえて居住用又は別荘用の土地として本件土地を購入する旨の言動を行っていたものと認められる。よって、Xは、本件売買契約に際して、居住用又は別荘用の土地として本件土地を販売するとの動機を黙示に表示しており、Yも、Xの当該動機を知っていたと認めるのが相当である。

⑥　なお、Yは、本件契約書や重要事項説明書に、Y又はその関係者が、太陽光発電施設の施設を設置し事業をすることを禁止する条項は一切存在しなかったとして、本件売買契約が動機の錯誤には当たらないなどと主張するが、上記経緯などから、本件売買契約において、Xによる居住用又は別荘用の土地として本件土地を販売するとの動機は黙示に表示されて契約の要素になっていたと解するのが相当であるから、Yの主張は採用できない。

⑦　以上によれば、本件契約は、Xの錯誤によって締結されたものとして、無効というべきである。

（結論）

⑧　よって、Yの控訴請求は理由がない。

○本事例を検討する際の留意点

上記判決からすれば、本事例においては、売買契約の目的が契約書等において明示的に表示されているか否か、契約書等に記載がない場合には、契約に至る一連の経緯のなかで黙示的にでも表示されていたと言えるかなどを確認のうえ、対応を検討することが大切です。

○本事例及び上記判決から学ぶこと

民法では、表意者による意思表示が、法律行為の基礎とした事情についてその認識が真実に反する錯誤に基づくものであって、その錯誤が法律行為の目的及び取引上の社会通念に照らして重要なものであるときは、当該事情が法律行為の基礎となることが表示されていたときに限り、取り消すことができるとされています（民法95条1項2号・2項）。

これは、以前は「動機の錯誤」と称されていたものであり、上記判決は、令和2年改正前の民法の規定に基づき動機の錯誤が問題とされたものですが、現行民法上でも、動機（＝法律行為の基礎とした事情）の錯誤が要素の錯誤（＝法律行為の目的及び取引上の社会通念に照らして重要なもの）であり、その動機が表示されていれば、当該法律行為は取消される（従前の取扱いでは無効とされる）ことになります。
　売買契約における売買の目的は「動機」に属するものですが、その錯誤は要素の錯誤に該当するものといえることから、上記判決の事案でも、錯誤の効果が発生するためには、当該売買の目的が明示され、または黙示的に表示されたことによって相手方が認識していたことが必要とされました。宅建業者・宅建士においては、売買の目的が当事者において確定している場合には、売買契約書等にも明示するなどして、売買の目的に関連するトラブルの防止に努めることが大切でしょう。

◆説明義務（地役権等）

土地の売買に当たり、宅建業者が土地の一部に地役権が設定されていて当該部分は建築等に利用できないことを説明しなかったので、宅建業者に損害賠償を求めたい。

私は土地を購入したのですが、売買の際の媒介業者からその土地の一部に未登記の地役権が設定されている旨の説明がなかったため、その土地上に建築したガレージを撤去せざるを得なくなりました。媒介業者は、私道の範囲や建築等に利用ができないことの説明をしたとしていますが、地役権であるとの説明はなかったことから、私は媒介業者にガレージの撤去費用等の損害賠償の請求をしたい。（買主　個人）

関連裁判例の紹介

本事例を検討するに当たっては、令和3年6月18日東京地裁判決が参考になります。

【上記判決の概要】

●事案の概要●

（X　買主　Y　媒介業者（法人）　A　売主）

平成21年12月、Xは、本件土地・建物を媒介業者Yの媒介により、Aより代金9,000万円で購入した。

平成25年頃、Xは、本件土地上にガレージを建築した。

平成27年10月、本件土地の近隣住民が、本件土地の一部に設定された地役権に基づきガレージの撤去等を求める訴訟を提起し、Xに対しガレージを撤去することを命じる判決が確定した。

そこでXが、Yに対し、重要事項説明において、本件係争地が私道であること、地役権が設定されていたこと、建築制限があることを説明しなかったと主張して、本件係争地に建築したガレージの解体・撤去、再築等に要する費用等2,014万円余の損害賠償を求める訴訟を提起したのが本事案である。

●相手方（Y）の言い分●

これに対しYは、重要事項説明の際、本件係争地が私道であり建築が制限されていること、近隣住民により作成された、道路として使用することを同意する旨記載された同意書を添付し説明をしている、Yは、本件係争地に地役権は登記されていないため、地役権が設定されているとまでは説明しなかったが、宅建業者の責務は、土地上の権利の種類を判断することではなく、建築基準法に照らして土地にいかなる規制・利用制限が課せられているかを買主に説明することであり、これについては明確に説明しているなどと主張している。

●裁判所の判断●

裁判所は概ね次のように判示し、Xの請求を棄却しました。

（地役権に係る説明義務違反の有無について）

① 本件において、Yは、Xに対し、本件係争地が私道として提供されており、私道では建築等の利用ができないなどと説明したことが認められる。

② Yは、Xに本件係争地に地役権が設定されているとの説明はしていないものと認められるが、本件係争地に設定された地役権は登記されていないこと、同地役権に関して近隣住民と合意した文書である同意書にも「地役権」という文言は記載されていないこと、本件私道の隣接所有者が本件私道に対して有する権利の法的性質まで明確にならなくても、本件係争地が私道に供されていることを買主であるXが認識できれば、Xが不測の損害を被るおそれは相当に軽減されるといえることからすれば、宅地建物取引業者であるYが、本件私道の隣地所有者が本件係争地を含む本件私道に対して有する権利の法的性質についてまで調査、判断した上、それが地役権であると説明すべき義務を負っていたと認めることはできない。

③ したがって、Yは、Xに対し、本件係争地に地役権が設定されているとの説明をしなかったとしても、そのことをもってYが説明義務に違反したということはできない。

（私道の負担に係る説明義務違反の有無について）

④ また、重要事項説明書には、敷地等と道路との関係に関する概略図が記載されており、その概略図には、道路との接道部分について、本件同意書に添付された測量図と同様の形状で描かれていること、本件係争地部分が道路として使用されていることを示す本件同意書が添付されていることなどを考慮すれば、重要事項を説明する者としては、本件概略図や本件同意書に沿って、本件私道の範囲や本件私道との接道位置の説明をしたと考えるのが合理的である。

⑤ したがって、Yは、私道部分につき地番を示すなどして説明をしなかったとしても、本件私道の負担に関する事項について説明していたものと言うことができ、Yに説明義務違反があったと評価することはできない。

（結論）

⑥ よって、いずれもおいてもYが説明義務に違反したと認めることはできないことから、Xの請求は理由がない。

○本事例を検討する際の留意点

上記判決からすれば、本事例においては、土地の一部が私道であって建築等に使用できないとの説明が実際にあったのか、当該土地の一部について第三者の権利があった場合、その権利内容まで知らなければ利用制限の内容までは明らかとはならないと言えるのかなどを確認のうえ、対応を検討することが大切です。

○本事例及び上記判決から学ぶこと

土地の一部に地役権が設定されている場合には、その地役権の内容に応じ、土地の利用は制限されます。ただし地役権は登記されないことから、その存在や内容は、前所有者や当該地役権を有する者からの情報に基づくことになります。

上記判決の事案では、当該土地の利用の制限の有無や内容、範囲が説明されていれば、その法的性質までは調査し説明すべき義務はないとしています。

宅建業者及び宅建士においては、一次的には売主に対し、当該土地の利用の制限の有無（地役権やその他の第三者が有する使用権等の有無）についてしっかりと聞き取り調査を行って、その内容を買主に説明することが大切です。

◆説明義務（隣接建物）

隣接建物の建材剥離落下事故による駐車場収益の減少について、売主及び隣接建物所有者に損害賠償を請求したい。

隣地建物と密着していた建物を解体し更地にした土地を売主業者から購入しました。その土地を駐車場にして、貸駐車場を営業していたところ、隣地建物外壁から剥離した建材が落下して、貸駐車場の一部が使用できない状態となってしまいました。解体工事やその後の管理を適切にしなかった売主業者及び隣地建物所有者に対して、駐車場の収益減少による損害賠償を求めたい。

（買主　法人）

関連裁判例の紹介

本事例を検討するに当たっては、令和3年7月20日東京地裁判決が参考になります。

【上記判決の概要】

●事案の概要●

（X　買主　Y１　売主業者　Y２　隣接建物所有者　C　駐車場運営会社）

平成27年7月、売主Y１（宅建業者）は、本件土地について、地上建物のAビル（昭和35年築）を取り壊し更地にして引き渡す条件で、買主X（法人）との間で代金38億円とする本件売買契約を締結した。

Aビルは、Y２（宅建業者）が所有するBビル（昭和34年築）と密着して建築され、一体として利用されていたことから、Y１は、解体工事に当たってA・Bビルの床取合部を手斫（てはつり）し、Bビルのドア跡部分や屋上部分の接着面に補修を行うなどして、Aビルの解体工事を終了させ、平成27年12月に本件土地をXに引き渡した。

Xは、平成28年1月より本件土地を時間貸駐車場用地としてC社に賃貸したところ、同年10月、Bビルの外壁の建材が剥離して本件土地に落下する事故が発生したため、C社は15区画の駐車場のうち10区画を閉鎖し、XとC社は月額賃料480万円を160万円に減額する合意をした。

平成28年12月、Y２は、Bビルの外壁の一部をネットで覆う措置をとったが、建材の剥離は続き、剥離した建材はネット内にとどまるばかりでなく、ネットの外の土地との境界線付近に散乱したことから、平成29年6月、Xは、Y１には本件売買契約上の債務不履行（不完全履行）などがあるとして、Y２にはBビルの設置保存に瑕疵があるとして、Y１及びY２に対し、Bビルの外壁の補修工事と補修工事完了までの賃料減少分の損害賠償を求める訴訟を提起したのが本事案である。

なお、令和元年11月にＹ２がＢビルの外壁の補修工事を完了し、ＸとＣ社は令和2年1月より落下事故前と同様に15台分の駐車場賃料480万円で賃貸することとしたことから、Ｘは、外壁補修工事を求めていた部分を取り下げ、賃料減少分8,878万円余の損害賠償請求のみに訴えを変更している。

●相手方（Ｙ１）の言い分●

これに対しＹ１は、Ａビル及びＢビルは構造上分離された建物であり、Ａビル解体工事に際しＢビルに物理的な変更は生じていない、解体工事も適切に行い本件土地を引き渡しているので債務不履行を論ずる余地はないなどと主張している。

●裁判所の判断●

裁判所は概ね次のように判示して、Ｘの請求を認容しました。

（Ｙ１の責任について）

① Ａ・Ｂビルは、電気・水道・ガス等を共有し、屋上部分等が接触していたが、Ａ・Ｂビルの鉄筋は接続されておらず、一部の梁は外見上一体に見えるものの、梁の間が木製の合板によって分離されていることから、それぞれ独立した建物であったものと認められる。

② また、解体工事によってＢビル南側外壁に損傷が生じたと認めるに足りる具体的な証拠はなく、むしろ、床取合部に手斫での工事がなされていたことなどから、解体工事は慎重に行われていたと推認することができる。

③ Ｂビル南側外壁の調査を行った（一社）建築診断協会の調査員の意見書の内容を踏まえると、本件事故は、解体工事でＢビル南側外壁に生じた解体痕から剝離した建材の落下によって生じたものではなく、Ａビルの建築から本件事故までの約55年間、Ａビルの存在により補修されず、自然劣化が進んだ状態であったＢビル南側外壁が、解体工事で外部に露出し、風雨や紫外線にさらされたことで劣化が進行した結果生じたものであったと認めるのが相当である。

④ Ｙ１は、Ｂビル南側外壁は約55年間にわたって全く補修がされておらず、Ａビル解体後、Ｂビル南側外壁を放置すれば、老朽化や長期間の未補修を要因として外壁の剝離が起き得る状況にあることを予見し得たと自認していることや、Ｙ１が売買契約の売主として、建物を解体してＸに引き渡すべき義務を負っていたことからすると、Ｙ１は、Ｘに対し、解体工事後に露出したＢビル南側外壁からの建材剝離によって土地の利用が妨げられる可能性を説明し、対処を促すべき法律上の義務（これは契約上の義務であるとともに、不法行為上の義務でもある。）を負っていたと評価するのが相当である。

（Ｙ２の責任について）

⑤　本件事故は、上記のとおり、Ｂビル南側外壁の外部露出による自然劣化の進行により生じたものであったと認められ、Ｙ２のＢビル南側外壁の設置保存の瑕疵によって生じたものであったということができるから、Ｙ２は、民法717条1項（土地工作物責任）に基づき、本件事故によってＸに生じた損害について賠償する義務を負う。

（損害及びＹ１・Ｙ２の債務の関係について）

⑥　本件事故によってＸに生じた時間貸駐車場の賃料収入の減少分は、Ｙ１の義務違反及びＹ２所有のＢビルの設置保存の瑕疵と相当因果関係を有する損害と評価するのが相当である。そして、Ｙ１の不法行為（民法709条）による損害賠償債務と、Ｙ２の土地工作物責任（民法717条1項）による損害賠償債務は、不真正連帯債務の関係に立つと解される。

○本事例を検討する際の留意点

上記判決からすれば、本事例においては、解体前の建物の状況、建材落下の原因、駐車場の収益減少の具体的な内容（事故との因果関係）などを確認のうえ、対応を検討することが大切です。

○本事例及び上記判決から学ぶこと

土地工作物責任は、土地上の工作物に瑕疵（通常有すべき安全性の欠如）があった場合、その瑕疵を原因として生じた損害については、当該工作物の占有者に管理等の過失があれば占有者が、占有者に過失がないときは所有者が（所有者は過失の有無を問わず）賠償責任を負うとする取扱いです（民法717条1項）。

そして、上記判決の事案では、隣接建物所有者の土地工作物責任を認めただけでなく、売主についても、密着して建設されていた建物であるという特殊事情から、残った隣接建物からの建材剥離等の危険について買主に説明すべき義務があったとされています。

宅建業者・宅建士においては、個別具体の取引の状況や物件の状況に照らし、必要に応じて、買主が当該物件を利用するに当たって生じうるリスク等についても、取引に係る重要事項説明とあわせて説明し、あるいは売主自身から告知するよう助言等をすることが大切でしょう。

◆説明義務（都市計画道路）

都市計画道路予定地の規定について、一部説明がなかったため売買契約を解除したい。

私は土地建物を購入しましたが、売買対象物件の土地の一部が都市計画道路予定地に指定されており、建物の建築時に必要となる許可に関して、仲介業者の説明がなかったため、想定していた土地の利用が不可能となったので、売主・仲介会社に対して、売買契約の解除及び損害賠償を求めたい。

（買主　法人）

関連裁判例の紹介

本事例を検討するに当たっては、令和2年11月19日東京地裁判決が参考になります。

【上記判決の概要】

●事案の概要●

（X　買主　Y1　売主　Y2　仲介業者）

買主Xは、売主Y１との間で、Y２を仲介業者として、土地（本件土地）および建物（本件建物）の売買契約（本契約）を以下のとおり締結した。

（本件売買契約の概要）
・売買契約日　平成31年2月8日
・売買代金　1億3,400万円
・手付金　670万円

本件土地の一部には、都市計画道路予定地が含まれており、本件建物が所在する区域においては、都市計画法の許可取扱基準として、建築物が下記アないしオに掲げる全ての要件に該当し、かつ容易に移転し、または除去することができるものであることが定められている。

ア．市街地開発事業（区画整理、再開発など）等の支障にならないこと
イ．階数が3以下で、かつ地階を有しないこと
ウ．高さが10m以下であること
エ．建築基準法2条5号に規定する主要構造部が、木造、鉄骨造、コンクリートブロック造その他これらに類する構造であること
オ．都市計画道路区域の内外にわたり存することになる場合は、将来において、都市計画道路区域内に存する部分を分離することができるよう、設計上の配慮をすること

Ｙ２は、本契約の締結の際、Ｘに対する重要事項説明の中で、上記規制のアからエまでは説明したが、オの規制については説明をしていなかった。

そこでＸが、Ｙ２が重要事項説明に際し、上記規制オ（以下「本件規制」という。）の説明をしなかったことは重要事項説明義務違反となるため、本契約を解除した、あるいは錯誤により無効であると主張し、Ｙ１およびＹ２に対して支払済の手付金、仲介手数料等の返還を求める訴訟を提起したのが本事案である。

●相手方（Ｙ）の言い分●

これに対しＹは、本件土地と土地上に存する都市計画道路区域の状況からすれば、本契約ではオの規制の存在等は重要事項説明の対象となるものではないなどと主張している。

●裁判所の判断●

裁判所は概ね次の通り判示し、Ｘの請求を棄却しました。

（重要事項説明義務違反の有無と解除の可否について）

① 本件契約の重要事項説明書には本件土地の一部が都市計画道路予定区域内に位置していることが明示され、Ｘも本件契約締結前や重要事項説明時にこの点について説明を受け、事業決定がされれば予定区域内に存在する建物の収去の必要が生じることは認識していたのであるから、Ｘは、本件土地と同予定区域の位置関係や制約等の有無及び内容について関心を抱いて然るべきである。また、Ｘの業務が不動産の取得、所有、処分等であることや本件契約の3か月ほど前までは宅地建物取引業者の免許を有していたことからすれば、Ｘにおいても同予定区域の存在やその内容は極めて容易に把握できるところであり、リスク調査や質問等を行うことが十分可能であったものと認められる。

② それにもかかわらずＸが本件契約締結前に現地確認等を行わず、契約締結時までに本件建物の解体や再築について言及していないことからすれば、Ｙ１、Ｙ２らとしては、Ｘが当面は本件建物を解体せず利用する前提で契約することを想定していたと認めることができる。

③ そして、本件土地のうち都市計画道路予定区域外の部分は、約16.66㎡（約5坪）で、地形も三角状であるから、この土地に建物を建築することは事実上困難である。本件のように、現実に同予定区域外の部分に建物を残存させることが客観的に困難である場合は、分離設計配慮の規制について説明する実質的な意味が乏しいと言わざるをえない。

④ 以上から、本契約締結に当たって、本件規制の説明を受けることがＸにおいて重要事項であったとまでは認めがたく、Ｙらが本件規制の説明を行わなかったことが重要事項説明義務に違反したと認めることはできない。

⑤ したがって、重要事項説明義務違反があることを前提とする本件契約の解除

及び同義務違反を理由とする債務不履行または不法行為に基づく損害賠償請求は理由がない。

（錯誤の成否について）

⑥　本件契約締結前に本件土地の一部が都市計画道路予定区域内に位置することはＸも認識していたところであり、仮にＸに何らかの錯誤があるとしても動機の錯誤に当たるが、重要事項説明書の記載から本件規制の存在や内容は容易に知ることができ、Ｙ２に何ら建物の再築の可否等について尋ねていない点も勘案すれば、Ｘの動機が契約内容としてＹ１に表示されていたと認めることができず、他にこれを認める客観的証拠もないから、錯誤無効は認められない。

（結論）

⑦　よって、Ｘの請求はいずれも理由がない。

○本事例を検討する際の留意点

上記判決からすれば、本事例においては、土地の一部である都市計画道路予定地の形状や面積等が、独立した建物の建築が可能なものであるかなどを確認のうえ、対応を検討することが大切です。

○本事例及び上記判決から学ぶこと

都市計画法において、都市計画道路予定地に建物を建築等する場合には許可が必要とされ、当該許可基準では、建物が都市計画道路区域の内外にわたり存することになる場合は、将来において、都市計画道路区域内に存する部分を分離することができるよう、設計上の配慮などの要件に該当し、かつ、容易に移転または除去できるものであることを要するとされています。

したがって、宅建業法でも、都市計画法による規制については重要事項として説明しなければならないとしています。

上記判決の事案では、当事者が不動産業者であったことや、取引対象の土地内の都市計画道路区域の位置形状などの具体的事情を踏まえ、説明義務違反はないとされましたが、宅建業者及び宅建士においては、取引対象の土地建物につき、都市計画法上の規制の有無や内容についてしっかりと調査し説明することを基本にしなければなりません。

◆説明義務（土壌汚染）

土壌汚染の可能性を知りながら、告知せずに転売した売主業者に損害賠償を請求したい。

売主業者が、土地の前所有者から土壌汚染の可能性を告知されていたにもかかわらず、その可能性を知らせないで土地を私に転売しました。土地の引渡し後に土壌から油分が発見され、自宅建設のため基礎をコンクリートで覆うなどの工事が必要になりました。売主業者の告知義務違反について損害賠償を請求したい。

（買主　個人）

関連裁判例の紹介

本事例を検討するに当たっては、令和2年6月11日東京地裁判決が参考になります。

【上記判決の概要】

●事案の概要●

（X　買主　Y　売主業者　A　土地の前所有者）

宅建業者Yは、平成27年2月、前所有者のAより土地を購入し、同年12月、買主Xに自宅建設用地として1億4,800万円で転売した。

AがYに提出した告知書には、「土壌汚染の可能性」欄の「敷地の住宅以外（店舗・工場等）の用途での使用履歴」について、「知っている」「S58年頃　用途：工場」と記載されていたが、Yは、Xに提出した告知書には「知らない」と記載し、重要事項説明書でも土壌汚染（油による汚染も含む）の可能性には言及しなかった。

Xが土地を購入後、専門調査会社に依頼した土壌調査の結果、土壌汚染対策法で定める特定有害物質による汚染は認められなかったものの、油分（ガソリン、軽油・重油及び機械油）、油膜及び油臭が認められ、全石油系炭化水素（TPH）濃度は、12,000mg/kgで、一般に油膜及び油臭が出ることが多くなるとされる5,000mg/kgの2倍超となっていた。

XとYは、土壌の入替え工事について協議を開始したが、その後、Yは「油汚染は瑕疵担保の問題ではないと弁護士から聞いた」として話合いを一切拒否するようになった。

Xは、油分の拡散を防ぐために、基礎部分全体をコンクリートで覆う工法により自宅を建設した。

以上のような経緯のもと、Xが、Yに対し、瑕疵担保責任、告知義務違反に基づく不法行為又は債務不履行責任として、油汚染による土地評価差額4,960万円

（主位的請求）か、土壌調査や油汚染対策費等の損害賠償3,871万円（予備的請求）の支払いを求める訴訟を提起したのが本事案である。

●相手方（Y）の言い分●

これに対しYは、油自体は土壌汚染対策法で規制されている特定有害物質ではない、売買土地に油分を含む土壌が一切ないことを保証する契約内容ではない、土地には家具の組み立て場があったとの説明を受けていたなどと主張している。

●裁判所の判断●

裁判所は概ね次のように判示して、Xの請求を一部認容しました。

（売主Yの責任について）

① 宅地建物取引業者は、購入者等が売買契約等を締結するか否かを決定づけたり、価格等の取引条件に相応の影響を及ぼし得るような重要な事項について知り得た事実については、信義則上、これを購入者等に説明、告知する義務を負い、この義務に反して当該事実を告知せず、又は不実のことを告げたような場合には、これによって損害を受けた購入者等に対して、不法行為責任を負うと解するのが相当である。

② 本件土地は、少なくとも半分の広さのそれほど深くない所に油膜や油臭が認められ、ガソリン、軽油・重油等のTPH濃度も12,000千mg/kgで、油膜及び油臭が多発する5,000mg/kgの2倍超となっており、このことは居住者に対する健康不安などといった心理的嫌悪感を与えるものであるといえる。

③ したがって、本件土地に油を含有する土壌があることは、住宅用地として購入する場合には、買主が売買契約を締結するか否かを決定づけたり、価格等の取引条件に相応の影響を及ぼし得る重要な事項に当たるというべきである。

④ そして、Yは、前所有者から具体的に土壌汚染の可能性を指摘されていたことに加えて、一般に工場の種類によっては土壌汚染対策法上の特定有害物質をはじめ、健康被害をもたらし得る物質の使用可能性が認められることなどから、宅地建物取引業者であるYとしては、本件売買契約の締結に先立ち、土地の過去の利用履歴を調べるなど、本件土地の土壌汚染等の有無やその可能性について相応の調査を行ってしかるべきであったものと認められる。

⑤ それにもかかわらず、Yは、本件売買契約の締結時にXに交付した告知書において「土壌汚染の可能性」について「知らない」と記載し、前所有者による告知書の内容も一切告げなかったものであり、Yは、告知義務に違反したといえるから、Xに対して不法行為責任を負うべきである。

（損害額について）

⑥ Xの主位的請求である油汚染による土地評価差額減価額の主たる根拠となっている掘削除去工法による費用3,600万円は、既に本件土地上に建物が建築さ

れていて、同工法の採用は困難である以上、Ｙの不法行為と相当因果関係を有する損害とは認められない。

⑦　一方、予備的請求については、本件土壌調査費用39万円、基礎コンクリート工事費用総額270万円余の約40％である100万円をＹの不法行為と相当因果関係のある建築費用増加分相当額の損害と認めることができる。

⑧　また、ＹがＸに対し、本件土地の土壌に油分が含まれていること又はその可能性を告知していれば、売主であるＹ側でそれを除去する措置を講じ、又は除去費用相当額が売買代金から控除された可能性が高かったものと考えられる。よって、油の除去費用は、Ｙの不法行為と相当因果関係を有する損害と認められ、その費用は424万円を下らない。

（結論）

⑨　以上により、Ｘの請求は、563万円余を限度として理由がある。

○本事例を検討する際の留意点

上記判決からすれば、本事例においては、油分が含まれた土壌の土地に対する割合、土壌に含まれていた油分の濃度、前所有者から売主になされていた告知の内容などを確認のうえ、対応を検討することが大切です。

○本事例及び上記判決から学ぶこと

宅建業者は、宅建業法35条に明示する事項に限らず、購入者等が売買契約を締結するか否かを決定づけたり、価格等の取引条件に相応の影響を及ぼしうるような重要な事項については、信義則上、これを購入者に説明・告知すべき義務を負い、当該義務違反行為は債務不履行または不法行為を構成するとされています。

そして、本事例や上記判決の事案のように、取引対象の土地に油を含有する土壌があることは、その程度や取引の目的（買主が当該物件をどのように使用するか）に応じ、上記説明・告知義務の対象となるところです。

宅建業者及び宅建士においては、土壌汚染について宅建業者として知り得る内容については調査し、特に上記判決の事案のように、前所有者から告知された事項については、適切に説明、告知しなければならないことに注意が必要です。

◆説明義務（違法建築物）

購入した不動産が違法建築物であるという説明が無かったので売主に対して手付金の返還及び違約金等の支払いを求めたい。

私は土地建物を宅建業者から購入しましたが、重要事項説明において建物が違法建築物である説明がされなかったので、説明義務違反として、手付金の返還及び違約金等の支払を求めたい。（買主　法人）

関連裁判例の紹介

本事例を検討するに当たっては、令和2年2月13日東京地裁判決が参考になります。

【上記判決の概要】

●事案の概要●

（X　買主　Y　売主業者　A　媒介業者）

買主Xは、売主業者Yとの間で、媒介業者Aを介して、土地建物（本物件）について平成28年11月30日、下記を内容とする本件売買契約を締結した。

・売買代金：4億7,000万円
・手付金：1,000万円
・手付解除期日：平成28年12月7日
・違約金：売買代金の20%相当額
・容認事項：売主は本物件建物地下1階部分を事務所として賃貸しており、地下1階を利用したままだと容積率超過になる可能性がある。

なお、本件建物地下1階部分は、登記事項証明書には記載があるものの、台帳記載事項証明書・検査済証に記載はなく、受水槽室と記載のあるドアからの階段により到達できるものであった。

契約締結後、Xが金融機関に融資を申し込んだところ、本件建物の遵法性に問題があることを理由に融資を断られたことから、Xは、平成28年12月5日または6日に、Yに対し、金融機関からの融資を受けることができないので手付解除期日の延期を依頼した。

しかしYがこれに応じなかったことから、XはYに対して、同月7日付で、主位的にYの説明義務違反を理由として、予備的に本件売買契約に基づく手付解除として、本件売買契約を解除する旨の通知を行った。

以上のような経緯のもと、平成29年1月、XがYに対し、

ア　Yには、本件建物が実際に容積率を超過していることや、既存不適格建物で

はなく、建築当初から容積率を超過していること、是正命令が下される危険性があるということの説明をしなかった説明義務違反がある。
イ　宅建業者として容積率超過が看破し難い違法なものであることを知っていたにもかかわらず、このことをXに告げなかったYには、重要事実の不告知・不実告知があった。
ウ　Xは、本件建物の容積率超過について既存不適格建物だと考えて本件売買契約を締結したが、本件建物は建築当初から容積率を超過した違法建築物であったことから、Xには錯誤があり本件売買契約は無効である。
などと主張して、手付金1,000万円及び違約金相当額9,400万円等の支払いを求める訴訟を提起したのが本事案である。

●相手方（Y）の言い分●

これに対しYは、媒介業者を通じ関係書類を全部交付し、地下室により本件建物について容積率が超過していること、遵法性に問題があることなどは説明済みであるなどと主張している。

●裁判所の判断●

裁判所は概ね次の通り判示し、Xの請求を棄却しました。

（重要事項説明義務違反、重要事実の不告知・不実告知の有無について）

①　Yは、Aを通じ、Xに対して検査済証や登記事項証明書を含む関連書類・本件建物の賃貸借契約書も交付していること、検査済証と登記事項証明書との間には地下室の存在について齟齬があることはXも認識していたこと、本件売買契約締結前において、YはXに対して、容積率超過の事実とともに融資がおりない可能性についても言及した上で融資がおりるかXに確認していることが認められる。そうすると、Yは、本件建物の違法性の問題についてXが認識できる情報を提供していたことが認められ、宅建業者であるXが本件建物の購入を判断するのに必要な事項を説明、告知していたものと言える。
②　Xは、Yからは何らの説明を受けていない旨主張をするが、Yは、Aを介して、特に融資の可能性について、既存不適格建物であれば想定される程度を超えてXに確認を求めていることからすれば、本件建物の遵法性に問題があることについては説明がなされており、Xが既存不適格建物であると誤信するような説明にとどまっていたものではないものと認められる。
③　したがって、Yには重要事項説明義務違反等はないと言うべきである。

（錯誤無効について）

④　Xは、本件建物が容積率を超過していないか、超過していたとしても既存不適格建物程度だと考えて本件売買契約を締結したところ、本件建物は建築当初から容積率を超過した違法建築物であったことから、Xには錯誤があり、本件

売買契約は無効である旨主張する。しかし、上記のとおり、Xが既存不適格建物にとどまるものと考えて本件売買契約を締結したものとは認められないし、仮にYからの説明にもかかわらずXが誤認したというのであれば、Xには重過失が認められる。したがって、Xの錯誤無効の主張は、採用できない。

（結論）

⑤　以上から、Xの請求はいずれも理由がない。

○本事例を検討する際の留意点

上記判決からすれば、本事例においては、建物が違法建築物であるか否か、仮に設備等に違法な点があったとしても、契約締結に至るまでの交渉過程の中で、相談者がそのことを容認していたものと評価されるような言動がなかったかなどを確認のうえ、対応を検討することが大切です。

○本事例及び上記判決から学ぶこと

建物等については、仮に現行の建築基準法等に反するものであっても、建築当時の法令に則したものであるときは、その建物等が現存している限り、その存続が認められる取扱いがなされています（既存不適格）。

また、仮に既存不適格を超える違法な状況があった場合でも、当事者がその状況を認識し、これを前提として売買契約がなされるときには、その契約自体が公序良俗に反するものと評価されない限り、契約は有効となります。

上記判決の事案では、買主も既存不適格を超えた状況であることを認識しているとして、錯誤無効（現行法では錯誤取消し）とはならず、かつ、宅建業者も必要な説明をしているとして、買主の請求は認められませんでした。

宅建業者及び宅建士においては、建物等の現況につき法令違反の有無や既存不適格か否かなどをしっかりと確認するとともに、仮に既存不適格を超えた違法な状況があったときは、その旨も明確に説明したうえで、その取扱いにつき当事者の意思を確認することが大切です。

◆説明義務（違法建築物）

購入建物について売主と媒介業者が違法建築であることを説明していなかったので、説明義務違反による損害賠償請求をしたい。

建物と土地の買主ですが、売主及び媒介業者から、建物について建築確認申請がされていない違法建築であることの説明がありませんでした。そのため、転売をする際に値引きをせざるを得ないこととなり、損害を負ったので、売主及び媒介業者に損害賠償を求めたい。（買主　個人）

関連裁判例の紹介

本事例を検討するに当たっては、平成31年4月24日東京地裁判決が参考になります。

【上記判決の概要】

●事案の概要●

（X　買主　Y１　売主　Y２　媒介業者）

平成26年12月、買主X（個人）と売主Y１（法人）とは、宅建業者Y２の媒介により、本件土地建物を代金4,390万円で本件売買契約を締結し、平成27年2月に引き渡しを行った。

本件建物に接道する道路は、平成4年3月に公道として告示されるまでは、建築基準法上の道路に該当せず、平成元年7月に新築された本件建物は建築確認を得ずに建築されていた。

Y２が本件売買契約に際し行った重要事項説明では、重要事項説明書に、本件建物は「検査済証は取得していません。現況と建築確認書と相違がある可能性があります。」と記載し、Xに説明をしていた。

平成30年9月、本件土地建物を代金4,600万円で転売したXが、Y１及びY２に対し、重要事項説明書には建築確認書の存在が示唆されているが、実際には建築確認申請がされておらず、本件建物は違法建築であり、Y１及びY２はその点について説明（告知）義務違反であるとして、損害賠償を求める訴訟を提起したのが本事案である。

●相手方（Y１ら）の言い分●

これに対しY１らは、Xが建築確認の取得について知りたいのであればY１に確認すればよかったにもかかわらずXはそれをしていない、Y２はXに対して建築確認の取得や検査済証の交付について説明する義務はないなどと主張している。

●裁判所の判断●

裁判所は概ね次のように判示し、Xの請求を棄却しました。

（Ｙ２の説明（告知）義務違反について）

① 媒介業者は、媒介契約に基づき、委任者に対して、媒介契約の本旨に従い、善良な管理者の注意をもって業務を行うべき義務を負っている（民法656条、644条参照）。

② 建築確認に関する書類や検査済証等といった建物の建築及び維持保全の状況に関する書類の保存状況は、平成28年の宅地建物取引業法の改正で、既存の建物の売買等が行われる際の重要事項説明の対象とされた事項であり、本件売買契約の締結時においては、重要事項説明の対象外であった。しかし、同法改正前においても、当該書類の有無等は、媒介契約の委任者たる建物購入希望者の売買契約を締結するかどうかという判断に相応の影響を与え得るものであったといえるから、媒介業者は、基本的に、善管注意義務の一内容として、当該委任者に対して、書類の保存状況について説明すべき義務があったというべきである。もっとも、媒介業者が説明すべき内容及び範囲は、委任者の属性に照らして異なるべきである。

③ Xは、税理士資格を保有し、投信運用会社に勤務した経験を有していたほか、売買契約を締結した頃には、6年以上にわたって不動産賃貸業を目的とする会社の代表を務めており、複数の投資用不動産を保有していたことが認められる。また、本件建物についても取得してから売却するまでの間、賃貸用物件として使用収益していた。

④ Ｙ２は、売買契約の締結に当たり、Xに対して、重要事項説明の一環として、検査済証がないという本件建物の法令適合性に問題があることを説明していたところ、不動産取引について相応の知識と経験を有しているXの属性に照らせば、Xは必要であれば検査済証以外の建物の建築及び維持保全の状況に関する書類の保存状況について確認することは容易であったと言える。重要事項説明書に「現況と建築確認書と相違がある可能性がある。」旨の記載があるからといって、Ｙ２が積極的に建築確認書の存在を肯定したとはいえないし、疑義があれば、Xにおいて確認すれば済むだけのことである。したがって、Ｙ２はXに対して説明義務を果たしていると認めるのが相当である。

（Ｙ１の説明（告知）義務違反について）

⑤ 売主であるＹ１がXに対して、直ちに告知義務を負うかどうかは検討の余地があるが、仮に告知義務を負っていたとしても、Ｙ２が説明義務を果たしている以上、別途、Ｙ１（売主）の告知義務違反なるものを観念することはできない。

（結論）

⑥ 以上によれば、Xの請求はいずれも理由がない。

○本事例を検討する際の留意点

上記判決からすれば、本事例においては、売買契約時の媒介業者による重要事項説明の内容、建築や不動産取引に係る買主の能力や経験などを確認のうえ、対応を検討することが大切です。

○本事例及び上記判決から学ぶこと

宅建業法では、設計図書や点検記録などの建物の建築及び維持保全の状況に係る書類の保存状況は、重要事項説明における説明事項とされています（宅建業法35条1項6号の2）。上記判決が述べているとおり、その規定が追加された平成28年よりも前の取引においても、宅建業者の善管注意義務の一内容として、これらの書類の保存状況につき説明義務があったものと解されます。ただし善管注意義務に基づき媒介業者が説明すべき内容や範囲は、委任者の属性によって異なるものと解されます。

上記判決の事案では、買主の不動産取引に係るこれまでの経験等を踏まえ、重要事項説明の内容に疑義があれば自らが確認することが可能であることなどを指摘して、媒介業者の調査説明義務違反や売主の告知義務違反の主張を否定しました。

宅建業者及び宅建士においては、宅建業法上、建物の建築及び維持保全の状況に係る書類の保存状況について調査をし、重要事項として説明する必要があることを再確認するとともに、その内容について依頼者から疑義が示されたときには、宅建業者として可能な範囲で調査をし、その結果を（不明な点は不明である旨明示して）説明をすることが大切です。

◆説明義務（隣室迷惑行為）

購入マンションの隣室住民による迷惑行為について、告知しなかった売主業者に対して損害賠償を請求したい。

売主業者がリフォームしたマンションを購入しましたが、隣室の入居者が、大声を出す、壁を叩く、大音量を流す、私と家族を追いかけ脅迫するなどの迷惑行為を行い、被害を受けています。この入居者の迷惑行為は過去から継続しており、マンションの隠れた瑕疵に当たるので、それを知っていたのに告知しなかった売主に対して、損害賠償を請求したい。（買主　個人）

関連裁判例の紹介

本事例を検討するに当たっては、令和2年12月8日東京地裁判決が参考になります。

【上記判決の概要】

●事案の概要●

（X　買主　Y　売主業者　A　媒介業者　B　転売時の媒介業者　C　転売先）

Xは、Yがリフォームしたマンションについて、Aの媒介により、売買代金3,100万円、瑕疵担保責任負担期間を2年とする売買契約をし、平成28年4月に引渡しを受けた。

購入前の内覧時において、XはAに、子供の泣き声等を考慮して、隣室の居住者について尋ねたところ、Aからは「変な人ではないです」との回答を得ていた。

ところが、Xが入居したところ、隣室の居住者から、ベランダで大声を出す、壁を叩く、ラジカセを大音量で流す、Xとその家族を追いかけ脅迫する等の被害を受けることになった。

Xが、マンションの管理人や管理会社に確認したところ、その居住者は、マンション内で他の住民にも付きまとい等の迷惑行為を過去8年ほど継続していたことがわかった。

そこでXは、Aに対して媒介における告知義務違反を追及したところ、Aはこれを認め、AがXに媒介手数料118万円余を返金し、Xの弁護士への相談費用をAが負担する内容で和解した。

なお、この後、Xの夫は本件居室内で自殺で亡くなっている。

以上のような経緯のもと、Xが、Yに対し騒音や嫌がらせを継続的に行う隣室者の存在は、本件居室の隠れたる瑕疵に当たるとして、損害金1,023万円（売買代金の30％相当額と弁護士費用93万円）の支払いを求める訴訟を提起したのが本事案である。

なお、Ｘは、本件裁判と並行して、本件居室の売却をＢに依頼していたところ、平成31年2月、隣室者の迷惑行為があること、本件居室内で自殺事故があったことを告知した上で、第三者Ｃに2,950万円で売却している。

●相手方（Ｙ）の言い分●

Ｙは、本件居室を取得後一度も入居をしておらず、リフォーム工事中やＸへ売却する際も隣室者の状況は知らなかった、取得の際の売主及び媒介業者からは本件居室の住環境に問題があるとの告知を受けていなかったなどと主張している。

●裁判所の判断●

裁判所は概ね次のように判示し、Ｘの請求を棄却しました。

（迷惑行為を継続する隣室者の存在は「隠れた瑕疵」に当たるか）

① 令和2年改正前の民法570条の「瑕疵」とは売買の目的物が通常保有すべき品質・性能を欠いていることをいい、目的物に物理的欠陥がある場合だけでなく、目的物の通常の用途に照らし、一般人であれば誰もがその使用の際に心理的に十全な使用を著しく妨げられるという欠陥、すなわち一般人に共通の重大な心理的瑕疵がある場合も含むと解される。

② 本件では、隣室者が、頻度にばらつきがあるものの、継続して大声を出しベランダで叫ぶ、壁を叩く、追いかける等迷惑行為をしており、Ｘが生活する際に一定程度、生活や活動の制限を受けていたことは認められる。

③ しかし他方で、Ｘは、本件居室について売却物件や賃貸物件として募集をかけ、隣室者の迷惑行為の存在や自殺事故があったことを告知した上で、Ｘの購入から約3年経過した時点で、購入時の3,100万円から150万円減額した2,950万円で売却することができたところである。

④ 以上によれば、迷惑行為を行う隣室者の存在は、心理的に一定程度本件居室の使用を制限されるものであることは否定できないとしても、一般人に共通の重大な心理的欠陥があるとまではいえないから、そのような隣室者の存在をもって、本件居室に瑕疵があると言うことはできない。

（損害及び因果関係の有無）

⑤ Ｘは、本件居室の購入費用とＣへの売却で取得した代金の差額分は、迷惑行為を継続する隣室者の存在という瑕疵により生じた損害である旨主張するが、そもそも代金の差額分は瑕疵担保責任における損害とは言えないし、代金の減額要因としては、購入から約3年の経過による経年劣化、本件居室内での自殺事故など、隣室者の存在以外の事由も考えられることから、瑕疵と相当因果関係のある損害ともいえない。さらに、Ｘ自身が隣室者の迷惑行為により精神的

苦痛を被ったとしても、本件居室の売主であるＹが、瑕疵担保責任により慰謝料の支払義務を負うべきものとは言えない。

（結論）

⑥　以上から、Ｘの請求は理由がない。

○本事例を検討する際の留意点

上記判決からすれば、本事例においては、隣人から受けている迷惑行為の程度が受忍限度を超えていると評価できる程度のものなのか、そのことを客観的に証明できる材料があるのかなどを確認のうえ、対応を検討することが大切です。

○本事例及び上記判決から学ぶこと

建物等が通常有すべき品質や性能を欠くものと評価される要因としては、雨漏り等の「物理的瑕疵」以外でも、建物等の通常の用途に照らし、一般人であればだれもがその使用に際し心理的な妨げとなるような欠陥が存する場合である、いわゆる「心理的瑕疵」があります。

本事例のような隣室住人の継続的な迷惑行為も、その頻度や程度によっては、この心理的瑕疵に該当しうるところです。上記判決の事案では、迷惑行為を受けた買主が相応の価格で転売できたことや、他に転売価格の下落要因が存在するなどとして、売主の責任が否定されました。しかし、このような隣人トラブルは社会的にも問題となっており、本事例のように、隣人から迷惑行為を受けている者が居住を継続している場合には、結論を異にする可能性も否定しえません。

したがって、売主や、宅建業者及び宅建士においては、受忍限度を超えるような迷惑行為をしている隣人がいることが明らかな場合には、その点も説明し、当事者の意思決定の材料としてもらうことが適切でしょう。

◆説明義務（建築有効面積）

土地を購入しましたが建築有効面積が少なく、これは不実告知や隠れた瑕疵に当たるので、売主に損害賠償を求めたい。

私は土地を購入しましたが、建築有効面積が説明より少なく、これは不実告知や隠れた瑕疵に当たると思います。売主業者や媒介業者は建築有効面積について断定的な説明はしていないとしていますが、売買契約の解除や損害賠償を求めたい。　（買主　個人）

関連裁判例の紹介

本事例を検討するに当たっては、令和2年9月24日東京地裁判決が参考になります。

【上記判決の概要】

●事案の概要●

（X　買主　Y１　売主業者　Y２　媒介業者（法人））

Xは、平成30年8月11日、Y１との間で、Y２の媒介により、自宅建設用地として本件土地を売買代金2,980万円で購入するための本件売買契約を締結し、平成30年9月27日に残代金を支払いのうえ引渡しを受けた。

本件売買契約については、以下のような経緯があった。

① Y２の広告では、Y１が提供した測量図に基づき、土地面積「38.29㎡（11.58坪）（実測）」と記載され、建物プラン例として、延床面積51.56㎡とする2階建て建物の設計図が掲載されていた。

② Xは、Y２に、親から住宅資金援助を非課税で受けるためには新築家屋の床面積が50㎡以上であることを要するため、本件土地に50㎡以上の床面を持つ建物を建築することが可能であるか確かめてほしいと申し出た。

③ Y２は、訴外の建築会社が作成した複数の建築プラン（いずれも2階建てで、延床面積50㎡を超えるもの）を提示した。

④ 本件売買契約の契約書及び重要事項説明書には、本件土地の実測面積につき、「平成30年5月8日作成の分割計画図（仮図）に基づく表示であり、寸法及び面積には増減が生ずる可能性があります」「a区との狭あい道路拡幅整備事前協議が未了のため、面積及び、各辺長に多少の増減が生じる場合があります。また、本物件敷地の建築有効面積は前記の道路後退面積約1.20㎡及び、隅切り部分約0.93㎡を除く約38.29㎡となりますが、前記事由の為、面積及び、各辺長に多少の増減が生じる場合がありますので予めご承知おき下さい。」との記載がなされ、また、事前の建築プランにも「正確な測量図、現地測量（境

界確認）を基にしたプランではない為、建物形状及び間取り、外構計画等に変更が生じる場合があります。」と記載されていた。

本件土地の引渡しの後、本件土地の建築有効面積が実際には32.99㎡であることが分かり、延床面積50㎡以上の建物が建てられないとして、Xが、Ｙ１に対して消費者契約法第4条1項1号による本件売買契約の取消し、瑕疵担保責任による本件売買契約の解除、本件売買契約の錯誤無効や詐欺取消しを求め、かつ、Ｙ１・Ｙ２に対し共同不法行為に基づく損害賠償を求める訴訟を提起したのが本事案である。

●相手方（Ｙら）の言い分●

これに対しＹらは、本件売買契約は公簿売買であって、本件土地には法律的瑕疵や物理的瑕疵は存在しない旨主張している。

●裁判所の判断●

裁判所は概ね次のように判示し、Xの請求を棄却しました。

（建築有効面積の不実告知の有無）

① 本件契約書及び重要事項説明書には、本件土地について、建築有効面積が38.29㎡であることを必ずしも保証するものではない旨の記載があること、Ｙらが当初から本件土地の建築有効面積に関して敢えて断定的な説明をすべきであった事情は特に見当たらないことなどからすれば、Ｙ２が本件売買契約を締結する前に、Xに対し、本件土地の建築有効面積が38.29㎡であると断定的に告知したものとは認められない。

したがって、消費者契約法第4条1項1号に基づく本件売買契約の取消しは認められない。

（隠れた瑕疵の有無）

② Xは、床面積50㎡以上の建物の建築が可能であることが本件売買契約の重要な要素とされていたにも拘らず、実際の建築有効面積が32.99㎡しかないことが隠れた瑕疵に該当すると主張する。

たしかに、Xが本件土地上に50㎡以上の床面積を有する建物を建築することが可能であるかどうかを重視していたことは否定し難い。

しかし、Xは、「地上2階建て」の建物により床面積50㎡以上を確保する必要があることをＹらに対して伝えたか否かにつき具体的な供述をしていないし、本件土地上に50㎡以上の床面積の建物をおよそ建築することができないという的確な証拠もないことから、これが隠れた瑕疵に当たると言うことはできない。

（錯誤無効・詐欺取消しの可否）

③ Xは、本件土地の建築有効面積が38.29㎡であると誤信して売買契約を締結

したから、錯誤により無効であると主張する。

しかし、本件売買契約においては、契約対象の地積の確定は公簿面積によるとされ、公簿面積と実測面積が異なる場合に実測精算を行うとはされていないことからすれば、本件土地の面積は「契約の要素」であるとは言えず、Xが建築有効面積を38.29㎡であると誤信していたとしても、それは動機の錯誤にとどまる。

④　そして、Xは、本件売買契約の締結に際し、Y２から本件土地の建築有効面積として記載された「約38.29㎡」に変動が生ずる可能性がある旨の説明を受けており、Yらに対して、明示的にも黙示的にも本件土地の建築有効面積が38.29㎡であることを要するとの動機を表示していたとも認められないから、Xの錯誤により本件売買契約が無効であるとは言えない。

⑤　また、Xは、Yらが本件土地の建築有効面積が38.29㎡に足りないことを知りながら、Xにその旨誤信させたものであるとして、詐欺による取消しを主張するが、上記のとおり、Yらが本件土地の建築有効面積を38.29㎡であると断定的に告知したとは認められないから、Yらに詐欺があったとは言えない。

（結論）

⑥　よって、Xの請求は、いずれも理由がない。

○本事例を検討する際の留意点

上記判決からすれば、本事例においては、建築有効面積につき売主等からどのような説明がなされたのか、説明された建築有効面積と実際のものとの相違がどの程度のものか、相談者が土地を購入した目的（土地の利用方法）に照らし当該相違が売買条件等にどのような影響が生じるのかなど確認のうえ、対応を検討することが大切です。

○本事例及び上記判決から学ぶこと

事業者と消費者との間の消費者契約については、事業者から重要事項について事実と異なることを告げられ、その告げられた内容を事実と誤認して契約をした消費者は、当該契約を取り消すことができるとしています（消費者契約法4条1項1号）。

また、宅建業法は、宅建業者に対し、宅地や建物の売買等の契約締結等を勧誘する際などに、重要事項等につき故意に事実を告げず、または不実のことを告げる行為を禁じています（宅建業法47条1号）。

上記判決の事案では、取引の対象となった土地における建築有効面積の説明の在り方等が問題となりましたが、契約書や重要事項説明書の記載内容、契約の締結に至る過程における具体的なやり取りなどを踏まえ、売主や宅建業者の責任を否定しました。

宅建業者及び宅建士においては、当事者が契約を締結し、または契約条件を合意するに当たって何を重視しているのかをしっかりと把握するとともに、契約時点で必ずしも明らかとはなっていない事項については、断定的判断をすることなく、将来変動の余地があることなどもしっかりと説明し、契約書等にも明確に記載しておくことが大切です。

◆説明義務（バルコニー前電柱）

新築マンションのサービスバルコニー前の電柱の存在の説明を怠ったので、買主に損害賠償を求めたい。

建築中の新築マンションを購入契約した者ですが、引渡し後、サービスバルコニー前に電柱があることが判明しました。売主は重要事項説明で同電柱の存在を説明していないので、説明義務違反ないし瑕疵担保責任を主張して、損害賠償を求めたい。

（買主　個人）

関連裁判例の紹介

本事例を検討するに当たっては、平成29年6月22日東京地裁判決が参考になります。

【上記判決の概要】

●事案の概要●

（X　買主　Y　売主（法人））

Xは、Yとの間で、平成29年2月26日に、建築工事中であった新築マンションの3階の一室（本件居室）につき売買契約（本件売買契約）を締結し、平成30年4月8日に引渡しを受けた。

本件売買契約の重要事項説明書の「6. 容認事項」の欄には「本マンションの周辺建物、周辺施設その他の状況及び騒音、日影等の状況、交通状況・利便並びに本マンション敷地周辺道路に設置されている電線・電柱及びその付属物、街灯等の配置・配線状況や高さ等については現地で十分ご確認ください。」との記載があった。

本件居室北側のサービスバルコニー（腰窓で日常的に人が出入りするものでなく、空調室外機を置くことを想定した小規模なもの）の前には、従前より設置されていた東京電力の電柱（本件電柱）があった。本件売買契約当時、本件マンションは建築工事のための仮囲いが施されていたが、本件電柱の存在は道路側から容易に分かる状況であった。（本件電柱の西側50m先にも同様の電柱があったが、マンション建設工事の支障となったため、施工請負会社の申出により撤去され、代わりに、高さの低いNTTの電柱が設置された経緯があった。）

Xは、本件居室の引渡しを受けた後、X自身で東京電力に対して本件電柱の撤去を交渉した結果、本件電柱に搭載されていた変圧器及び必要のない高圧電線や地中支線は撤去されたが、本件電柱本体は撤去されずにサービスバルコニー前に残ったままとなった。

Xは、本件マンションの管理組合に対し、本件電柱の撤去を申請したが、管理組合がこれを拒否したため、Xは、管理組合に対し、訴訟を提起したが、当該訴訟は、申立不適当として審理されずに却下された。

このためXは、Yに対し、Yの本件電柱を撤去すべき義務違反、電柱の存在についての説明義務違反、瑕疵担保責任などを主張し、X自身が東京電力との交渉や管理組合との訴訟に要した費用や慰謝料、今後の当該電柱撤去に要する費用など計103万円余の賠償を求める訴訟を提起したのが本事案である。

●相手方（Y）の言い分●

これに対しYは、重要事項説明において，重要事項説明書の中の電柱のことが記載された「6. 容認事項」の欄については読み上げて説明をしている、建築工事中でも本件マンションの近所の交差点付近に来れば本件電柱が存在することはすぐに分かる旨主張している。

●裁判所の判断●

裁判所は概ね次のように判示し、Xの請求を棄却しました。

（Yの本件電柱撤去義務）

① Xは、本件電柱により圧迫感を感じるだけでなく、大地震によって電柱が倒れた場合、本件居室や階下居住者に甚大な被害が生じるため、Yが本件電柱を撤去しないことが民法717条（工作物責任）違反ないし不法行為と評価できると主張するが、独自の見解であり採用できない。

（本件電柱の存在の説明義務）

② Yは、重要事項説明の際、Xに本件電柱の具体的な状況（位置や設置状況等）は説明していないものの、電柱の位置等についてはX自身で確認するよう説明したところであり、説明義務違反があったということはできない。

③ また、本件電柱は、マンションの完成前から存在していたものであり、Xの自宅からも徒歩数分の場所にあり、確認は容易であったことも考慮すれば、YがXに対し上記の説明以上に電柱の位置について詳細な説明が必要だったとも解されない。

④ この点、Xは、自分が電柱嫌いであり、電柱が眼前に存在する部屋は購入したくないとYに告げた旨主張するが、これを認めるに足る的確な証拠はなく、また、Yが本件電柱の存在を故意に隠していたとは認められない。

⑤ そして、本件居室北側のサービスバルコニーは、そもそも眺望を期待することができず、Yも特段眺望を強調したような事実もないこと、本件電柱は工事の間も北側の窓から容易に見える場所にあったことに鑑みれば、本件電柱についてXに詳細に説明すべき義務があったとまでは解されない。

（瑕疵担保責任）

⑥ Xは、Yが本件電柱の存在を説明しなかったため、Yは瑕疵担保責任を負う

旨主張するが、本件電柱は本件居室付近の工事期間中も容易に発見できるものであったため、本件電柱の存在は隠れた瑕疵とはいえず、Xの主張は採用できない。

（結論）

⑦　したがって、Xの請求はいずれも理由がない。

○本事例を検討する際の留意点

上記判決からすれば、本事例においては、相談者において電柱の存在を契約締結時までに確認する機会がなかったと言えるか、サービスバルコニーが眺望を期待しうるものとして設置されたものであるかなどを確認のうえ、対応を検討することが大切です。

○本事例及び上記判決から学ぶこと

住宅の売買において、居室等からの眺望が、当該売買契約を締結し、あるいは契約条件を決定するうえで重要な要素となることがあります。買主が眺望を期待して物件を購入した場合、期待していた眺望が得られないときは、売主に対する契約不適合責任や、宅建業者に対する説明義務違反が問題とされることもあり得るところです。

ただし上記判決の事案では、電柱により眺望が阻害されているというサービスバルコニーの通常予定されている用途（眺望が期待されるものではない）、買主が近くに住んでいて電柱の存在を容易に認識しえたこと、特に買主が眺望にこだわるような言動をしていなかったことなどを考慮して、宅建業者には説明義務違反はないとされました。

宅建業者及び宅建士においては、眺望の良さを売りにしているマンション等であれば当然に、仮にそうでなくとも買主が眺望を期待していることを表明している場合には、どの位置からの眺望が望めるのかなども確認のうえ、買主に適切に説明をしておくことが大切でしょう。

◆説明義務（収益物件）

収益物件の賃貸借契約や建物の状況に関して不正確な情報を提供した媒介業者に損害賠償を請求したい。

共同住宅兼事務所ビルを収益物件として購入しました。購入時に賃貸借契約書や建物検査済証等の開示を媒介業者に求めましたが拒否され、家賃管理表と建物図面だけしか入手できませんでした。購入後に家賃管理表を確認したところ、1室の賃借人が退去済みで、2室の賃料表示が誤っていることが判明しました。また、1階事務所は、駐車場として建築確認を受けており用途変更ができないことも判明しました。媒介業者は、賃貸借契約や建物の状況の正確な情報を調査、説明をしなかったので損害賠償を請求したい。　　（買主　宅建業者）

関連裁判例の紹介

本事例を検討するに当たっては、令和2年2月18日東京地裁判決が参考になります。

【上記判決の概要】

●事案の概要●

（X　買主　Y　媒介業者　A　売主　B　物件転売先）

共同住宅兼事務所ビルの売主Aより、媒介の依頼を受けた媒介業者Yは、Aに賃貸借契約の資料や建築確認通知書、検査済証、建物図面等の提出を求めたが、Aが作成したという家賃管理表（実際の賃料は月84万円余のところ、89万円と記載されていた）や建物図面以外は入手ができなかった。

Yは、想定月額賃料（Aが作成した家賃管理表記載の賃料に、A自身が使用している1・2階事務所部分のYの想定賃料を加えたもの）を133万円余とする物件概要を作成しレインズに掲載したところ、これを見た買主X（宅建業者）は、本件ビルを購入して第三者に転売した上で、サブリース契約を結ぶことを考えた。

XはYに、賃貸借契約書や建物検査済証等の開示を求めたが、それらはないとの回答をYから受けた。Xは、Aの拒否により建物1階部分の内覧ができなかったが、市役所で本件ビルの建築確認通知書・検査済証の発行が確認できたことから、Xは本件建物を購入することにし、平成29年12月、YをA及びXの媒介業者として、Aとの間で、売買代金1億9,000万円とする売買契約を締結した。

平成30年1月9日、Xは転売先Bに、本件建物を売買代金2億7,780万円で売却し、同月13日に、Bとの間で、Bを貸主、Xを借主、月額保証賃料をY作成の賃貸状況表に記載された想定賃料と同額の133万円余、契約期間を同月22日より2年間とする賃料保証型の一括建物賃貸借契約を締結した。

同月22日にXとAの売買代金の決済が行われた。

その後、Xが依頼した建物管理会社の状況確認により、家賃管理表について、1室は売買契約前に退去済みであり、2室については賃料額が誤っていることが判明した。また、テナントの申込みがあった1階事務所部分については、駐車場として建築確認を受けていて、事務所等への用途変更は容積率違反となることが判明したことから、賃貸借契約はキャンセルとなった。

以上のような経緯のもと、Xが、Yに対し、重要な事項について調査や資料の開示を行わず、不正確な情報を説明、告知したとして、Yの媒介手数料の全額622万円余、Yより提示された賃貸状況表と実際賃料との差額2年分183万円及びビル1階部分のテナントキャンセルにより得られなかった賃料4年分2,592万円の計3,397万円余の支払いを求める訴訟を提起したのが本事案である。

●相手方（Y）の言い分●

これに対しYは、必要な資料や情報の収集等について売主であるAの協力が得られない一方、Xが本件売買契約の締結を急いだ中で、調査義務及び説明、告知義務を尽くしたのであるから、債務不履行には当たらないなどと主張している。

●裁判所の判断●

裁判所は概ね次のように判示し、Xの請求の一部を認容しました。

（Yの債務不履行責任について）

① Yは、本件媒介契約に基づく善管注意義務として、Xに対し、Xにとって重要な事項について、自ら調査し又は売主から資料等の提供を受けるなどして、正確な情報を説明、告知すべき義務を負うものと解される。

② 本件建物1階は、建築確認通知書や検査済証交付の時点では駐車場とされていたが、その後店舗に改造されたため、当該用途変更により容積率超過の状況にあったところである。それにもかかわらず、Yは、本件建物1階が駐車場として建築確認等を受けていることを説明せず、本件建物の図面を交付することもなかったのであるから、Yは、建ぺい率及び容積率違反の有無、建築確認申請の状況、本件建物の概況に係る説明・告知義務を果たしたとは言えない。

③ 本件建物の賃貸借契約の状況は、不動産売買契約の締結に当たり、Xにとって重要な事項であり、Yは、Xに対し、その正確な情報を説明・告知すべき義務を負うところ、Yは、裏付けとなる賃貸借契約書等の客観的資料を確認しないまま、Aが作成したという家賃管理表の内容を鵜呑みにして、何らの留保を付けることなく、事実と異なる賃貸状況をXに説明したことは、本件建物の賃貸借契約の状況に係る説明・告知義務違反に当たる。

（Xの損害額について）

④ Xが主張する1階部分のテナントキャンセルによる損害については、建物1階

が駐車場として建築確認を受けている旨を明らかにして入居者を募集していたならばそもそもテナント申込みはなかったものと認められるから、Ｙの説明義務違反との間に因果関係を認めることはできない。

⑤　Ｙ説明の賃料収入額と実際の賃料収入額との差額については、建物の引渡し後から本件訴訟の口頭弁論終結時までの間の143万円について、Ｙの債務不履行による損害と認めるのが相当である。

⑥　Ｘが主張する媒介手数料の損害については、本件売買契約自体は締結には至っており、本件媒介契約が解除されたわけではないから、Ｙの本件建物の容積率違反の有無等の説明・告知義務違反の内容、程度等に鑑み、支払済媒介手数料の半額311万円余を損害と認めるのが相当である。

⑦　以上によれば、Ｙの債務不履行によりＸが被った損害は、合計454万円余であると認められる。

（結論）

⑧　よって、Ｘの請求は、454万円余を限度として理由がある。

○本事例を検討する際の留意点

上記判決からすれば、本事例においては、当該ビルにおける賃貸借契約書等の提示を拒否された経緯や、家賃管理表なるものの作成経緯、収益物件を取得する目的との関連で必要とされる情報の提供の有無および提供された情報の正確性などを確認のうえ、対応を検討することが大切です。

○本事例及び上記判決から学ぶこと

賃貸に供されている建物等のいわゆる収益物件の売買に当たっては、買主は、当該物件からどの程度の収益が得られるのか、契約に至る過程で示される賃料等の情報を踏まえて判断するのが通常です。

上記判決の事案では、媒介業者が、売主側から提示された不正確な情報等をもとに収益に関連する資料を作成し買主に情報提供をしたことから、媒介業者の説明告知義務違反が認められたところです。

宅建業者及び宅建士においては、取引において重要な情報で、当事者のみから得られるものについては、正確な情報を当事者から取得するよう努めるとともに、仮に取得できなかったときにはその旨を相手方に正直に伝え、独自の不正確な情報を提供することがないよう注意する必要があります。

◆説明義務（増築部分建築確認）

増築部分の建築確認申請が行われていないことは錯誤理由にあたり、契約無効であることを主張したい。

私は、中古住宅を購入しましたが、売主から建物の増築部分の物干し場、車庫について、建築確認申請が行われていない説明を受けていないので、錯誤による売買契約の無効を主張し、不当利得返還請求、不法行為に基づく損害賠償請求をしたい。（買主　個人）

関連裁判例の紹介

本事例を検討するに当たっては、平成30年6月18日東京地裁判決が参考になります。

【上記判決の概要】

●事案の概要●

（X　買主　Y　売主（個人）　A　媒介業者）

平成28年2月19日、Xは、Yとの間で、Aを介して、本件土地建物について、下記内容の売買契約（本契約）を締結し、同日、Xは、Yに手付金を支払い、Yは、Xに本件土地建物を引き渡した。

<本契約の概要>
- 売買代金　1,850万円、手付金　30万円
- 残代金　1,820万円（平成28年10月31日）
- 特約　売主は、本契約締結後、買主が本件建物に居住することを承諾するが、買主は、残代金支払予定日まで、月額4万円を売主の指定口座に前月月末までに支払うこととし、当該支払代金は売買代金の一部とする。残代金支払予定日は厳守し、万一その支払が不可能な場合は手付金及びそれまで支払った金員は売主のものとし、本契約は解除される。その場合、買主は、残代金支払予定日から1週間以内に本件建物から立ち退く（本件特約）。

Xは、Yに対し、平成28年10月31日までに、本件特約に基づき、同年3月分から10月分までの各月額4万円の合計32万円を支払ったが、残代金支払予定日に残代金を支払わなかった。

そこでYは、Xに対し、平成28年11月4日に書面で、本件売買契約に基づく売買代金から手付金30万円及び上記の既払金32万円を控除した残額1,788万円を、同書類到達後1週間以内に支払うよう催告し、同書面は同月5日にXに到達した。

その後、Yは、Xに対して、本件特約により本契約は解除されたとして、平成

28年12月16日、本件建物から退去して本件土地を明け渡すことを求める訴訟（前訴）を提起した。

前訴において、Xは、本件建物は経年劣化が進んでいて、建物の支柱となるべき3本の鉄柱（本件支柱）が腐食し、その先端と地面との間に20cm程度の空間が生じており、そのため近い将来に本件建物全体が倒壊する危険があるとした上で、これらの瑕疵は一般に経年劣化として受忍すべき限度を超えるものであるから、本契約の締結に際し、Xは、Yに対して説明義務を負うところ、Yはこれらの瑕疵を売買契約書に記載せず、説明もしなかったとして、本契約に係るXの意思表示は錯誤により無効である旨主張した。しかし前訴の裁判所は、平成29年10月26日、本契約に無効を来すような動機の錯誤がXにあったとはいえないとして、Xの主張をいずれも排斥し、Xに対し、本件建物からの退去と本件土地の明け渡しを命ずる判決を言い渡した。Xはこれに控訴せず、同判決は同年11月14日に確定した。

以上のような経緯のもと、今度はXが、平成29年11月15日、本件建物の物干し場、車庫の増築部分について建築確認が行われていないにもかかわらず、Yがこれを Xに説明しなかったのであるから、本契約は、Yの詐欺により錯誤に陥って締結したもので無効であるなどとして、手付金の返還等を求める訴訟を提起したのが本事案である。なお、Yは、前訴判決に基づく強制執行の申し立てにより、平成29年12月20日、本件土地建物の引渡しを受けている。

●相手方（Y）の言い分●

これに対しYは、たしかに物干し場等の設置に際しては建築基準法の定める建築確認を受けていないが，これらはいずれも建物ではなく，建築確認を要しないものであるから，Yには建築確認を受けていないことの説明義務はない旨主張している。

●裁判所の判断●

裁判所は概ね次のように判示し、Xの請求を棄却しました。

（本契約は錯誤により無効か）

① Xは、本契約締結前に本件土地建物を現地で確認した際に、物干し場等が簡易な工作物であることを認識していたものと認められる。一般にこのような簡易な工作物を建物建築後に設置する際には建築確認を受けないことが少なくないのが実情と考えられることからすれば、本契約において、物干し場等が建築確認を受けていることが本契約の内容となっていたものと認めることはできない。

② また、本契約において、本件建物内外部、付帯する設備について経年劣化及び性能低下等があることをXにおいて承諾することを合意していること、本件

建物の築年数、売買代金等に鑑みると、本契約において、物干し場等に経年劣化が生じていないことが本契約の内容になっていたと認めることもできない。

③　したがって、本契約の無効を来すような動機の錯誤があったということはできない。

（Ｙの説明義務について）

④　本契約において、物干し場等が建築確認を受けていることが本契約の内容になっていたとは認められず、また、本契約の目的及び取引上の社会通念に照らし、物干し場等が建築確認を受けていないことや本件支柱の腐食等の状況を認識していれば、Ｘが本契約の意思表示をしなかったとは認めがたいことなどからすれば、売主であるＹには、物干し場等について建築確認が行われていないこと等を買主であるＸに説明すべき義務があるとはいえず、Ｘの主張は、その前提において失当であり、採用することができない。

（結論）

⑤　よって、Ｘの請求はいずれも理由がない。

○本事例を検討する際の留意点

上記判決からすれば、本事例においては、物干し場等の増築部分についてまで建築確認を受けることなどが契約の内容となっていたか、売買契約時に、これらがなされなければ契約を締結しないという相談者の動機が表示されていたのかなどを確認のうえ、対応を検討することが大切です。

○本事例及び上記判決から学ぶこと

本事例や上記判決の事案のように、物干し場等の簡易な工作物が建物に新たに設置された際には、改めては建築確認を受けないことが少なくありません。ただし、建築確認を受けることなどが契約の内容となっているときは、当該契約内容を履行するうえで、売主は、建築確認を受けるとともに、その実施の有無等についても説明すべき義務を負うことになります。

宅建業者及び宅建士においては、このような売買契約に関与する場合には、当事者間の合意内容をしっかりと確認し、契約の内容となっている事項に関しては、売買契約書において明記しておくことが大切です。

◆説明義務（床暖房未設置）

新築マンションの購入でパンフレットに記載されていた床暖房が未設置だったので、売主業者に損害賠償を請求したい。

新築マンションを購入し、入居しましたが、リビング・ダイニングにパンフレットに記載されていた床暖房が設置されていないことが分かりました。売主業者は、設置されていないことを説明したと言っていますが、説明を受けた記憶はないので、説明義務違反により損害賠償を請求したい。　（買主　個人）

関連裁判例の紹介

本事例を検討するに当たっては、平成29年3月24日東京地裁判決が参考になります。

【上記判決の概要】

●事案の概要●

（X　買主　Y　売主業者）

買主X（個人）は、新築マンションの売主Y（宅建業者）のモデルルームを訪問した。気に入った1室（本物件）があったので、Xは、現地で内覧した上で、平成21年6月に売買代金3,468万円でYと売買契約を締結し、9月に引き渡しを受けた。

平成24年11月、Xは、Yの関連会社である管理会社にリビング・ダイニングの床暖房の状況について連絡したところ、「コントロールパネルの故障か温水の詰まりが原因」とのことで、ガス会社に調査を依頼することになった。同年12月にガス会社の担当者が本物件に来訪し、調査したところ、間取図記載のリビング・ダイニングのうち、ダイニング部分には床暖房が設置されていたものの、リビング部分には設置されていなかったことが判明した。

Xは、Yに対し本物件のリビング部分に床暖房を設置することを求めたが、Yはリビングに床暖房が設置されていないことは図面を提示して説明済みであったと主張しこれに応じなかった。

そこで、平成27年5月、Xが、Yに対し、本物件はパンフレットでリビング・ダイニングの全面床暖房をうたっており、Yの担当者も全面床暖房を説明したとして、床暖房施工に係る費用68万円、慰謝料50万円、弁護士費用13万円の合計131万円の損害賠償を求める訴訟を提起したのが本事案である。

●相手方（Y）の言い分●

これに対しYは、Yの担当者は全面床暖房との説明はしていない、売買契約前に担当者はXに間取図面集を交付して、床暖房の範囲を明示していたなどと主張した。

●裁判所の判断●

裁判所は概ね次のように判示し、Xの請求を一部認容しました。

（Yに説明義務違反が認められるか）

① 本物件のパンフレットには、各室のリビング・ダイニングには温水式の床暖房が設置されている旨記載されており、その範囲に何らかの限定があるような記載はないこと、標準的な間取りの居室の「リビング・ダイニング」部分には全体的に床暖房が設置されていること、本物件の間取図は上記パンフレットには綴じられておらず、別途の書面として存在していることが認められる。

② これらの事実に照らせば、YはXに対し、本物件の図面上の「リビング・ダイニング」部分の一部には床暖房が設置されていないことを説明しなければならない義務があったというべきであるところ、本件において、Yの担当者はその旨を説明していなかったものと認められる。

③ Yは、マンションの購入をしようとする者が、最も基本的な情報である本物件の間取図を見ることもなく売買契約を締結することは経験則上あり得ないと主張するが、Xが標準的な間取図をパンフレットで確認していることは間違いなく、その上でXが内覧で直接本物件を確認しているのであるから、Yの主張は採用できない。

（Xの損害額について）

④ Xは、今後、床暖房を本物件に改めて設置するために見積額のとおりの費用がかかると主張するが、現時点においても、実際に同額を支出して床暖房の工事を行ったと認めるに足りる証拠はなく、現時点で、上記金額自体が本件のYの行為による損害ということはできない。

⑤ 一方、住居という、生活において非常に重要な位置を占める物について、X及びその家族は、売買契約締結時点で想定していなかった事態が生じており、単に経済的損失だけで損害の有無を評価しきれない面があることも否定できない。したがって、Xは、Yの不法行為により、精神的損害を被ったというべきである。ただし、実際に本物件で床暖房を使用しようとしたのが、平成24年11月以降であったというのであり、それまでは床暖房を使用せずとも通常の生活が可能であったということができ、Yの行為によりXの家族が被った不利益は、Xが主張する程度まで大きいと言うこともできない。

（結論）

⑥ したがって、訴訟に顕れた一切の事情を考慮し、Xの損害額は5万円が相当であるというべきであって、Xの請求はこの限度で理由がある。

〇本事例を検討する際の留意点

上記判決からすれば、本事例においては、パンフレット等の記載から、相談者が床暖房が設置されるものと誤信することがやむを得ないといえるか、相談者が主張する損害額は設備の利用状況等から相当な額といえるかなどを確認のうえ、対応を検討することが大切です。

〇本事例及び上記判決から学ぶこと

分譲マンションのような集合住宅等では、物件ごとに設備等の設置の有無や設置範囲が異なることがあります。本事例や上記判決の事案のように、買主は、パンフレット等において紹介されている、そのマンションの代表的な間取りの居室の設備等を確認して購入を検討することがあり得ることから、物件ごとの設備の差異や、実際に購入しようとしている物件の設備等については必ずしも十分に注意を払わないケースも考えられなくはありません。

宅建業者及び宅建士においては、とくに分譲マンションのような集合住宅等の売買に関与する場合には、対象となる物件そのものの設備等の状況につき確実に買主に説明し、買主が誤信することがないようにすることが大切です。

◆説明義務（廃材等埋設）

廃材等の埋設可能性について、調査確認義務を怠った媒介業者に損害賠償を請求したい。

土地を売却しましたが、廃材等の地中埋設物の存在という瑕疵があり、買主に和解金を支払うこととなりました。売却を依頼した媒介業者には、廃材等の埋設可能性について、私又は土地の廃棄物処理を行った業者に確認する義務があったのだから、損害賠償の請求をしたい。（売主　個人）

関連裁判例の紹介

本事例を検討するに当たっては、令和元年8月9日東京地裁判決が参考になります。

【上記判決の概要】

●事案の概要●

（X　売主　Y　媒介業者　A　廃棄物取引業者　B　買主）

売主Xは、平成24年7月頃、廃棄物取引業者Aに対し、所有している本件土地上に建っていた樹脂工場及び事務所の解体並びにプラスチック廃材等の除去等を注文し、Aは解体、除去工事を行った。

媒介業者Y（宅建業者）は、平成27年1月頃、Xに本件土地を売却する意思があるかどうかを確認したところ、Xは売却意思があると回答した。そしてXは、Yを介し、土地の購入希望を示していた買主Bとの間で交渉を行った。

Xは、平成27年12月頃、物件状況確認書をYに返送し、Yは同書面をBにファックスした。同書面には、「⑪土壌汚染の可能性」欄の「敷地の住宅以外（店舗・工場等）の用途での使用履歴」との不動文字の下の「知っている」のチェックボックスにチェックが入っており、その右横の「用途」の欄に「樹脂成型工場」と記載され、「⑬敷地内残存物（旧建物基礎・浄化槽・井戸等）」欄には何も記載がなかった。

Xは、Bとの間で、平成28年1月、本件土地を売買代金940万円で売却する旨の売買契約を締結し、Yに対し、媒介手数料36万円余を支払った。

Bは、平成28年5月、土地に大量のプラスチック廃材等が埋設されているのを発見したので、Bは、Xを被告として、上記プラスチック廃材等は本件土地の「隠れた瑕疵」に該当し、瑕疵担保責任に基づき売買契約を解除したとして、原状回復として売買代金940万円の返還を求めるとともに、Xが上記埋設物に関する説明義務を怠ったことが不法行為を構成するなどとして、不法行為又は瑕疵担保責任に基づき損害賠償を請求する訴訟（前訴）を提起した。

この裁判で裁判所は、平成30年1月、Ｂによる解除を認めるとともに、損害賠償請求について一部認容し、Ｘに合計1,119万円余の支払を命じる旨の判決をしたので、Ｘは控訴したところ、控訴審において、平成30年8月、売買契約が有効に存続し、本件土地の所有権がＢに帰属していることを確認するとともに、ＸがＢに対し和解金として500万円を支払う旨の裁判上の和解が成立した。

以上のような経緯のもと、Ｘは、前訴における和解金の支払は、Ｙが、本件土地にプラスチック廃材等が埋設されている可能性について、Ｘや本件土地の廃棄物処理を行ったＡに確認する義務を怠り、若しくはＢにプラスチック廃材等が埋設されている可能性を伝える義務を怠ったことによるものとして、Ｙに対し、媒介契約の債務不履行に基づき、Ｂに和解金として支払った500万円、Ｙに支払った媒介手数料36万円余及び弁護士費用80万円の損害賠償を求める訴訟を提起したのが本事案である。

●相手方（Ｙ）の言い分●

これに対しＹは、媒介を行う宅建業者は、埋設物の有無などの地下の状況に関し、売主への確認及び現地確認により得た結果を買主に説明すれば足り、同確認の結果、何らかの異常や問題があったり、買主から特段の要請があったりする場合でない限り、それ以上の調査や補足説明等を行う義務はないなどと主張している。

●裁判所の判断●

裁判所は概ね次のように判示し、Ｘの請求を棄却しました。

（媒介業者に売主等に埋設物の可能性の確認義務があったかについて）

① 本件の事実関係のもとでは、売買契約時にＸが本件土地からプラスチック等の廃材が完全に除去されたとまでは言っていなかったとしても、Ｙにおいて本件土地の埋設物はすべて除去されてすでに存在しないと認識するのはやむを得ないというべきであって、さらにＹが、Ｘに対してプラスチック廃材等が埋設されている可能性を問い合わせて確認したり、Ａに対して本件解体除去工事の内容を確認したりする義務はないと言うべきである。

② また、Ｙは、Ｘから本件土地の埋設物についてＡに除去を依頼して埋設物がトラック1台半分出土したと聞かされていたこと、物件状況確認書の「⑬敷地内残存物（旧建物基礎・浄化槽・井戸等）」の「状況」欄には何も記載がなかったことからすれば、本件土地に埋設物が存在していると疑うのは困難であって、ＸやＡに対し、更なる埋設物の有無の確認義務が生じると言うこともできない。

（媒介業者が買主に埋設物の可能性の告知義務があったかについて）

③ 上記のとおり、Ｙが本件土地の埋設物はすべて除去されすでに存在しないと

認識するのはやむを得ないというべきであるから、本件土地にプラスチック廃材等が埋設されている可能性をBに告知する義務があったとは認められない。

（結論）

④　よって、Xの請求は理由がない。

○本事例を検討する際の留意点

上記判決からすれば、本事例においては、売却を依頼した媒介業者が地中埋設物の存在を疑うに足りる特段の事情があり、地中埋設物の埋設の可能性を改めて相談者や廃棄物取引業者に確認すべき義務があると評価されるような状況にあったのかを確認のうえ、対応を検討することが大切です。

○本事例及び上記判決から学ぶこと

地中埋設物が存在することは、その程度や買主の土地購入の目的によっては土地の瑕疵（通常有すべき品質や性能の欠如）とされ、売買当事者における契約不適合責任・瑕疵担保責任が問題となります。したがって、そのような売買に関与する宅建業者は、売主からの情報をもとに地中埋設物について確認するとともに、仮に売主からの情報だけではその程度や完全に撤去されたかが必ずしも明らかでないときは、改めて売主や埋設物の撤去等をした業者に問い合わせなどをすることが必要となる場合があります。

上記判決の事案では、媒介業者が売主に対し、地中埋設物について確認し、かつ、物件状況確認書にも記載を求めたところ、これらによれば地中埋設物はすべて除去されたと認識するのはやむを得ないなどとして、媒介業者の責任が否定されました。

宅建業者及び宅建士においては、売主に確認しなければ知りえない情報で、売買契約の成立や条件の合意に重要なものについては、物件状況確認書などに売主自身に記入してもらうとともに、当該書面の記載内容から売買契約に影響が生じると思われるものについては、改めて関係者に確認するなど、適切に調査を実施し、その内容を説明することが大切です。

◆説明義務（既存擁壁必要性）

土地の売買で既存擁壁は取り壊す必要がないと誤った説明を受け損害が発生したので、媒介業者に損害賠償を求めたい。

土地の購入契約で、媒介業者からは既存の擁壁について取り壊す必要が無いと説明を受けましたが、建築士に調査を依頼したところ、建物建築にあたっては、既存の擁壁を取り壊して新たに擁壁を築造しなければならないことが判明したので、媒介業者に対して、損害賠償を求めたい。　　　　（買主　法人）

関連裁判例の紹介

本事例を検討するに当たっては、平成30年9月27日東京地裁判決が参考になります。

【上記判決の概要】

●事案の概要●

（X　買主　Y　媒介業者　A　売主　B　建築士）

平成28年7月、買主X（不動産の売買等を目的とする株式会社）は、媒介業者Yから、本件土地を購入する話を持ちかけられたが、本件土地は、建築基準法42条2項道路に接道しているため、道路中心線から2メートルの位置まで敷地を後退させること（セットバック）を要し、その際にはがけ地となっている部分の擁壁を取り壊して新たに擁壁を築造する工事費用がかかる懸念があることから、購入を断った。するとYから、本件擁壁を取り壊す必要がないことを区役所で確認したと説明されたので、Xは、上記懸念はなくなったとして購入する意向を示した。

その後、YがXに送付した契約書案及び重要事項説明書案には、「セットバックに合わせて新たに擁壁を造り替える必要があり、その費用は買主負担とする」旨の記載があったため、Xがこれでは購入できないと伝えたところ、Yは、売主Aの了解を得て、同条項を削除した契約書及び重要事項説明書を作成した。

平成28年8月、Xは、Yの媒介で、Aから本件土地を7,300万円で買い受け、手付金100万円を支払い、同日、XとYの間で、報酬額を税込243万円（支払時期は本件売買の残金決裁日）と定めて、一般媒介契約を締結した。

本件売買契約締結後、Xは、一抹の不安を覚え、一級建築士Bに依頼して調査させたところ、擁壁を取り壊して新たに築造する必要があることが判明した。

平成28年10月、Xは、A及びYに対し、本件売買契約を白紙解約する旨通知したが、その後、弁護士により、一方的に白紙解約することは困難との助言を受け、同月末、やむなく本件売買契約の残代金を支払い、決済を完了した。しかし

Ｘは、Ｙに対する媒介報酬の支払いは拒絶した。

そこでＹが、Ｘに対し、媒介契約に基づく報酬の支払を求めて訴訟（本訴）を提起し、これに対しＸが、Ｙから擁壁の取壊しを要しないという事実と異なる説明を受けて買い受けた結果、擁壁工事に関する費用相当額の損害を被ったなどとして、Ｙに対し、媒介契約上の債務不履行又は不法行為に基づき、1,333万円余の支払を求める反訴を提起したのが本事案である。

●相手方（Ｙ）の言い分●

Ｘの反訴請求に対し、Ｙは、本件土地について、セットバックに伴い本件擁壁を取り壊して新たに擁壁を築造する必要があることは建築基準法に基づくものであり、不動産業者であるＸがこの点につき騙されることはあり得ないなどと主張している。

●裁判所の判断●

裁判所は概ね次のように判示し、Ｙの本訴請求を棄却し、Ｘの反訴請求を一部認容しました。

（Ｙの債務不履行～反訴請求～の成否）

① 本件擁壁のようながけ地の場合、セットバックについて建築基準法42条2項ただし書が適用される余地も否定できないことから、区役所との間で擁壁を取り壊すか否かについて事前協議が行われること自体はあり得るものと認められ、宅建業者であるＸにおいて、「Ｙが本件擁壁の取壊しは不要であることを区役所に確認した」という説明を信じたとしても不自然とまではいえない。

② Ｙは、当初の契約書案及び重要事項説明書案には本件擁壁条項が設けられていたところ、本件擁壁の取壊しを要するのは建築基準法によるものであって売主の判断でこれを不要にできる問題ではないのだから、Ｘも本件擁壁の工事が必要となることを当然認識していたと主張する。しかし、Ｘが同条項があるのであれば本件売買には応じられない旨をＹに伝えたところ、売主側も異議なく同条項の削除に応じたことからすれば、Ｘとしては、「Ｙが本件擁壁の取壊しは不要であることを区役所に確認した」という説明を疑うことなく本件売買契約の締結に至ったとしても不自然とまでは言えない。

③ したがって、Ｙは、「本件擁壁の取壊しは不要であることを区役所に確認した」という事実と異なる説明を行い、Ｘを誤認させて本件土地を買い受けさせたのであるから、Ｘに対し、媒介契約上の債務不履行責任を負うものと解するのが相当である。

（Ｘの損害）

④ 本件更地価格から旧建物の撤去費用及び擁壁工事費用を控除した本件売買条件による適正価格と、Ｘが本件売買契約により支払った売買代金との差額およ

び弁護士費用の計301万余をＸの損害額と認めるのが相当である。

（報酬請求権〜本訴請求〜の成否）

⑤　Ｘは、当初から、本件擁壁工事に多大な費用を負担しなければならないのであれば本件土地を購入しない旨を示していたところ、Ｙの説明により誤認した結果、本件土地を購入して損害を被ったものである。Ｘは、Ｙとの間で本件媒介契約を締結し、その媒介業務により本件売買契約が成立に至ったとしても、Ｙの当該業務の瑕疵により目的を達成することができなかったのであるから、Ｙは、Ｘに対して、本件媒介契約に基づく報酬を請求することはできない。

（結論）

⑥　以上から、Ｘの反訴請求は理由があり、Ｙの本訴請求は理由がない。

○本事例を検討する際の留意点

上記判決からすれば、本事例においては、売買契約に至る一連の過程を踏まえ、相談者が、いかなる理由で既存の擁壁を取り壊す必要がないと判断したといえるかを確認のうえ、対応を検討することが大切です。

○本事例及び上記判決から学ぶこと

売買の対象となる土地が、新たな建物を築造するに当たってセットバックを要する場合には、セットバックに伴って既存の擁壁などがどのように取扱われるかも、売買契約の成否や売買条件の決定に当たっては重要な問題となります。

上記判決の事案では、買主側が、擁壁の取扱いが売買契約の成否にかかわる問題であったことを指摘していたとした上で、擁壁の撤去の必要性に係る媒介業者の説明に誤りがあったとして、媒介業者の債務不履行が認められ、一方で媒介業者の報酬請求が否定されました。

宅建業者及び宅建士においては、セットバックなど建築基準法等で規制がなされている土地建物の取引について、法令による規制内容とあわせ、当該規制により発生する当事者の負担内容などもしっかりと確認し、説明をすることが大切です。

◆説明義務（転貸賃料）

投資用物件売買で説明した転貸賃料が間違っていたという理由で媒介報酬の支払を拒絶されたが報酬支払を求めたい。

私は不動産仲介会社ですが、投資用物件の売買の媒介を行ったところ、転貸賃料の説明が間違っていたという理由で買主から媒介契約の解除及び媒介報酬支払拒絶の意思表示を受けていますが、引渡までの業務を完了しているので、媒介契約に基づく媒介報酬の支払を求めたい。　　（媒介業者　法人）

関連裁判例の紹介

本事例を検討するに当たっては、平成30年10月24日東京地裁判決が参考になります。

【上記判決の概要】

●事案の概要●

（X　媒介業者　Y　買主　A　売主　B　転貸業者）

媒介業者Xは、売主Aからワンルームマンション（本件不動産1及び本件不動産2）の売却依頼を受け、買主Yに紹介したところ、Yは、本件不動産2の購入を検討するため、本件転貸借の解約の可否及び本件転貸借における転借人の月額賃料（先家賃）等をXに照会した。

本件不動産2は、転貸業者Bに賃貸され、Bはこれを第三者に転貸していたため、Xは、Bに、転貸借の解約の可否と先家賃の額を尋ねたが、本件不動産2の売買契約が成立した後でなければ先家賃は教えられないとの回答であった。

そこで、Xは、Aに先家賃や諸費用について尋ね、「募集家賃」が月額89,000円であるなどの回答を受けたので、Yからの照会に対し、電子メールにて、「本件転貸借の解約は可能であり、募集家賃が月額89,000円、保証家賃が月額80,100円である」などと回答した。

Yは、Xの回答結果を踏まえ、平成29年2月、Xとの間で本件不動産1及び2に関する本件媒介契約を締結し、Aとの間で、本件不動産1及び本件不動産2の本件各売買契約を締結した。

本件各売買契約締結後、Xは、Bに先家賃の開示を求め、月額賃料73,000円、管理費8,000円との回答を得て、これをYに伝えたところ、以前の回答内容とは異なるとしてYから苦情を申し入れられた。そこで、同年3月、XはYを訪れ、本件各売買契約前に本件不動産2についての正確な先家賃を回答できなかったことについての謝罪をした。

同年3月、YとAとの本件各売買契約の残金の支払い及び本件各不動産の引渡しが完了した。

しかし同年4月、ＹはＸに対して本件媒介契約を解除する旨の意思表示をし、同年9月には、ＹのＸに対する損害賠償請求権をもって、Ｘの媒介報酬請求債権とその対等額において相殺するとの意思表示をした。

そこで、Ｘが、本件媒介契約の媒介報酬（100万円）を求める訴訟（本訴）を提起し、これに対しＹが、Ｘの先家賃に関して不実の告知等により損害を被ったとして、228万円の賠償を求める反訴を提起したのが本事案である。

●相手方（Y）の言い分●

Ｘの本訴請求に対しＹは、Ｘの先家賃に関して不実の告知等により損害が生じており、仮に報酬請求が認められるとしても、当該損害額と相殺されるべきであるなどと主張している。

●裁判所の判断●

裁判所は、概ね次のとおり判示し、Ｘの本訴請求及びＹの反訴請求を認めました（両債権を相殺し、差額分の支払をＹに命じました）。

（Xの説明義務違反の存否）

① 一般的に、転貸借契約における転借人の賃料は、売買契約の媒介における説明義務の対象となる重要事項には当たらない。

② しかしながら、Ｙは、本件各不動産の転売を目的とするとともに、本件不動産2の購入後にＢとの賃貸借契約の解約も意図して先家賃について照会をしたものであって、Ｘにおいても、そのことが本件各売買契約に影響を及ぼしかねないことは容易に想定できたと考えられる。

③ そうすると、ＸとＹは、明示又は黙示の合意により、先家賃の額について重要事項として説明義務の対象としていたというべきである。Ｙは、Ａから聴取した「募集家賃」の意味を明らかにするなどの対策を講ずることなく、あたかも「募集家賃」を先家賃であるかのように回答したものであり、Ｙが「募集家賃」を先家賃であると誤信したとしても何ら不合理なものとは言えない。よって、Ｘは、Ｙに対して重要事項の説明義務違反があり、本件不動産2に係る媒介契約について債務不履行があったものと認められる。

（損害の発生の有無及びその額）

④ Ｙが「募集家賃」として説明を受けた89,000円と本件転貸借における81,000円との差額である月額8,000円に将来的に賃貸借契約の継続が認められる期間程度を乗じた賃料相当額は、Ｘの説明義務違反と相当因果関係がある損害と評価でき、転貸借契約が継続する期間を考慮すると、Ｙの損害は35万円余と認めるのが相当である。

（Xの媒介報酬請求権）

⑤　本件媒介契約において、宅地建物取引業者であるＸの主たる債務の内容は、売買契約の成立に向けて努力することと解されるところ、ＹとＡの間で本件各売買契約が締結され、その決済も完了しているから、その主たる債務は履行されている。そして、上記説明義務が媒介契約における付随義務的なものと解されることに照らすと、その不履行があったとしても、売買契約の成立に至った場合には、媒介契約の解除権が生じるものとは解さず、ＸはＹに対する報酬請求権を有するものと認められる。

（結論）

⑥　以上によれば、Ｘの本訴請求は理由があり、Ｙの反訴請求は35万円余を限度として理由がある。

○本事例を検討する際の留意点

上記判決からすれば、本事例においては、相談者が投資用物件の売買契約をするに当たって、転貸賃料に係る情報が重要なものと評価されうるか（転貸関係を解消し、テナントに直接賃貸する方式を前提に収益の在り方を検討する場合などが想定されます）などを確認のうえ、対応を検討することが大切です。

○本事例及び上記判決から学ぶこと

一般的に、転貸借に供されている収益物件を売買する場合、当該物件から所有者が得ている賃料（サブリース事業者が所有者に支払う賃料）が売買契約の締結等において重要な情報となる一方、転貸賃料（居住者等がサブリース事業者に支払う賃料）は重要な情報とは言えず、転貸賃料については当該取引に関与した媒介業者の重要事項説明の対象事項とはならないところです。

しかし上記判決の事案では、買主は、当該物件につき転貸関係を解消して直接賃貸することも想定しており（この場合、テナントに対する賃料は、現在の転貸賃料と同額となることが想定されます。）、そのことを媒介業者も認識し得たとして、転貸賃料も説明義務の対象であるとされました。

宅建業者及び宅建士においては、当事者から確認を求められた事項については、適切に調査をし、説明することが大切です。

◆説明義務（建替不可建物）

擁壁と建物の基礎等が一体のため建替えが不可能との説明を怠った売主業者と媒介業者に損害賠償を求めたい。

土地・建物を購入しましたが、建物の基礎及び躯体が隣地との間に設置された擁壁と一体構造となっており、実質的に建物の建替えが不可能であったにもかかわらず、契約締結に際して、売主業者と媒介業者は、そのことを説明してくれませんでした。最終的に物件を処分しましたので、売買価格と処分価格の差額、媒介手数料と住宅ローン利息について、両業者に損害賠償を請求したい。

（買主　個人事業主）

関連裁判例の紹介

本事例を検討するに当たっては、平成30年9月26日東京地裁判決が参考になります。

【上記判決の概要】

●事案の概要●

（X　買主　Y１　売主業者　Y２　媒介業者）

平成20年6月13日、個人事業主である買主Xは、媒介業者Y２の仲介の下、売主業者Y１所有の本件土地・建物を、ローンを借り入れ、1億6,500万円で購入する旨の売買契約を締結し、引渡しを受けた。

なお、本件土地は、その西側及び南側で接している隣地より低位にあり、土地と同隣地との境界付近には擁壁が設置されており、擁壁と建物の基礎及び躯体は一体構造となっていたが、売買契約書及び売買契約に先立ちXに説明・交付された重要事項説明書には、これらに係る記載はなかった。

その後、Xのローンの返済が滞ったため、本件土地・建物の担保不動産競売手続が開始され、平成28年4月12日、同競売が実施され、1億3,401万円余で売却された。

その後Xが、平成28年6月30日付け書面で、Y１らに対し、以下の点を理由に損害賠償を求めた。

① 本件擁壁は建物の基礎及び躯体と一体構造となっており、建物全体で土留めとしての役割を果たしているため、隣地等の安全性を確保しつつ本件建物を解体することは、実質的に不可能である。

② Y１らは、宅地建物取引業法上の宅建業者に該当し、契約締結に際し同法47条に基づく義務又は信義則上の義務として、Xに対し、建物は建替えが不可能であること等につき説明する義務を負っていたにもかかわらず、Y１らは同説

明義務を果たしていないから、Xに対し債務不履行又は不法行為に基づき、Xに生じた損害を賠償する責任を負う。

③　Xは、Y1らから適切な説明を受けていれば、売買契約を締結しなかった。したがって、売買代金と担保不動産競売における売却代金の差額3,098万円余は、Y1らの説明義務違反と相当因果関係のある損害というべきである。仮に、同差額が損害に当たらないとしても、Xが支払った仲介手数料523万円余及び住宅ローンに係る利息額については、Y1らの説明義務違反と相当因果関係のある損害というべきである。

しかしY1らがこれに応じなかったため、XがY1らに対し、上記の損害賠償を求める訴訟を提起したのが本事案である。

●相手方（Y1ら）の言い分●

これに対しY1らは、擁壁が建物の基礎及び躯体と一体構造となっているからといって建物の解体が実質的に不可能というわけではない、平成20年6月にXの自宅で一体構造の事実を説明したが、Xは売買契約を翻意することなく代金決済及び引渡に至ったなどと主張している。

●裁判所の判断●

裁判所は概ね次のように判示し、Xの請求を棄却しました。

（本件建物の建替えの可否）

①　Xは、本件建物の建替えが不可能であると主張し、その根拠として「本件建物を解体する際には、何らかの制限があるものと思料する。」旨の記載がある不動産競売時の執行官作成の現況調査補充書や、「本件建物の解体等により地下部分の構造体及び基礎を除去した場合、擁壁の倒壊、隣家の傾き又は地盤の崩落もあり得る。」旨の記載がある不動産コンサルティング会社作成の平成27年12月付け意見書を提出する。

②　しかしながら、上記現況調査補充書は、本件建物の建替えが不可能と断じているわけではなく、解体に際してどのような制限があるのかを明らかにしているものでもない。また、上記意見書は、「本件擁壁の安全性を総合的に判定するには、擁壁構造体を支持する地盤耐力、擁壁構造体の詳細、擁壁背面の土質分析、裏込め材の詳細、地下水位等の状況を把握する必要がある。」旨指摘しつつ、不足資料として、地盤調査資料、擁壁設計時の構造計算資料、設計図書、施工時のコンクリート配合報告書、鉄筋材料証明書等を挙げ、推奨する調査として、破壊鉄筋配筋調査、各所コンクリートテストピース取得による圧縮強度調査等の調査を挙げていることから、必要十分な資料や調査に基づかずに暫定的な意見を示したものというべきである。よって、上記の現況調査補充書や意見書によって本件建物の建替えが不可能であると認めることはできない。

③　本件建物は、平成3年6月10日頃に新築されたものであること、当時の本件土地の所有者と隣地の所有者は、本件建物の建築に先立ち、既存の擁壁（石垣）を補強する目的で本件擁壁を設置することとし、「工事費は2分の1ずつ負担すること」、「本件擁壁を両者の共有共用施設とすること」、「将来、いずれかが建物の建替え等をする場合、行政官庁の指導に従い、本件擁壁の再補強あるいは改築等を検討し、必要と判断されたときは、費用折半でこれを行うこと」などを内容とする平成2年11月30日付け覚書を取り交わし、同覚書に基づいて本件擁壁を設置したことが認められる。このような本件擁壁の設置の経緯や覚書の合意内容に照らせば、将来的に本件土地上の建物の建替えが行われることを想定しつつ、本件擁壁が設置されたことが窺える。よって、本件建物の建替えが不可能であると認めることはできない。

（Ｙ１らの責任原因）

④　仮に、本件建物の建替えが不可能であると認められたとしても、そのことをＹ１らが売買契約締結時に把握していたと認めるに足りる証拠はないため、Ｙ１らは、契約締結に際し、Ｘに対し、本件建物の建替えが不可能であることについて、宅地建物取引業法47条又は信義則上の説明義務を負っていたとは認められず、よって、Ｙ１らは、債務不履行又は不法行為に基づく損害賠償責任を負わない。

（結論）

⑤　以上から、Ｘの請求はいずれも理由がない。

○本事例を検討する際の留意点

上記判決からすれば、本事例においては、「実質的に建物の建て替えが不可能であった」と言えるのか、相談者がそのように判断している根拠などを確認のうえ、対応を検討することが大切です。

○本事例及び上記判決から学ぶこと

建物の基礎や躯体が隣地との間に設置された擁壁と一体の構造となっている場合、建物の建て替えをしようとする場合、一体的な構造となっている擁壁も撤去し、再設置することなどが必要となる可能性があります。そして、当該擁壁の撤去等ができない場合には、実質的に建物の建て替えも不可能となるか、一定の制限が課されることになります。

上記判決の事案では、建物の基礎などと一体となっている擁壁部分は、隣地所有者との合意に基づき、改築等もありうることを前提に設置されたものであることから、「実質的に建替えが不可能」とは言えないとし、かつ、仮に建て替えが不可能であったとしてもそのことを媒介業者等は把握していなかったとして、売主業者及び媒介業者の責任は認められませんでした。

ただし、買主が安心して不動産を取得し利用することができるよう、宅建業者及び宅建士においては、隣地所有者との境界上に設置されている擁壁等の構築物について、建物の建て替えや土地の有効利用に制限をもたらす可能性があると推認できる場合には、当該構築物の設置の経緯や隣地所有者の意向の確認などにも努めることが大切でしょう。

◆説明義務（定期借家契約有効性）

定期借家契約の有効性等について説明をしなかった媒介業者に対し賃借人の退去に要した費用等を請求したい。

賃借人の退去を前提とする土地・建物の売買契約を締結しましたが、賃借人から賃貸借契約は定期借家契約とは認められないと主張され、退去に解決金の支払いを要することとなりました。媒介業者が、定期借家契約の有効性に疑義があることや、賃借人が退去しなかった場合に違約金を支払うことになることを説明してくれなかったことは善管注意義務違反であり、損害賠償を請求したい。

（売主　個人）

関連裁判例の紹介

本事例を検討するに当たっては、平成30年3月27日東京地裁判決が参考になります。

【上記判決の概要】

●事案の概要●

（X　売主　Y　売買の媒介業者　A　賃貸借の媒介業者　B　借主　C　買主）

X（個人）は、別荘として使用していた土地・建物（本物件）の売却をYに依頼していたが、購入希望者が現れなかったため、平成27年7月、Aの媒介により、Bとの間で定期借家契約（本件賃貸借契約）を締結した。しかしこの時、借地借家法38条3項に定める定期借家であることの事前説明書面（38条書面）の交付はされなかった。

平成28年7月、Xは、定期借家契約を平成28年10月から平成29年9月まで延長（更新）する覚書（本件覚書）をBと締結した。

その後、本物件の購入を希望するCが現われたが、Xより平成29年9月までBに退去を求められないことを聞いたYは、その退去日を前提にXとCとの間で売買条件を取りまとめ、平成28年12月3日、XとCは、Yの媒介により、売買金額を4,000万円、違約金を800万円とする売買契約（本件売買契約）を締結した。

しかし、XがBに定期借家契約の終了を通知したところ、「賃貸借契約は定期借家契約の効力を有しない。Xの本件不動産売却は更新拒絶の正当理由ではない。」としてBに退去を拒否された。Xは、賃貸借契約が終了できなければ、債務不履行によりCに違約金800万円を支払わなければならなくなることから、Bとの交渉により解決金288万円を支払うことで本物件の明渡しを得た。

以上のような経緯のもと、Xが、Yに対し、Bとの間の本件賃貸借契約では38

条書面の交付がされておらず定期借家契約と評価する余地がないことを容易に認識し得たにもかかわらず、Ｂが退去を拒否した場合には800万円の違約金の支払義務が生じるという本件売買契約締結の判断に重大な影響を及ぼす事実を説明しなかった注意義務違反があるとして、Ｂに支払った解決金288万円を含む829万円余の損害賠償を求める訴訟を提起したのが本事案である。

●相手方（Ｙ）の言い分●

これに対しＹは、Ｘの損害は、本件賃貸借契約が定期借家契約として無効であったことに起因するものであるから、本件賃貸借契約の媒介業者（Ａ）に請求すべきものであり、売買契約の媒介業者であるＹが責任を負うものではないなどと主張している。

●裁判所の判断●

裁判所は概ね次のとおり判示し、Ｘの請求を一部認容しました。

（Ｙの義務違反）

① 売買契約における媒介業者は、媒介契約の受任者として、売買契約が支障なく履行され、委任者がその契約の目的を達成し得るために必要な事項について調査し、これを委任者に適切に説明する義務を負う。

② 本件売買契約においては、本物件に定期借家契約とは評価されない本件賃貸借契約が存在していたため、Ｂが退去を拒んだ場合には本件売買契約の条件とされていた平成29年9月までの明渡しを達成できず、ＸはＣに800万円の違約金支払義務を負担するおそれがあったことが認められる。そしてＹは、本件売買契約の締結前の時点で、Ｘから本件賃貸借契約書及び本件覚書を交付されたことにより、本件賃貸借契約が定期借家契約とは評価されず、Ｂが上記期日までに退去しないおそれがあるとの本件売買契約の目的達成に影響を及ぼす事情を認識していたことが認められる。そしてＹは、合理的な理由なく、本件売買契約締結までの間に、上記事情をＸに説明していなかったのであるから、Ｙには媒介業者としての説明義務違反があると言うべきである。

③ Ｙは、本件賃貸借契約の締結に関与していなかったこと、同契約には専門の媒介業者が入っており38条書面の交付がないとは考えられなかったこと、Ｘが本件賃貸借契約は定期借家契約として有効だと話していたこと、Ｘから、本件売買契約締結が終了するまでＢに連絡をしないよう強く言われ、Ｂに本件賃貸借契約の内容や退去の意向を確認できなかったことなどから、できる限りの調査を尽くしても、本件賃貸借契約が定期借家契約としては無効であることを容易に知り得なかった旨主張する。

④ しかしＹは、本件賃貸借契約書及び本件覚書の内容から、本件賃貸借契約が定期借家契約の評価を受けるものではないことを認識していたものと認められ

ることなどからすれば、Ｙが主張する上記の事情をもってＹに説明義務違反が無かったとは言えない。

（損害）

⑤　本件解決金288万円及び弁護士費用相当額29万円の計317万円を、Ｙの義務違反行為と相当因果関係を有するＸの損害と認めるのが相当である。

（結論）

⑥　以上から、Ｘの請求は上記の金額の支払を求める限度で理由がある。

○本事例を検討する際の留意点

上記判決からすれば、本事例においては、建物の賃借人との間の賃貸借契約が定期借家契約として認められる法令上の要件を充足してないものであることが判断できる資料等を媒介業者が取得していたかを確認のうえ、対応を検討することが大切です。

○本事例及び上記判決から学ぶこと

土地建物の売買の際に、土地建物を賃借人が居住利用している場合には、買主が賃貸借契約をそのまま承継するケースのほか、本事例のように賃貸借契約を終了させたのちに引き渡すこととするケースもあります。後者の場合には、引渡しまでの間にいかにして賃貸借契約を終了させて賃借人に明け渡してもらうかが重要となります。この点、当該賃貸借が定期借家であれば、期間満了で終了することから、当該賃貸借の終了時期を考慮して引渡し時期を決めることになりますが、普通借家の場合には、賃貸人からの中途解約の申入れや更新拒絶には正当事由が必要とされるため、確定的に賃貸借の終了や賃借人の明渡しが求められるわけではなく、上記判決の事案のように一定の解決金の支払などで、明渡しの実現を図らざるを得ない場合も生じます。

本事例や上記判決の事案では、売買当事者は定期借家と考えたところ、実際は定期借家の有効要件を満たしていないことから普通借家と評価され、結果として解決金の支払を余儀なくされたものです。定期借家契約が有効となるためには、借地借家法38条に基づき、事前説明書面の交付と定期借家であることの説明が必要となります（また、上記判決の事案では、期間延長が「契約の更新」と評価され、定期借家契約であることが否定されました。）。

宅建業者及び宅建士においては、売買の対象である土地建物を賃借人が利用している場合には、賃貸借契約の内容を確認し、とくにそれが定期借家契約であることを前提として売買契約の交渉が進んでいるときは、定期借家としての有効要件を備えているか、事前説明書面の有無等を確認し、仮に有効性に疑義があるのであれば、その旨及びその場合の解決方法（普通借家の解約として金銭的負担が生じうること）を売買当事者に説明することが大切です。

◆説明義務（消防用設備改修）

時間貸駐車場としての利用ができないことの説明を怠った売主と媒介業者に手付金の返還等を求めたい。

分譲マンションの地下駐車場区画を購入する契約を締結しましたが、時間貸駐車場としての利用が不能であったこと、消防用設備に多額の費用を要する改修が必要であったこと等の説明を怠った売主と媒介業者に支払済手付金・媒介報酬の返還や違約金支払いを求めたい。　　　　　（買主　宅建業者）

関連裁判例の紹介

本事例を検討するに当たっては、平成29年2月22日東京地裁判決が参考になります。

【上記判決の概要】

●事案の概要●

（X　買主業者　Y１　売主　Y２　媒介業者）

平成26年5月、売主Y１（不動産賃貸業者）が所有している分譲マンション（本件マンション）内にある地下駐車場区画（本件物件）の消防法点検を行ったところ、消火設備の不調が判明し、所轄消防署長宛その旨記載の報告書を提出した。その後、Y１はその是正工事（本件是正工事）に889万円余を要する見積書（本件見積書）を入手し、同年11月頃、その相当額を売買価格で調整して本件物件を売却する（希望価格：1億5,000万円）こととして、Y２（宅建業者）にその媒介を依頼した。

平成27年2月、買主X（宅建業者）は、本件物件の広告を見てY２に問い合わせた後、Y２から本件物件の案内を受けた際、Y２から本件物件の登記事項証明書等とともに本件見積書の提示を受け、本件是正工事が必要である旨の説明を受けた。

Xはその後数回に渡り本物件の内覧を行う中で、地上から本件物件への進入用スロープが共用部分であり、時間貸駐車場として利用するには、その使用と地上入口への看板掲出が必要であることを認識し、時間貸駐車場としての使用許可を本件マンションの管理組合（本件管理組合）から取得することを売買契約上の停止条件とするようY１に求めた。しかしY１はこれを拒否し、同月9日に、本件管理組合からの許可取得にY１が協力することを条件として、決済予定日を同年3月31日、売買価格を1億4,500万円とする売買契約（本件売買契約）がXとY１の間で締結され、手付金1,000万円が授受された。

なお、本件売買契約締結以前に、Y１と本件管理組合との間で、管理費等の滞納に係る訴訟が係属していたが、本件売買契約締結前に和解により終局している。

同年3月初旬、Xは専門業者に本物件の時間貸駐車場としての使用にあたっての調査を依頼し、自動精算機設置スペース確保のため、駐車区画数が減少する旨の報告を受けた。

また、本件管理組合は、同月12日付書面でＹ１に本件是正工事の実施を求めた後、同月27日、Ｙ１に対してこれを求めて提訴した。

以上のような経緯のもと、XとＹ１間で同月17日付及び同月30日付で決済期日延長等を内容とする合意書を締結した。同年9月になって、XはＹ１に対し、Ｙらの説明義務違反による本件売買契約の解除を通知したところ、同年10月にＹ１は、残代金の支払いの催告と14日以内に支払いがない場合には本件売買契約を解除する旨の通知を行った。

そして、Xが、Ｙ１と本件管理組合の関係性が回復していないこと、本件物件は構造上時間貸駐車場にはできないものであったこと、本件是正工事に多額の費用を要することの説明をＹ１及びＹ２は怠ったとして、Ｙ１及びＹ２には違約金等2,953万円余の支払いを求めるとともに、Ｙ１に対してはさらに受領済手付金と違約金との差額である450万円の支払いを求める訴訟（本訴）を提起し、これに対しＹ１が、違約金の支払いを求める反訴を提起したのが本事案である。

●相手方（Ｙら）の言い分●

Xの本訴請求に対しＹらは、必要な説明は尽くしている、Xは残代金支払いをしないことにより契約違反に陥っており、Xには違約金の支払い義務があるなどと主張している。

●裁判所の判断●

裁判所は概ね次のように判示し、Xの本訴請求を棄却し、Ｙ１の反訴請求を認容しました。

（Ｙ１と管理組合との関係性に係る説明義務について）

① Ｙ１と本件管理組合との訴訟は、本件売買契約締結以前に和解により終局しており、これについてＹらに説明義務があったとは言えない。また、本件管理組合から本件是正工事を求める書面をＹ１が受領したのは本件売買契約締結後であり、これを事前に説明できないのは当然である。よって、Ｙ１と管理組合との関係性についての説明義務違反は認められない。

（Ｙらの本件物件の構造についての説明義務について）

② Xが本件物件の時間貸駐車場としての利用を断念した直接かつ最大の原因は、自動精算機の設置により駐車区画の減少が余儀なくされることにあったものと解される。これについては、係る事業計画を立てた買主であるXが、自ら

の責任で調査・検討すべきことであって、専門知識を持たないＹらには当該説明をすべき義務はないと言うべきである。

③　本件マンションの共用部分である進入用スロープの利用や看板設置に際し本件管理組合の許可が必要であることについても、当初Ｘが停止条件とするよう求めたものの交渉の結果Ｙ１の協力義務とされた経緯からすれば、Ｘは本件売買契約締結以前から認識していたものと認められる。よって、本件物件の構造についてＹらに説明義務違反があるとは言えない。

（本件是正工事の説明義務について）

④　Ｙらは、本件是正工事に要する費用は、売買代金の減額により調整されるとの認識のもと、交渉の初期段階でＸに本件見積書が提示され、Ｘはこれを踏まえて売買金額の減額を希望し、本件売買契約を締結したものと言うことができる。よって、本件是正工事についてのＹらの説明義務違反も認められない。

（結論）

⑤　よって、Ｘの本訴請求は理由がなく、一方、残代金不払いを理由とするＹ１の解除通知により本件売買契約は解除されたのであるから、Ｙ１の反訴請求は理由がある。

○本事例を検討する際の留意点

上記判決からすれば、本事例においては、対象となる土地建物が区分所有建物であることから、管理組合との関係で、そもそも時間貸駐車場としての利用が制限されていたり、時間貸駐車場として利用するための設備等の設置が制限されていることにつき、売主や媒介業者が認識し、または認識し得たかなどを確認のうえ、対応を検討することが大切です。

○本事例及び上記判決から学ぶこと

区分所有建物の売買に当たっては、売買の対象である居室等や共用部分の利用について、区分所有建物の管理組合の管理規約や総会決議等によって制限などがなされている可能性を考慮しなければなりません。売買によって区分所有建物を取得した買主が、どのような目的で利用するかによっては、その点が大きな問題となります（本事例のような特別な用途はもちろんのこと、通常の居室等の売買でも、事務所等にも使用しようとする場合や、ペットの飼育を前提とする居住使用の場合などで問題となります）。

上記判決の事案では、時間貸駐車場の利用に係る管理組合との紛争は売買契約後に生じていることなどから、売主や媒介業者に説明義務違反はないとされました。

宅建業者及び宅建士においては、売買契約における買主の取得目的が表明されている場合には、当該目的に影響を及ぼす、契約時点で存在し、または近い将来に生じる蓋然性が高い制限等について調査し（特にマンションなどの場合であれば管理組合との関係で可能な範囲で調査し）、説明をすることが大切です。

◆説明義務（共用部分電力使用料金）

転売物件の調査が不十分だったので、売主業者の説明義務違反による損害賠償を求めたい。

事実上の売主（宅建業者）が、私に賃貸用共同住宅の転売物件の紹介と物件説明をし、売主の債務を重畳的に引き受けましたが、レントロール記載の共用部電力使用料金について調査が不十分であり、説明義務違反があったので、事実上の売主に損害賠償請求をしたい。（買主　個人）

関連裁判例の紹介

本事例を検討するに当たっては、令和元年10月23日東京地裁判決が参考になります。

【上記判決の概要】

●事案の概要●

（X　買主　Y　転売業者（事実上の売主）　A　売主　B、C　以前の所有者）

投資用不動産の購入を検討していたXは、平成29年10月、Yから賃貸用共同住宅（本物件）の紹介を受けた。そのレントロールには、「電気（想定）」という表題で、共用部電力使用料金「月額4,000円」、「年額4万8,000円」の記載と、「収支計算は想定を含む試算であり、経費は一部概算を含む」、「実際の経費が異なる場合がある」などと記載されていた。

Xは、空室率10％で大規模修繕等を考慮すると、収支がマイナスになる可能性があることから、想定利回り9％の確保のために売買価格を1億6,600万円から1億6,000万円に減額を要請するとともに、投資前に最大限リスクを軽減したいとして、レントロールと賃貸借契約書記載に齟齬のある貸室賃料の確認をYに求めたところ、Yは、レントロール記載よりも同室の賃料は4,320円安いこと、売買価格を1億6,200万円に下げることを回答した。

その後、Yが売主をAとする売買契約書案をXに送付した際、Xが、売主がAである理由を質問したところ、Yは、融資銀行からのローン本数を超えたためであり、事実上の売主はYであると回答した。

同年10月20日の売買契約締結に当たり、X、Y及びAの三者間にて、「Yは、本件売買契約におけるAが負う債務の重畳的引受をし、当該債務についてXからの問い合わせ等一切の窓口業務を行う」旨の合意を行い、同月31日、本件不動産の所有権は、B→C→Y→A→Xと移転した（所有権移転登記はB→C→X）。

その後、Xは、共用部電力使用料金は概ね月額4,000円と説明をYから受けたが現実には月額1万8,000円程度であったことから、Ｙに調査・説明義務違反があったとして、ＸがＹに対し、平成30年1月から同年10月までの実際の共用部電力使用料金額と想定された額との差額13万円余、将来の損害賠償としてローン期間中である平成30年11月以降令和33年12月までに発生する差額分毎月1万4,000円及び慰謝料30万円等の支払いを求める訴訟を提起したのが本事案である。

●相手方（Ｙ）の言い分●

これに対しＹは、転売案件では、前の所有者であるＣへの問い合わせをすることで調査は十分であり、これに基づきＸに説明をしたことから説明義務違反はない、レントロールには想定を含み、実際と異なる可能性があることをあらかじめ断っており、説明不足はないなどと主張している。

●裁判所の判断●

裁判所は概ね次のように判示し、Ｘの請求を一部認容しました。

（事実認定）

（Ｙの説明義務違反の有無）

① Ｙは、Ｘに対し、自ら売主になると告げ、売主の契約上の債務を重畳的に引き受けたことなどが認められる。宅建業者であるＹは、売買契約締結直前まで、事実上売主として振る舞い、ＸもＹが売主であると信じ売買取引に臨んでいることから、Ｙは、売主であった場合と同様の説明義務を負う。

② 本件不動産で発生する経費は、購入前のＸが調査・予測することは容易ではないが、Ｙは、宅建業者であり、投資用不動産の取扱業者として、専門的な知識を有し、管理業者に問い合わせをする等容易に調査を行える立場にあった。Ｘは、賃料額の齟齬を指摘する等、収支や投資リスクに高い関心があり、経費の額に齟齬があれば当然に関心を寄せていたものと推認され、それをＹも認識していることから、宅建業者であるＹは、経費の一部である共用部電力使用料金についても、適切な調査を行い、Ｘに正確な情報を説明する義務を負う。

③ 宅建業者である売主は、所有者であれば当然知っているべき情報について正確な情報を提供すべき義務を負い、その義務の程度は、転売事案か否かによって左右されない。Ｙは、投資判断の参考としてＸに提供するレントロール作成の際には、改めて所有者や管理業者に直接問い合わせる等により正確な情報を調査すべきであったと言うべきである。

また、レントロールには正確性に係る断り書きがあるが、当初から十分な調査をせず、その結果、通常生ずる変動幅とは評価できない程度の乖離を生じ、かつ、そもそも調査結果とも異なる記載をしていた場合にまで、買主であるＸがその乖離を受け入れなければならないものではない。本件不動産の売買で、共用部電力使用料金の誤った情報を提供したことについて、Ｙには説明義務違反があったものと認められる。

（Xの損害の有無及び額）

④　将来の共用部電力使用料金は、入居者の設備の使用状況等で変動し得るものであり、将来給付の訴えが認められるための要件である賠償内容の確定性の要件を充足していないことから、本件口頭弁論終結日以降に生ずる損害部分は、訴えを却下すべきものである。

⑤　Xは、本件不動産の共用部電力使用料金の差額が損害であると主張するが、Yの説明義務違反の有無にかかわらず、その設備状況から、現時点の同料金は月平均で1万8,000円程度であり、X主張の損害は、説明義務違反との因果関係を欠く。また、差額分である月額1万4,000円は、売買価格と比較すると軽微であり、著しく不動産経営に影響を及ぼすとまではいえず、仮にYが正しい情報をXに提供していたとしても、購入自体の取りやめや売買価格減額が確実であるとまで認めることもできない。

しかし、本件不動産の経費は、少なくとも適正な投資額としての売買価格決定に影響を与え得ることは事実であり、Xは、正確な情報に基づく意思決定機会を失い予想していなかった経費負担増が生じたこと、ただしその増額の程度が本件不動産の収支に及ぼす影響は必ずしも大きいとはいえないことを総合考慮すると、慰謝料として10万円を認めるのが相当である。

（結論）

⑥　以上から、Xの請求は10万円の支払を限度として理由がある。

○本事例を検討する際の留意点

上記判決からすれば、本事例においては、請求の相手方が事実上の売主といえるのか、契約締結に至る過程や、自らが名義上も売主となることができないとされた理由、レントロール記載の共用部電力使用料金の実際の料金との差の程度やレントロール作成に当たっての調査の方法などを確認のうえ、対応を検討することが大切です。

○本事例及び上記判決から学ぶこと

賃貸建物等の収益物件の売買においては、買主は、当該建物の賃借人から得られる賃料等とあわせ、当該建物の維持保全に必要な費用、共用部分に係る費用などの正確な支出額等を把握のうえ、収益性を評価して、契約を締結するか否か、契約条件（売買代金等）をどのようにするかを判断するのが通常です。

したがって、本事例のような共用部電力使用料金についても正確な情報が求められ、上記判決の事案では、改めて前の所有者等に直接問い合わせるなどして正確な調査をすべきであるところ、これを怠ったとして、転売業者（事実上の売主）の責任も認められているところです。

宅建業者及び宅建士においては、収益物件の売買に関与する場合には、賃料等の収益、共用部電力料金等の経費などについて必要な調査を行い、正確な情報を当事者に伝えることが大切です。また、上記判決では、「事実上の」売主であれば、実際の売主と同様の説明義務を負うとしていることにも注意すべきでしょう。

◆説明義務（雨漏り等）

購入したビルの媒介業者に雨漏り等の調査・告知義務違反があったので、損害賠償を請求したい。

媒介業者から紹介を受けて投資目的でビルを購入しました。購入後に1階のテナントで漏水が発生し、関係者と協議しましたが、売主が漏水調査費を支払わなかったため、訴訟を提起し、最終的には和解により調査費を支払ってもらいました。ただ、元々は、媒介業者が、ビル購入の際に、物件状況確認書の交付確認や1階テナントの雨漏りの聞き取り調査などを怠っていたこともあるので、媒介手数料相当額について媒介業者に損害賠償請求をしたい。

（買主　法人）

関連裁判例の紹介

本事例を検討するに当たっては、平成30年3月28日東京地裁判決が参考になります。

【上記判決の概要】

●事案の概要●

（X　買主　Y　買主側媒介業者　A　売主　B　売主側媒介業者）

買主X（不動産会社）は、投資目的で不動産購入を検討していたところ、媒介業者Yから本件ビルの紹介を受けた。

平成28年2月、X及びYは本件ビル1階の料理店で会食をし、料理店の経営者と話をしたが、その際、過去に本件ビルで雨漏りがあった旨の話は出なかった。

その後、X及びYは、本件ビルの各階と廊下・階段を内覧した。本件ビルは昭和39年築で、X及びYは状態を注意深くチェックしたが、廊下や階段はきれいに塗装されており、雨漏りの痕を見つけることもなかった。後日、Yは本件ビルを再訪し、5階及び7階の賃借人に会い、雨漏り等の不具合の有無を確認したが、特に問題ないとの回答であった。

同年3月、X及びYは、売主Aの媒介業者Bから売買契約書及び重要事項説明書について説明を受け、本件ビルに雨漏りはないこと、古い建物で図面がなく、土地の境界が不明確であるが境界トラブルはないことの説明も受けた上で、売買代金1億3,500万円で本件売買契約を締結した。売買契約書には「売主は、本ビルの状況について別添「物件状況確認書」にて買主に告知するものとする。」との条項があったが、Bは、書類引き渡しの際、物件状況確認書をコピーするのを失念した。

平成28年8月、1階料理店において漏水が発生した。その際に、Xは物件状況確認書をもらっていないとBに伝えた。Bは、コピーがなかったので、売主Aに必要事項を記入してもらい、Xに送付した。その確認書には、ビルに雨漏りはない、設計図書がない、土地の境界は未確定だが紛争はないなどの記載がなされていた。

翌月、ふたたび料理店で漏水が発生した。専門業者による調査を受け、平成29年1月、X、Y、A及びBの4者で協議し、Aが防水塗装等の工事を行い、漏水調査費を負担する内容の合意書を取り交わした。しかし、Aが漏水調査費を支払わなかったため、Xが訴訟を提起し、最終的にはAが調査費を支払う内容の和解が成立した。なお、平成29年にXは、本件ビルを、1億5,000万円で第三者に売却した。

以上のような経緯のもと、Xが、Yに対し、物件状況確認書の交付確認を怠り、その内容を説明しなかったことや、1階の賃借人への雨漏り聞き取り調査を怠ったこと、境界明示義務免除特約の意味及びリスクを説明しなかったことは、Xの調査説明義務違反に当たるとして、443万円余（媒介手数料相当額）の損害賠償を求める訴訟を提起したのが本事案である。

●相手方（Y）の言い分●

これに対しYは、物件状況確認書の交付はAの義務であり、説明はBが十分にしている、可能な限度で十分な雨漏り調査を実施した、XはBから説明を受けているのでYには説明義務はないなどと主張している。

●裁判所の判断●

裁判所は概ね次のように判示し、Xの請求を棄却しました。

（物件状況確認書の交付の有無）

① Xは、本件売買契約の締結日に、物件状況確認書の交付及び説明がなかったことから、Yの交付義務の懈怠を主張する。しかし、売主Aは、媒介業者Bに依頼され、物件状況確認書を再作成した際、記入項目について逐一尋ねるのではなく、包括的に「前と同じでいいですか。」と尋ねて自ら記入しており、この点に特段不自然な点がないことを考えると、本件売買契約締結当時、契約書記載のとおり、Aが作成した物件状況確認書をもとに本件ビルの状況が告知され、その物件状況確認書は契約書及び重要事項説明書とともにXに交付されたものと推認することができる。

② また、Bが手元に物件状況確認書を置くことなく重要事項説明書等に記載されている説明を行ったとは考え難いこと、もしBがXへの当該書面の交付を失念したのであれば当該書面がBに残り、後に再作成する必要もないことも、上記推認を補強するものといえる。

（雨漏りの調査確認業務の程度、履行の有無）

③　Xは、Yが平成27年に雨漏りがあった1階の賃借人への聞き取り調査を怠ったと主張するが、平成28年2月、1階料理店でXがYとともに賃借人と話をしており、その際に雨漏りの話はでていなかったことが認められる。
④　そして、Yは、媒介業者Bからの情報提供に頼るのみならず、自らも内覧を行い、賃借人に可能な限度での聴取等を行っているのであるから、Xの媒介業者として果たすべき調査確認義務を尽くしたものと評価するのが相当である。

（境界明示義務免除特約の説明義務の有無）

⑤　Xは、本件ビルを投資目的で購入しようと考えており、そのことはYも知っていたこと、XはBから境界明示義務免除特約があることの説明を受けたが、そのリスクに関する質問はしなかったこと、瑕疵担保責任免除特約については、XもYもその意味とリスクを承知して、ビルの瑕疵の有無を慎重にチェックしたことが認められる。
⑥　そうすると、Yが、境界明示説明義務免除特約の説明についてXから質問がなかったので、リスクについて承知したものと考え、これを改めて説明しなかったことは、媒介業者としての説明義務違反となるものではない。
⑦　Xは会社経営者であり、投資目的による不動産購入を検討する行動を自ら選択した人物であって、瑕疵担保責任免除特約と同様、境界明示義務免除特約についても、その意味やリスクを相当程度理解していてしかるべきであるし、本件ビルの転売により、Xは1,500万円の利益を得ているのであるから、リスクの説明をしなかったことによりXが損害を被ったということはできない。

（結論）

⑧　以上から、Xの請求はいずれも理由がない。

○本事例を検討する際の留意点

上記判決からすれば、本事例においては、媒介業者が物件状況確認書の交付説明を契約時に行っていなかったことや、雨漏りの聞き取り調査をしていなかったことを客観的に証明できるのかなどを確認のうえ、対応を検討することが大切です。

○本事例及び上記判決から学ぶこと

売買契約に関与する宅建業者において、対象となる建物等の状況につき、物件状況確認書などを作成し交付して説明をすることは、建物等の瑕疵に起因する紛争を回避するための重要な手続きです。

上記判決の事案では、契約締結に至る過程の具体的な事実関係をもとに、媒介業者が物件状況確認書を交付等し、雨漏り等についても必要な調査をしているなどとして、媒介業者の責任を否定しました。

宅建業者及び宅建士においては、物件状況確認書の交付や、建物等の物理的な瑕疵が疑われる事情があるときの調査の重要性を改めて確認するとともに、本事例や上記判決の事案のような賃貸物件の取引では、賃借人に対する聞き取り調査の実施等も考慮するなど、適切な調査手法を検討することが大切でしょう。

◆建物瑕疵（法令違反）

購入した建物について法令違反があり取得目的を達せなかったので、売主業者に購入代金の返還を求めたい。

社員寮兼事務所として利用するため共同住宅を購入したところ、建物に建築基準法に抵触するところが多数あり、予定していた改築ができず、購入した目的を達することができなかったので、売主に支払った売買代金の返還等を求めたい。

（買主　法人）

関連裁判例の紹介

本事例を検討するに当たっては、令和3年11月26日東京地裁判決が参考になります。

【上記判決の概要】

●事案の概要●

（X　買主　Y　売主業者）

平成30年10月頃、売主Y（宅建業者）は同年3月に個人より取得した東京都a区内に所在する平成4年築の共同住宅及び敷地（本物件）の売却を検討し始めた。その頃、社員寮兼事務所として使用する建物の取得を検討していた買主X（建設業）は、取引金融機関であるA信用金庫の担当者から本物件の紹介を受けた。その後Xは、A信金担当者やXの顧問税理士らとともに、Yが媒介を依頼していた宅建業者Bの案内で本物件を内覧した。

同年11月、XとYは、Bの媒介により以下の内容の本物件の売買契約（本契約）を締結した。

売買代金：1億500万円
・手付金：500万円
・YはXに対して引渡日から2年間は瑕疵担保責任を負う。
・Yは現状有姿にて本物件を買い受ける。

本契約締結時点において、本物件には、建蔽率・斜線制限の超過、一部住戸に採光上有効な開口面積の不足・吸気口の未設置等の建築基準法等に違反する箇所が存在していた。また、本契約締結前に、YとBはXに、建蔽率：79.012%との記載がある本物件建物の図面と、①1階の一部は、駐車場や倉庫が居室に改装されており、その時期は不明であること、②本物件土地の法定建蔽率は70%で、斜線制限があること、③本物件建物の確認済証は保存されておらず、検査済証は未取得であるが、その理由は不明であること、④Xは現状有姿で本物件を買い受けること等を記載した重要事項説明書を交付した。

同年12月、本契約の決済がなされ、XはYから本物件の引渡しを受けた。

令和元年8月頃、Xは本物件建物の1階部分を住居から事務所に改築する工事を行うために工事業者に相談したところ、本物件建物は、前記の通り、建築基準法等に抵触する箇所があり、その解消を行わない限り、Xが希望する改築工事はできない旨を告げられた。

これを受けてXは、YとBに対応を求めたものの、両者はこれに応じなかったことから、XがYに対して、Yの瑕疵担保責任または説明義務違反の債務不履行に基づき本契約を解除した、もしくは本契約は錯誤により無効である等として、売買代金の返還や本契約締結に伴う諸費用等として1億2,656万円余の支払いを求める訴訟を提起したのが本事案である。

●相手方（Y）の言い分●

これに対しYは、本物件建物が改装されていること、検査済証が未取得であること、建蔽率超過の疑いがあること等は事前に説明していたし、図面も交付していたうえ、Xに改築する計画があることも知らなかったので、責任はない旨主張している。

●裁判所の判断●

裁判所は概ね次のように判示し、Xの請求を棄却しました。

（Yが瑕疵担保責任を負うかについて）

① 本契約は、基本的には本物件をそのままXの社員寮等として使用する目的で締結されたものであることが認められ、かつ、重要事項説明書においても、本物件建物につき時期不明の増改築がされていること、確認済証が保存されていないこと、検査済証が取得されていない理由は不明であること、Xは本物件を現況有姿により買い受けることが明記されていた。

② そうすると、本契約締結の目的やその当時のやり取り等を踏まえれば、本物件建物について、築26年の中古建物として、共同住宅として使用するのに必要十分な品質・性能を有していることが予定されていたと認められる。そして、本物件建物に法令違反があるとしても、それにより倒壊の恐れが現に生じていたり、行政機関から使用禁止命令を受ける危険が具体化している事情は窺えず、むしろ、重要事項説明書の記載によれば、本物件建物に法令違反の可能性があることは、本契約の前提となっていたことが窺える。

よって、これらの法令違反の存在が、本物件の瑕疵にあたるとは認められない。

（本契約の錯誤による無効について）

③　Xは、本物件建物の1階部分を事務所に改築する予定であるとYに伝えていたと主張するが、Xが本契約締結までに具体的に改築の検討をしたとは認められず、このような動機がYに伝えられていたとも認められない。

（Yの説明義務違反について）

④　本物件建物の図面には、建蔽率：79.012％との記載があることからすれば、Yは本物件建物が法定の建蔽率を超過していたことを把握することは可能であったとも考えられる。しかし本契約締結時に本物件には賃借人が存在し、Yが建物の現況と図面が一致しているか確認することは事実上不可能であったし、建蔽率の超過が9％程度であったことからすれば、現実に当該建ぺい率の超過の有無を建物外観の目視によって判断することは困難であったと言える。よって、Yには、制限建蔽率を超過している可能性があることを基礎付ける事情の説明を超えて、現実に制限建蔽率を超過しているか否かまでの説明義務があったとは言えない。

　また、その他の高さ制限違反等についても、Yがこれらを具体的に認識していたのに説明しなかったという事情は認められない。

（結論）

⑤　よって、Xの請求はいずれも理由がない。

○本事例を検討する際の留意点

上記判決からすれば、本事例においては、改築を目的としていることが売買契約の前提となっているのか、仮に前提となっていたのであれば、その点が重要事項説明等において明確になっているかを確認のうえ、対応を検討することが大切です。

○本事例及び上記判決から学ぶこと

民法が定める契約不適合責任は、「引き渡された目的物が種類、品質又は数量に関して契約の内容に適合しないものであるとき」に発生します（民法562条）。この場合の契約の内容は、一次的には当事者間で合意された個別具体の契約内容（合意内容）に則して判断されます。

ところで、建物に現行法令上違反するところがあったとしても、建築当時の法令には適合し、倒壊の危険がなければ、そのまま使用することができ、建替え等の際に、その時点での法令に適合させる必要が生じるところです。そうすると、建物をそのまま使用する目的で売買する場合と、早期に建て替えをして使用する目的で売買する場合とでは、当該取引において「目的を達することができない」といえるのか、「契約に適合しない」といえるのかの判断が異なることになります。

したがって、売買当事者においては、売買の目的を明確にすることが大切であり、宅建業者及び宅建士においては、その売買の目的に照らし必要な情報は絶対に説明漏れがないよう注意するとともに、調査すべき内容についても可能な範囲でしっかりと対応することが大切です。

◆建物瑕疵（防水仕様）

中古住宅を購入しましたが、売主はサイディングの内側に防水紙を張っていなかったので、損害賠償を求めたい。

私は、築25年以上経過した中古住宅を購入しました。後日、建築士の調査により、本件建物は、サイディング材の外壁の外側に化粧材としてタイルが張られていましたが、その内側には防水シート等の防水材の施工が一切されていないため、雨漏りを引き起こす構造上の欠陥があることがわかったので、損害賠償の請求をしたい。（買主　個人）

関連裁判例の紹介

本事例を検討するに当たっては、令和3年8月31日東京地裁判決が参考になります。

【上記判決の概要】

●事案の概要●

（X　買主　Y　売主業者）

平成26年1月、Yは、前所有者から、新築、木造スレート葺2階建ての本件建物（アパート）及び借地権を代金6,200万円（建物500万円、借地権5,700万円）で購入した。その後、Yは、本件土地の所有権を取得するとともに、本件建物の内装工事（756万円）を行い、全室内装済みである旨広告し、本件土地・建物を売りに出した。

平成27年6月、Xは、Yとの間で本件土地・建物につき代金1億2,000万円（土地4,800万円、建物7,200万円）で売買契約を締結し、同年9月に引き渡しを受けた。

平成29年6月、Xは、建築士の調査により、本件建物は、サイディング材の外壁の外側に化粧材としてタイルが張られているが、その内側には防水シート等の防水材の施工が一切されていないため、雨漏りを引き起こす構造上の瑕疵が存在することが判明したとして、Yに対し、損害賠償を求める訴訟を提起したのが本事案である。

裁判において、Xは、Yが本件建物はフルリフォーム済み物件であるとして販売したので、本件建物には構造上の問題がないことを前提としていたものである、また、本件建物の瑕疵は、内装材を剝がして初めて判明したもので、本件売買契約締結当時、瑕疵を認識できないことから隠れた瑕疵というべきであるなどと主張した。

●相手方（Y）の言い分●

これに対しYは、フルリフォームという言葉は使用していないし、本件建物は経年劣化があることを前提に安く評価した上で売買代金を設定している旨主張している。

●裁判所の判断●

裁判所は概ね次のように判示し、Xの請求を一部認容しました。

（隠れた瑕疵の有無について）

① Yは、本件建物を取得後に内装工事をして、全室内装済みであるとして本件土地・建物を売り出したものの、Xが主張する「フルリフォーム済みである」と説明するなどして売り出したと認めるに足りる証拠はない。

② 建築基準法施行令49条1項は、「木造の外壁のうち、鉄鋼モルタル塗りその他軸組が腐りやすい構造である部分の下地には、防水紙その他これに類するものを使用しなければならない。」と定め、平成元年当時、住宅金融公庫融資の共通仕様書のみならず、木造の外壁に使用するサイディング材の製造販売業者の標準的な施工法として、防火サイディング材を使用する場合には、下地材として防水紙を貼ることが標準的工法であったものと推認される。

③ しかし、本件建物には、防水紙が張られた形跡はなく、同等の防水工事がされたこともうかがわれないため、新築時点から通常有すべき品質・性能を有していなかったものというほかない。そのため、防水工事がされていないことにより、本件建物の外壁内部に水が浸入して、外壁内部の湿度が上昇し、木造の構造部分が通常の経年劣化の範囲を超え腐食することは容易に推認でき、本件建物の柱等の構造体の腐食の原因となるべき瑕疵は、本件売買契約時点に存在していた以上、本件売買契約上の瑕疵と認めるのが相当である。

④ また、本件建物の瑕疵は、本件建物の内壁を撤去して初めて判明したものであり、一般的には予見できず、本件売買契約締結時にXが認識し、又は認識し得たと認めるに足りる証拠もないから、瑕疵は隠れたものであったと認めるのが相当である。

（損害額について）

⑤ 瑕疵担保責任に基づく損害賠償義務における賠償の範囲は、買主が負担した代金から売買契約締結当時における瑕疵ある目的物の客観的取引価格を控除した残額に限られるものと解される。

Xは、修繕工事費用、建築士による調査費用及び弁護士費用等を損害として主張するが、修繕工事費用は、建物の価値が売買契約締結当時より増加する場合や、本件建物の客観的価値を超えて過度な修繕を行う場合があり得ることに照らすと、Xの主張をそのまま認めることはできない。また、建築士の調査費用及び弁護士費用は、損害賠償の範囲には含まれない。

⑥　そうすると、ＸがＹから購入した本件建物の価格には借地権相当額が含まれているものと推認され、その額は、Ｙが本件建物及びその借地権を購入した際の借地権価格5,700万円と同額と推認される。よって、売買代金中の本件建物単体の価格は、Ｘが支払った代金7,200万円から借地権価格相当分5,700万円を控除した1,500万円と認めるのが相当である。
⑦　他方、本件建物は瑕疵により無価値であったというほかなく、本件売買契約締結時における瑕疵ある本件建物の客観的取引価格は、Ｙが支出した内装工事費用の756万円と同額と認めるのが相当である。
⑧　以上に照らすと、損害額は、本件建物単体の額1,500万円から瑕疵がある状態での本件建物の客観的取引価格756万円を控除した744万円と認めるのが相当である。

（結論）

⑨　以上のとおり、ＸのＹに対する請求は、744万円の限度で理由がある。

○本事例を検討する際の留意点

上記判決からすれば、本事例においては、相談者が主張する建築等の仕様が標準的なものといえるのか、施工時点で確認できなかったと明確に主張できるかを確認のうえ、対応を検討することが大切です。

○本事例及び上記判決から学ぶこと

民法が定める契約不適合責任の前身である瑕疵担保責任は、「瑕疵」（＝通常有すべき品質や性能等の欠如）があり、かつ、それが「隠れた」ものであること（＝契約時に認識し、または認識し得なかったこと）が要件とされていました。

上記判決では、建物や設備等の状況が、建築（設置）の時点における法令や標準的な工法に照らし不備があれば瑕疵があるものと評価され、かつ、中古物件の売買である以上買主は特段の事情がない限り上記不備を認識し得ない（隠れた瑕疵がある）として、売主の瑕疵担保責任が認められていることに注意が必要です。

現行民法における契約不適合責任でも、本事例や上記判決の事案のようなケースでは、防水仕様となっていないことが契約内容となっていない限りは、売主に対する修補請求や、売主に過失が認められる場合には損害賠償請求が認められる可能性があります。宅建業者及び宅建士においては、中古物件の売買においては、建築時の状況なども可能な限り把握のうえ、取引に関与することが大切でしょう。

◆建物瑕疵（残置物）

居宅目的のため購入したマンション内に大量の野鳥の死骸があることは瑕疵に当たるので、売主に損害賠償を求めたい。

居宅目的でマンションを購入しましたが、建物の内見をした際、全身が発疹し、病院にてダニアレルギー症と診断されました。その後新居で生活を始めたものの、当初から悪臭を感じたため、原因を究明したところ、ユニットバス裏から大量の野鳥の死骸や糞が発見されました。この死骸等は、取引上一般に要求される注意をもってしても容易に発見できなかった「隠れたる瑕疵」に当たるので、売主に損害賠償の請求をしたい。　（買主　個人）

関連裁判例の紹介

本事例を検討するに当たっては、令和3年9月30日東京地裁判決が参考になります。

【上記判決の概要】

●事案の概要●

（X１、X２　買主　Y　売主）

平成30年5月2日、Ｘ１・Ｘ２は、Ｙ（法人）から、Ｙの社宅として従業員が居住していた15階建てマンションの11階部分の一室（本件建物）を、売買代金4,450万円で購入する売買契約を締結し、同月31日、残金を支払い、引渡しを受けた。

Ｘ２は、同契約締結後、本件建物の内見をした際、全身が発疹し、病院にてダニアレルギー症と診断された。

同年6月24日、Ｘらは本件建物での生活を始めたものの、当初から悪臭を感じたため、リフォーム工事業者に原因究明を依頼し、数回に渡り、本件建物内の確認作業を実施した。

その結果、床下、天井裏及び浴室部分に設置されたユニットバス裏のスペースを含む範囲の空間（本件空間）に合計19羽の野鳥（ムク鳥）の死骸、その糞及び巣跡等（本件死骸等）が発見されたため、Ｘらは、本件死骸等の撤去、清掃及び消臭等の作業（本件死骸等撤去作業）を行った。

なお、これらの野鳥による侵入経路は、本件空間とバルコニーとの間に通すエアコン配管の穴と推測された。

そこでＸらが、Ｙに対し、本件空間は本件建物内に立ち入っても見ることのできない箇所であり、本件死骸等は、取引上一般に要求される注意をもってしても容易に発見できなかった「隠れたる瑕疵」に当たるとして、本件建物の改修工事費用等471万円余（改修工事費用398万円余、宿泊費25万円、死骸等撤去作業費用18万円、慰謝料30万円）の損害賠償を求める訴訟を提起したのが本事案である。

●相手方（Y）の言い分●

これに対しYは、本件建物に本件死骸等が存することは瑕疵には当たらない等と主張している。

なお、本件は、民事調停に付されたが調停不成立となっている。

●裁判所の判断●

裁判所は概ね次のように判示し、Xらの請求の一部を認容しました。

（瑕疵の有無について）

① 本件死骸等は、発生する悪臭や不衛生さにより、本件建物の居住者に健康被害を生じさせる危険性のあるものであり、本件建物に本件死骸等が存在したことは、居住用の建物として通常備えるべき品質・性能を欠いており、本件建物の瑕疵に当たると認められる。

② この点に関しYは、本件死骸等が存在したとしても、一般人は本件建物において十分に健全な生活を送ることができると主張する。しかしながら、本件死骸等の量に加え、X２のみならず、リフォーム工事業者も本件建物内に悪臭が漂っていた旨の報告をしていることから、本件死骸等は相当の悪臭を発していたことが認められる。また、X２のアレルギー症診断に至る経緯等に不自然な点は見当たらず、他の原因は伺われないことから、X２は、本件死骸等の影響によりダニアレルギー症を発症したことが推認できる。よって、Yの主張を採用することはできない。

（損害の有無及びその額について）

③ 本件訴訟前になされた民事調停における民事調停委員の以下の意見は、中立的な立場から専門的な知見に基づき述べられており、相当と認められる。

・本件空間からは多数のムク鳥の死骸や巣、糞等が発見されており、本件空間には複数のムク鳥が行き来していたと言える。
・居宅としての品質を確保するためには、清掃だけでは足りず、衛生上の対策として、本件空間の消毒を行うことを要する。
・本件死骸等撤去作業は、発見された複数の死骸、巣、糞等の処分等を行ったものであり、必要な工事であったと認められる。
・改修工事費用は、143万円（税込）程度と見込まれる。なお、予定工期は20日程度と考えられるが、その間、浴室、洗面室及びその周辺の利用に支障が生じるものの、本件建物全体の利用ができなくなる工事ではない。
・本件死骸等撤去作業の費用は、作業状況等から不合理ではない。

④　したがって、改修工事費用は143万円と認められる。この点に関しＹは、野鳥の巣跡の清掃と臭いの除去であれば20万円程度の費用で済むと主張するが、Ｙの主張を裏付ける客観的かつ的確な証拠は見当たらないため、採用することはできない。

⑤　改修工事期間中のＸらの宿泊費は、改修工事によって本件建物で生活することができなくなるものとは認められないから、これを損害と認めることはできない。

⑥　本件死骸等撤去作業の費用は、上記調停委員の意見によれば、本件死骸等による悪臭等を除去するために必要かつ相当な作業であると認められ、その費用は18万円が相当と認められる。

⑦　Ｘ２は、本件死骸等の影響によりダニアレルギー症を発症し、通院治療を続けており、これにより多大な精神的苦痛を受けたと認められる。そして、Ｙの対応も含む本件に顕れた諸般の事情を総合考慮すると、Ｘ２の慰謝料の額は30万円が相当と認められる。

（結論）

⑧　以上により、Ｘらの請求は、191万円（改修工事費用143万円、死骸等撤去作業費用18万円、慰謝料30万円）の限度で理由がある。

○本事例を検討する際の留意点

上記判決からすれば、本事例においては、基本的に瑕疵に該当し、契約不適合責任が認められるものと解されますが、買主である相談者側において、内見時にアレルギー症状がでたことや悪臭の存在により、契約前に一定の対応（売主側への調査・修補請求等）を求めることができなかったかなども確認のうえ、対応を検討することが大切です。

○本事例及び上記判決から学ぶこと

上記判決の事案では、野鳥の死骸等が大量にユニットバス裏にあったことは、住居として本来有する性能・品質を欠いているものと評価できることから、瑕疵に該当するとして瑕疵担保責任が認められました。現行民法でも、当該状況を前提とする特約がなされていない限り、住宅の売買契約として備えるべき内容に適合しないものとして、契約不適合責任が生じるものと解されます。

ただし本事例及び上記判決の事案では、買主側も内見時に異常を感知し、または感知しえた（アレルギー症状の発症、悪臭の存在）とも言えるので、その時点で一定の対応（原因の調査を求め、修繕等を実施したうえで引き渡すなど）を売主側に求めることが可能であったようにも思われます。

宅建業者及び宅建士においては、売買契約に至るまでに当事者に十分な内見や検討の機会を設けるよう配慮し、気になる点があれば積極的に確認してもらうよう要請するなどして、売買後の買主側の安心安全な物件の利用にも心がけることが大切でしょう。

◆建物瑕疵（床・給水管腐食等）

購入した中古マンションに隠れた瑕疵があったため、瑕疵担保責任に基づく損害賠償責任を売主に求めたい。

私は中古の賃貸用マンションを購入した者ですが、引渡後に、建物に隠れた瑕疵があり、その他告知義務違反も認められたため、売主に債務不履行もしくは不法行為に基づく損害賠償を求めたい。　（買主　法人）

関連裁判例の紹介

本事例を検討するに当たっては、平成28年1月20日東京地裁判決が参考になります。

【上記判決の概要】

●事案の概要●

（X　買主　Y　売主）

買主Xは、売主Yと、平成25年3月に賃貸マンション（本件不動産）について、以下の瑕疵担保に係る条項（本件瑕疵担保条項）を含む売買契約（本契約）を締結し、同年7月に本契約の決済を行い、Yより本件不動産の引渡しを受けた。

（瑕疵担保条項）

ア　万一、本件不動産に隠れた瑕疵があったときまたは第三者からの請求、異議があったときは、引渡し日より3ヶ月間に限り売主が責任をもってこれを処理し買主に迷惑をかけてはならない。

イ　売主は、本件土地上または地中に存するブロック塀等ならびに本件建物に付帯する電気、ガス、給排水設備、什器・備品等一切を引渡し時の現況有姿のまま買主に引渡す。

ウ　買主は、アの規定にかかわらず本件不動産につき以下の事情が存することを了承し、その事情が存する状態でこれを買い受ける。

・本件建物及びその設備ならびに什器・備品は、経年変化により老朽化・機能低下がみられること。

・これを原因として補修・修繕等が必要となり、その費用がかかる可能性があること。

Xは、本件不動産の引渡しを受け、大規模修繕に着手したところ、平成25年10月に、本件建物の101号室の西側の畳が落ち込み、畳及び床板等が腐食していること、202号室の南側ワイヤ入りガラスに熱割れがあること及び204号室の給水管に腐食があることが判明したとして、Yに対し、これらを補修するよう通知した。

しかしYが、上記補修要求に応じず、無責任な言動をしたなどとして、Xが、Yに対し、瑕疵担保責任及び自転車置場の支柱の腐食等を告知しなかった債務不履行又は不法行為に基づき、慰謝料、修理費、遅延損害金等の損害賠償を求める訴訟を提起したのが本事案である。

●相手方（Y）の言い分●

これに対しYは、本件瑕疵担保条項は、Xがその補修・修繕等に費用がかかるリスクを引き受けることを了承したものである、Xが主張する「瑕疵」は、長年の使用による経年劣化によるものであるなどと主張している。

●裁判所の判断●

裁判所は概ね次のように判示して、Xの請求を一部認容しました。

（瑕疵担保条項の解釈）

① 本件瑕疵担保条項によれば、Yは、本件建物の引渡しから3か月の間については、経年劣化によらない隠れたる瑕疵について瑕疵担保責任を負担するが、XがYに対して損害賠償を請求するためには、本件建物の引渡しから3か月以内にYに対して瑕疵担保責任に基づく損害賠償請求をする旨を通知し、経年劣化によらない隠れたる瑕疵があることを主張立証することが必要であることが認められる。

（隠れた瑕疵の有無）

② 101号室の床の腐食等については、101号室の浴室の洗面台の配水管がはずれて接続部の部品がなかったこと、他の居室はそのような状態になっていないことに照らすと、これは単なる経年劣化によらない、施工不良によるものと推認される瑕疵であり、本契約当時101号室には入居者がいて床を剝いでの点検は困難であったから、通常人が容易に発見できない「隠れた瑕疵」と言うべきである。

③ 202号室のガラスの熱割れの原因については、特段施工不良が認められないことに照らすと、長期間使用してきたことによるもので、経年劣化の老朽化によるものと認められる。また、ガラスが割れていることは外部に表れているから、「隠れた」瑕疵ということもできない。

④ 204号室の給水管の漏水については、錆や腐食が見られることから、長年の使用による経年劣化によるものと認められ、「瑕疵」と言うことはできない。

（自転車置場の支柱の腐食に係る告知義務違反）

⑤ 自転車置場の支柱は、錆が出ていて腐食したために破損したこと、そのため沈下していることが認められ、これは経年劣化によるものと認められる。また、その状況は目視が可能であるから、Yが当該状況を物件状況等報告書に記

載しなかったからといって、Xに対し責任を負うべきものとは言えない。

（結論）

⑥　よって、Xの請求のうち、39万円余（101号室の床の腐食等に係る修繕費）の支払を求める限度で理由がある。

○本事例を検討する際の留意点

上記判決からすれば、本事例においては、瑕疵担保責任や契約不適合責任の規定の適用対象となる「瑕疵」や「契約不適合」といえるか、これらの責任を主張しうる手続き要件を満たしているかなどを確認のうえ、対応を検討することが大切です。

○本事例及び上記判決から学ぶこと

瑕疵担保責任においては、特約において、一定の手続き要件や、瑕疵（通常備えるべき性能や品質の欠如）を判断するうえで前提となる建物や設備の状況などが明示されることがあります（これは、現行民法上の契約不適合責任においても同様です）。また、瑕疵担保責任を主張するための手続き上の要件についても、民法の取扱いとは異なる特約（民法では「瑕疵を知ってから1年以内の請求」であるところ、当該請求期間を3か月に短縮するなど）がなされることがあります（現行民法上の契約不適合責任では、契約不適合を知ったときから1年以内に通知する必要があります（民法566条））。したがって、瑕疵担保責任等を検討するに当たっては、これらの特約で定められた内容や手続き要件を満たしているかがポイントとなります。

上記判決の事案では、中古の賃貸マンションの売買であったことから、建物や設備等が経年変化による老朽化等が見られ、これを原因とした補修等が必要であることが契約において明示されており、経年変化とは言えない施工不良等による品質・性能の欠如についてのみ、瑕疵担保責任が認められたところです。

宅建業者及び宅建士においては、売買の目的物である土地建物の状況をしっかりと把握し、当事者が売買契約の前提とする建物等の状況（通常備えるべき品質・性能の内容）を契約書上に明記することによって、契約不適合の有無ができるだけ明確になるようにすることが大切でしょう。

◆建物瑕疵（臭突管悪臭）

マンション屋上のディスポーザー臭突管からの悪臭による精神的苦痛について、売主業者に契約解除と損害賠償を求めたい。

新築マンションの最上階の居住者です。マンション屋上に設置されたディスポーザー臭突管からの悪臭が私の購入した部屋に及び、その臭気に精神的苦痛を感じています。重要事項説明書にはディスポーザー臭突管の設置や臭気の発生について記載されていましたが、これほどの状況となることは隠れた瑕疵に当たるので、売主業者に契約解除と損害賠償を求めたい。　　（買主　個人）

関連裁判例の紹介

本事例を検討するに当たっては、令和3年4月13日東京地裁判決が参考になります。

【上記判決の概要】

●事案の概要●

（X　買主　Y　売主業者）

買主X（個人）は、平成27年7月、14階建て新築マンション（本件マンション）の最上階の2室（本件居室）を総額1億1,301万円余でYから購入し、平成28年8月に入居した。

本件マンションには、生ごみを流し台から処理できるディスポーザー排水処理システムが備えられており、購入者の利点設備として紹介されていた。

この設備は、各家庭の生ごみが地下の処理槽で処理された後、その処理臭気が屋上に設置された臭突管から排出される構造であり、重要事項説明書には次の記載があった。

> ⑿　ディスポーザーに関する事項
> ⑦ディスポーザー処理槽の臭突がマンション屋上にあること。
> ⑧（中略）上記⑦は、臭気等が発生する場合があること。

X及びその家族は、入居当初から居室内で異臭を感じていたが、本件マンションの入居者が増えるにつれ顕著になるその臭いに精神的苦痛を感じるようになった。

入居1年後、Xがマンション管理組合の理事になり、建物設備の検査の立ち会いで屋上に上がった際に、臭突管排出口の存在や、それが臭気の原因であることを初めて認識した。

以上のような経緯のもと、平成30年2月、Xが、Yに対し、瑕疵担保責任の規定に基づき売買契約を解除するとの意思表示をするとともに、説明義務違反等の債務不履行に基づき、売買代金の返還、転居費用、慰謝料、臭気調査費用等、総額1億7,045万円余の損害賠償を求める訴訟を提起したのが本事案である。

なお、悪臭防止法4条2項1号（敷地の境界線の地表における規制基準）に基づき、本件マンション所在地の市が定める環境保全条例等施行規則別表において、本件マンション所在地の大気の臭気指数の許容限度は12とされていたところ、平成30年9月にXが委託した調査会社の測定では、本件居室の臭気指数は11と12であったことが裁判では認定されている。

●相手方（Y）の言い分●

これに対しYは、臭突管の存在及び臭気については重要事項説明で読み上げて説明しており、Xはこれに同意しているのだから、隠れた瑕疵には該当しないなどと主張している。

●裁判所の判断●

裁判所は概ね次のように判示して、Xの請求を棄却しました。

（隠れた瑕疵・履行不能）

① 瑕疵とは、目的物が通常有すべき品質・性能を欠いている状態をいうところ、本件臭気がこれに当たるか否かについては、臭気に関する法令や規制の趣旨を斟酌しつつ、現実の本件居室の状況や相隣関係なども勘案したうえで受忍限度を超えているかどうかといった見地から検討するのが相当である。

② 本件居室内の臭気指数11及び12は、市の定める許容限度の範囲内ではあるものの、これは飽くまで屋外を前提とした基準であるから、本件居室内における臭気は居住者に不快なものであることが認められる。

③ しかし、そもそも悪臭防止法は、事業活動に伴って発生する悪臭について事業者を規制するものであるから、生活に伴って発生する悪臭を直接規制するものではない。

④ また、本件臭気は、本マンションに居住する者の生ごみの処理の利便と引き換えに発生した臭気であるから、居住者は、いわば自分の所有するマンションそのものに内在する問題として、上記法令の場合と比べて高い受忍限度が求められると解するのが相当である。

⑤ 本件マンションは、そもそも所在地における大気の臭気指数の許容限度を超えておらず、ディスポーザー排水処理システムに一般的に求められる性能基準を下回る性能・性状であることを基礎付けるに足りる証拠もない。一時的に臭気指数11、12などの数値を示すことがあることを踏まえても、なお居住する者の受忍限度の範囲内にあるというのが相当である。

⑥ 以上によれば、本件臭突管排出口からの臭気により、居住者に不快な状況が

生じており、Xの主観としては通院を要するような耐え難いものであったとしても、本件マンションの各居室が通常有すべき品質・性能を欠いているとは評価できず、瑕疵があるとは言えない。

（説明義務違反による債務不履行）

⑦　Yは、重要事項説明書に記載されたディスポーザーに関する特約事項を省略せずに一言一句読み上げており、Yが本件臭突管排出口や臭気について説明を欠いていたとはいえず、かつ、上記のとおり本件居室に瑕疵はないから、説明義務及び目的物引渡義務のいずれについてもYに債務不履行はない。

○本事例を検討する際の留意点

上記判決からすれば、本事例においては、臭気の発生状況が、マンションにおける居住を前提とした受忍限度を超えたものといえるかを確認のうえ、対応を検討することが大切です。

○本事例及び上記判決から学ぶこと

騒音や臭気等の問題は、一般的に受忍限度論（それが不法行為といえるためには、社会通念上一般人が受忍すべき限度・程度を超えていることを要するとするもの）が適用されます。そして上記判決では、自分の所有するマンションそのものに内在する問題に関しては、悪臭防止法が適用される場合と比べて高い受忍限度が求められるとしている点が注目されます。

宅建業者及び宅建士においては、臭気等の問題が生じる可能性がある場合には、しっかりとその旨を重要事項として説明するとともに、本事例のようなケースでは、上記判決の趣旨も踏まえ、不法行為といえるだけの受忍限度を超えた状況にあるか精査するよう助言することが大切でしょう。

◆建物瑕疵（消防法不備）

売主が建物に消防法上の不備があることを知っていて告げなかったので、瑕疵担保責任を追及したい。

私はアパート1棟を購入しましたが、建物の複数の消防設備に欠陥がありました。売主は、消防法17条1項の基準を満たさない不備を知っていて告げなかったので、瑕疵担保責任又は債務不履行による同設備交換費用等の支払いを求めたい。

（買主　法人）

関連裁判例の紹介

本事例を検討するに当たっては、令和3年4月13日東京地裁判決が参考になります。

【上記判決の概要】

●事案の概要●

（X　買主　Y　売主　A　B　管理会社）

平成21年8月、不動産賃貸を業とするY（法人）は、所有する建物（本件建物）の管理をAに委託した。

本件建物は、消防法の特定防火対象建築物に該当し、同法17条1項により、避難はしご等の消防用設備を政令所定の基準での設置・維持することが義務付けられており、管理委託契約には、Aの業務として、消防用設備等点検報告書の消防署への提出等の防火管理補助が掲げられていた。なお、Aは、同業務をBに再委託していた。

平成22年11月頃、Aは、消防当局から本件建物の消火器交換の指摘を受けたとYに報告し、Yの指示を受けて消火器を交換したが、その際、消火器1台の交換を失念した。

平成23年11月下旬、Aは、B作成の消防用設備等点検結果報告書を、Y経営の会社に送付した。同報告書には①避難器具（避難はしご等）は錆腐食のため使用時に脱落の危険が生じている状況で改修を要する旨、②誘導灯は本体交換を推奨する旨、③連結送水管は耐圧性能試験の実施を要する旨の記載があった。

その後、B作成の平成27年10月から平成29年4月までの4部の消防用設備等点検結果報告書のいずれにも、上記①から③の不具合箇所と④消火器1台の交換が望ましい旨の記載（本件不具合）があった。

平成29年7月、Yは、建築業者Xとの間で、本件建物を代金2億8,000万円、Yは土地の隠れた瑕疵及び建物の隠れた瑕疵のうち、雨漏り、シロアリの害、建物構造上主要な部位の木部の腐食、給排水管の故障のみについて、引渡しから3か月以内に請求を受けたものに限り責任を負うとの内容（本件免責条項）で売買契約を締結し、同年9月1日、Xに引渡した。

なお、Xは、売買契約締結に先立ち、本件建物の内見を実施したが、全居室に入居者がいたため、避難器具が設置されたベランダを含む居室部分を確認することができなかった。また、YがXに対し、消防設備の不具合について説明することはなかった。

平成30年3月15日、定期点検報告書を受領して本件不具合の存在を認識したXは、Yに補修費約490万円の支払い求めたが、Yが拒否したため、平成31年3月9日、当該支払いを求める訴訟を提起したのが本事案である。

●相手方（Y）の言い分●

これに対しYは、本件不具合の存在は不知、本件建物は本件売買契約締結当時築約28年の建物であって、本件不具合は経年劣化の域を出るものではない旨主張している。

●裁判所の判断●

裁判所は概ね次のように判示し、Xの請求の一部を認容しました。

（本件不具合が本件建物の瑕疵にあたるか）

① 避難器具（避難はしご）は、錆及び腐食により使用時に脱落の危険が生じている状態であること、また、消火器1台は、消防当局から交換を求められたものの失念したものであることから、いずれも消防法17条1項所定の基準を満たさない不備であると推認され、これらの不備は、建物として通常有すべき品質、性能を有していないことにほかならないから、民法570条の瑕疵に当たるものというべきである。他方、避難誘導灯と連結送水管は、いずれも消防設備の不備には当たらず、瑕疵に当たるということはできない。

（Xは善意無過失であったか）

② Xは、契約締結前に内見を実施したものの、全居室に入居者がいたため、ベランダにある避難器具を確認することができなかったことが認められる。また、買主自ら消防用設備等点検結果報告書を取り寄せて閲覧したりする取引慣行があったことを認めるに足りる証拠もない。

③ そして、Xが、避難器具の錆や腐食を知り得たとしても、避難器具が使用不能の状態に陥っていることまでも予見はできないといわざるを得ず、Xは使用不能である旨の不具合を認識し得なかったというほかない。

④ また、消火器の製造年を逐一確認することが予定されていることを認めるに足りる証拠はなく、Xは消火器1台が平成2年製であることを認識できなかったと認められる。

（Yの悪意の有無・損害額）

⑤　Ａは、消防当局からの消火器交換の指摘をＹに伝え、随時、Ｙ経営の会社とも連絡を取っていた。また、Ｂが平成29年4月に作成した避難施設の修繕見積書での修繕費は350万円であるところ、Ｙが、100万円超の修繕案件については、Ａから報告が来ていた旨供述しており、Ａが、平成23年11月の消防用設備等点検結果報告書しか送付していなかったとするのは極めて不自然であり、Ａは同報告書を送付していたと推認される。

⑥　そして、Ｙが、送付された同報告書を全く確認しないというのは不自然であるから、Ｙが、契約締結当時、避難設備が使用不能であったこと等を認識していたことも推認され、本件免責条項は適用されない。

⑦　したがって、Ｙは、Ｘに対し、瑕疵担保責任に基づき、本件不具合のうち避難はしご及び消火器1台の交換費用239万円余を賠償すべきと認めるのが相当である。

（債務不履行責任について）

⑧　Ｘは、Ｙには本件不具合の修繕義務並びに告知義務についての債務不履行があるとも主張するが、不動産売買契約は特定物売買契約のため、修繕義務が生ずる余地はなく、また、告知義務についての債務不履行によりＸに生じた損害額は、瑕疵担保にかかる損害額を超えるものではない。

（結論）

⑨　よって、Ｘの請求のうち、瑕疵にあたると判断した部分の請求については理由がある。

○本事例を検討する際の留意点

上記判決からすれば、本事例においては、消防設備の不備につき売主が認識し、または認識しえたか、管理会社等が作成した報告書などを確認のうえ、対応を検討することが大切です。

○本事例及び上記判決から学ぶこと

消防法で設置が義務付けられている消防設備が適切に備わっていることは、物件を取得する買主が当該物件を安全安心に利用できる最低条件といえます。したがって、当事者においては消防設備の設置状況についてよく確認のうえ、取引を行うことが必要です。ただし当該物件が賃貸物件であるときには、買主が物件内の設備等の状況まで確認することはできず、売主側の確認・説明がより重視されるところです。

上記判決の事案では、売主はこれまでも何度も管理会社から不備の指摘がなされていたことを踏まえ、売主側の悪意を認定して瑕疵担保責任を認めて（本件免責特約は適用されないとして）いるところです。

宅建業者及び宅建士においては、とりわけ物件の内部のすべてを確認調査できない賃貸物件の取引に当たっては、売主側に十分な説明をもとめ、消防設備の不備等物件の利用者の安全安心に影響を及ぼす事由がないか、仮にあった場合にはどのように対処するのかを確認・調整のうえ売買契約がなされるように配慮することが大切でしょう。

◆建物瑕疵（図面不備）

契約締結前に現況と異なる建物図面を渡した売主や媒介業者に改修工事費用の支払いを求めたい。

契約締結前に媒介業者を通して売主から交付された建物図面と現況が相違しており、これは建物の瑕疵にあたるか、売主や媒介業者の説明義務違反にあたることから、両者に建物改修費用相当額の支払いを求めたい。（買主　個人）

関連裁判例の紹介

本事例を検討するに当たっては、令和2年12月9日東京地裁判決が参考になります。

【上記判決の概要】

●事案の概要●

（X　買主　Y１　売主　Y２　媒介業者）

平成30年3月、売主Y１（個人）は、約2年前に新築した東京都ａ区内に所在する5階建賃貸マンション（本物件）を売却するため、Y１自身が代表を務める宅建業者Y２に媒介を依頼した。Y２はインターネットでその広告を出したところ、賃貸マンションの取得を検討していた買主X（個人）がこの広告を見て、面識のあった宅建業者Aに媒介を依頼した。同月中にAの手配によりY２立会いのもと本物件の内見をするとともに、本物件建物の建築確認済証や建物図面（当初図面）の写しを受領した。

同年4月、Y２とAの媒介によりXとY１は、次の内容の本物件の売買契約（本契約）を締結した。

・売買金額：1億9,300万円
・手付金：900万円
・残代金：1億8,400万円
・売主は、引渡しから3か月以内に請求を受けた雨漏り・シロアリの害・建物構造上主要な部位の木部の腐食・給排水管の故障のみ責任を負う

契約締結日の2日前に、Y２はAに売買契約書と重要事項説明書をメール送信し、売買契約締結日には、Y２は宅建士をして重要事項説明をさせるとともに、その添付書類として建築確認申請図面（確認図面）の写しをXに交付した。同年6月、XはY１から本物件の引渡しを受けた。

その後Xは、本物件建物には以下の瑕疵があったが、売買契約時にはこれらについて何ら説明がなかったとして、Yらに対処を求めた。

① 当初図面や確認図面には記載のないバルコニー廻りの隔て壁が存在する。
② 当初図面に記載のある屋上の点検口が存在しない。
③ 隣地との離隔距離が500㎜未満のバルコニー部分は建築確認申請上床面積に参入すべきであるが、これが算入されていない。
④ 建築基準法令上要求されている耐火基準を充足していない壁面がある。
⑤ 確認図面に下水排水の経路が示されておらず、これが適法になされていないことがうかがえるうえ、維持管理に支障をきたしている。

しかしＹらがこれに応じなかったことから、Ｘが、Ｙ１の瑕疵担保責任またはＹらの説明義務違反の不法行為に基づき、改修工事費用等973万円余の支払いをＹらに求める訴訟を提起したのが本事案である。

●相手方（Ｙ）の言い分●

これに対しＹらは、Ｘが瑕疵にあたると主張するものは、そもそも隠れた瑕疵ではなく、契約上売主が責任を負うとされた項目には当たらないこと、Ｘの申出は引渡しから3か月以上経過後になされたものであることなどから、Ｙらが責任を負う必要はない旨主張している。

●裁判所の判断●

裁判所は概ね次のように判示し、Ｘの請求を全て棄却しました。

（バルコニー廻りの隔て壁無について）

① Ｘは、バルコニー廻りの隔て壁が建築基準法等に違反するものである旨主張するが、具体的な主張立証はないうえ、当該隔て壁は本物件前面道路からも容易に確認できるものであるところ、Ｘがこれを問題とした形跡もないことから、隠れた瑕疵に当たるとは言えない。

（屋上の点検口について）

② たしかに当初図面には屋上点検口の記載があり、Ｙ２がＸにこれを送付したことは相当とは言えないが、契約締結時までにＸに交付された確認図面にはその記載はなく、その後引渡しまでの間にＸが本点検口が無いことを問題にした形跡がないことからすれば、点検口の存在が本契約において重要な要素であったとは認められず、隠れた瑕疵に当たるとは言えない。

（床面積について）

③ たしかにバルコニーと隣地との離隔距離が500㎜未満であれば床面積に参入すべきところ、本物件のバルコニーは確認図面によれば離隔距離が500㎜未満であることから、床面積に算入しなかったことは法令に抵触するものと考えられるが、この点について是正措置が迫られていたという事情が認められない以上、これが直ちに隠れた瑕疵に当たるとまでは言えない。

（耐火基準について）

④　建築基準法令上、最上階から数えた階数が5以上で14以内の階の耐力壁については2時間耐火とすべきとされているところ、本物件では確認図面上1時間耐火とされている壁が存在することは認められるが、Ｘからは当該壁が耐力壁であるか否かなどの具体的な主張立証はなく、これが隠れた瑕疵に当たるとは認められない。

（下水排水について）

⑤　Ｘの主張からは、具体的にどこにどのような法令違反があるのか明らかとはいえず、本件建物の配管に関して隠れた瑕疵があるとは認められない。

（結論）

⑥　したがって、Ｙ１の瑕疵担保責任に係るＸの請求は理由がなく、これらの問題点について法令違反があったり、Ｘが本契約を締結するに当たっての重要な要素としていたものとは認められないから、Ｙらに説明義務違反があったとも認められない。よって、Ｘの請求はいずれも理由がない。

○本事例を検討する際の留意点

上記判決からすれば、本事例においては、相談者が主張する建物図面に記載されている設備等が、売買契約締結時までに交付される確認図面等にも記載がなされているか、現況が図面と異なることを具体的に立証できるかなどを確認のうえ、対応を検討することが大切です。

○本事例及び上記判決から学ぶこと

現行民法上の契約不適合責任や、従前の瑕疵担保責任は、対象物が通常有すべき品質や性能を有しておらず、また、契約等でそのことを容認などしていない場合に認められます。

上記判決の事案では、買主から設備等について法令違反があるとか、契約締結前の図面と異なるなどとして瑕疵担保責任が追及されましたが、裁判では、契約締結に至るまでの一連の手続きにおける当事者の対応や、具体的な法令違反の主張などがないことをもって、売主の責任が否定されました。

宅建業者及び宅建士においては、売買契約において、建物等に設置される設備等についても明確にするとともに、契約締結に至る一連の当事者との間のやりとりや説明なども記録をし、当事者が何を契約の重要な要素として捉えていたかなどがわかるようにしておくことが大切です。

◆建物瑕疵（給湯設備不備）

購入した新築マンションの給湯設備に接地線の未設置等の瑕疵があったので損害賠償を請求したい。

新築マンションを購入しましたが、住戸の給湯設備にアースが取り付けられておらず、電線の直径などが工事説明書や規程に違反しているので、マンション分譲業者と工事業者に損害賠償を請求したい。　　　　　　　　（買主　個人）

関連裁判例の紹介

本事例を検討するに当たっては、令和2年3月18日東京地裁判決が参考になります。

【上記判決の概要】

●事案の概要●

（X　買主　Y１　マンション分譲業者　Y２　工事業者）

平成26年3月、買主X（個人）は、マンション分譲業者Y１より、工事業者Y２が施工する新築マンション（本件住戸）を代金4,800万円余で購入し、平成27年11月に引渡しを受けた。

本件住戸のバルコニーには給湯設備（エコキュート）が設置されていたが、Y２は、エコキュートを設置するに当たり、電源線には直径2.0㎜の、電源通信線には直径1.6㎜のケーブルを使っていた。また、電源線、電源通信線及びリモコンケーブルについて、電線管（電線やケーブルを中に入れて保護するための管）に入れずに施工し、ヒートポンプユニットについては接地接続していなかった。（本件アース非接続）

本件アース非接続を知ったXから対応を求められたYらは、給湯用さや管内にアース線を入れる補修工事をXに提案したが、Xは当該提案を拒否し、①本件アース非接続は電気メーカー作成のエコキュート据付工事説明書に反する、②電源通信線の心線の直径は1.6㎜であり、これは据付工事説明書及び「内線規程」（注）で2.0㎜としていることに反する、③長期に渡り虚偽の説明を受け、感電、火災等の不安を抱え精神的苦痛を被ったなどとして、XがYに対し、電源通信線の適正なケーブルへの交換費用等89万円余、リモコンケーブル補修費用等200万円、精神的損害300万円等、合計614万円余の損害賠償を求める訴訟を提起したのが本事案である。

（注）「電気設備に関する技術基準を定める省令（平成9年通商産業省令第52号）」（省令）、「電気設備基準の解釈」（解釈）及び「電気設備基準の解釈の解説」（解説）を踏まえて一般社団法人日本電気協会が制定した自

主的な規範。省令、解釈、解説及び内線規程は、住宅等の電気設備工事に際し広く参照されている。

●相手方（Yら）の言い分●

これに対しYらは、給湯用さや管内にアース線を入れる補修工事を提案したがXに拒否された、電気通信線の直径は内線規程に違反するものではないなどと主張している。

●判決の要旨●

裁判所は概ね次のように判示して、Xの請求の一部を認容しました。

（本件アース非接続の瑕疵該当性等の有無）

① 本件ヒートポンプユニットの設置個所は、「解説」にいうところの「雨露にさらされる場所」に当たるものと認められ、「省令」及び「解釈」によれば接地工事をしなければならないものとされている。

② Y2が、ヒートポンプユニットのアースを非接続の状況で住戸をXに引き渡したことは、「省令」に反するものであり、本件アース非接続は「瑕疵」に当たる。

③ Y2は、上記瑕疵の補修方法として、さや管内にアース線を入れる補修方法をXに提案しているが、この補修方法は、「解釈」に規定された施工方法の要求を満たすものといえ、事故があった場合にも問題が発生する可能性は低いといえることから、瑕疵を補修する方法として相当であると認められる。そして、この方法により施工する場合の費用は11万円余であると認められる。

（電源通信線1.6㎜に関するYらの責任）

④ Xは、据付工事説明書では電気通信線の直径を2.0㎜と指定し、これを用いなければ漏電・火災の原因になるなどとしており、電源通信線の直径が1.6㎜であることは据付工事説明書に違反する旨主張する。

⑤ この据付工事説明書は、電気メーカーがエコキュートの性能及び機能を十分に発揮させ、安全を確保する目的で、施工者に適切な据付工事の情報を伝達するために作成したものであり、据付工事、配管工事、電気工事などについて、手順や必要部材を説明し、警告事項や注意事項も指摘している。

⑥ 本件において「内線規程」は法令に準ずる規範性を有し、契約上予定されているものと解されるところ、「内線規程」の許容電流値によれば、電源通信線の心線太さは1.6㎜で足りるから、据付工事説明書が定める電源通信線の心線太さ2.0㎜は、「内線規程」より安全側に定めたものと認められる。

⑦ このように「内線規程」より安全側である据付工事説明書の心線の太さの記載が、それ自体、法令や内線規程に準ずる程度の規範性を持つものとは直ちに言い難いところであり、製造業者、施工業者、使用者等との間で、規範性を持

つものとして通用し、あるいは取り扱われていると認めるに足りる証拠はない。

⑧　以上の諸事情を考慮すると、本件において、据付工事説明書の内容が本件売買契約の内容になっているものとは認められない。

（精神的損害についての賠償の要否）

⑨　Xは、本件住戸の瑕疵やこれに対するYらの対応により精神的損害を被ったとも主張するが、アース非接続の瑕疵について、接地工事費用の賠償により補償されない精神的苦痛をXが被ったものと認めるに足りる証拠はない。

（結論）

⑩　以上から、Xの請求は、本件アース非接続の瑕疵に対する補修費用11万円余についてのみ理由がある。

○本事例を検討する際の留意点

上記判決からすれば、本事例においては、工事説明書や業界団体内の自主規程が規範性を有し、これらに記載されている設備等の状況が相談者と相手方との契約の内容となっているのかを確認のうえ、対応を検討することが大切です。

○本事例及び上記判決から学ぶこと

建物等の設備については、法令の定め以外にも、当該設備を提供する業界団体内で決めている自主規程や、設備に添付されている取扱い説明書などにしたがって設置や管理がなされます。

ただし、これらの規程や説明書通りの設備等の設置状況が、売買契約当事者間にも適用され、その不備が瑕疵となるためには、これらの規程等が規範性を有し、これにしたがった設備の設置状況等とすることが当該契約一般において通常行われているものと評価される必要があります。

上記判決の事案では、業界団体内部の自主規程につき規範性を認め、買主が瑕疵と主張するもののうちアースの非接続が瑕疵に当たると判断されました。

分譲業者である宅建業者及び宅建士においては、建物等の設備やその設置状況等については、法令のみならず、業界団体等から示されている規程等に則した取扱いが広く一般的に行われている場合には当該取扱いに則しているかも確認し、買主に情報提供することが大切です。

◆建物瑕疵（雨漏り）

購入した賃貸マンションで雨漏りが発生したことから、売主に対してその補修工事費用の支払いを求めたい。

賃貸マンションを購入し、引渡しの翌月に外壁の調査をしたところ、過去にも雨漏りがあり、現在でも少量の降雨でも雨漏りが生じる状況にあることが分かりました。過去の雨漏りなどを説明しなかった売主に対して補修工事費用の支払いを求めたい。（買主　法人）

関連裁判例の紹介

本事例を検討するに当たっては、平成31年4月24日東京地裁判決が参考になります。

【上記判決の概要】

●事案の概要●

（X　買主　Y　売主）

平成29年7月、築約27年の賃貸マンション（本物件）について、売主Y（個人）と買主X（住宅リフォーム業）は、宅建業者A（売主側）及びB（買主側）の媒介により以下の内容の売買契約（本契約）を締結した。

・売買金額：2億8,000万円
・売主の雨漏り等の瑕疵担保責任期間：3か月
・引渡後に瑕疵が発見された場合には、買主は売主に確認のための立会う機会を与える。

本契約締結の際にYがXに交付した物件状況報告書には、過去にエントランスで雨漏りが発生したが修理済である旨の告知がなされていたが、それ以外の雨漏りについての記載はなかった。

同年9月に本物件の引渡しが行われたが、その際に、Aは、前日に管理会社から聴取した事柄として「平成28年9月頃のゲリラ豪雨の際に、最上階住戸（当該住戸）の賃借人から雨漏りが発生したとの連絡があり、これをY側に伝えたが、その後Yと賃借人のいずれからも何ら連絡がなかったため、補修工事はされていない。」ことをXとBに伝えた。これに対してBは、決済当日に当該報告がされたことについてAに抗議したが、契約条件の変更はなされず、そのまま決済が行われた。

同年10月、Xの依頼で調査会社C社による本物件の目視調査が行われ、経年劣化による保護塗装の剥離やクラック発生等により漏水が生じている可能性があるとして、打診調査が推奨された。これを受けてXは、少量の降雨でも雨漏りが生じる状況にあったとして、Yに損害賠償または売買代金の20％相当の違約金の支払いを請求した。

高額な請求に驚いたYは、Y側で補修工事を行う旨をXに申入れたが、Xはこれに応じず、その直後に行われた瑕疵確認の立会いに際しては、Yが自ら依頼した補修工事業者も同行させたものの、居住者不在を理由に当該住戸への立入りをXに拒否され、その発生状況や原因を確認することができず、Xから漏水が疑われる個所全てに徹底的な防水工事を行う予定である旨の説明を受けるに留まった。

同年11月、Xは、C社作成の工事見積書をYに送付してこれに基づく工事費用1,812万円余（架設工事795万円余、防水工事306万円余、各種補修工事100万円余、塗装工事91万円余、諸経費等384万円余他）の支払いを求めたが、Yが了承しなかったことから、平成30年1月、その支払いを求める訴訟を提起したのが本事案である。

なお、平成30年3月に当該住戸で雨漏りが再発したが、その時当該住戸を賃借していた居住者は、少なくとも平成31年1月まで居住を継続していた。

●相手方（Y）の言い分●

これに対しYは、Xの請求する補修工事費用は高額すぎる、211万円程度で補修は可能であるなどと主張している。

●裁判所の判断●

裁判所は概ね次のように判示し、Xの請求を一部認容した。

（隠れた瑕疵に当たるか否かについて）

① 平成28年9月頃の大雨の際に、当該住戸で雨漏りが発生しており、これは、雨露をしのぐという建物の基本的な機能に鑑みれば「瑕疵」に当たることは明らかである。また、室内の雨漏りは、建物外観から容易に判明し得ず、本契約締結時までにXがこの雨漏りを認識していたとは推認できないため、「隠れた瑕疵」にあたり、Yは損害賠償義務を負う。

（瑕疵補修費用相当額について）

② 当該住戸の居住者からの補修要請は繰返されず、居住を継続していたことからすると、その雨漏りは比較的軽微なものであったことが窺われ、また正確な発生機序は不明であり、その補修に必要な工事の範囲や内容は明らかではなく、Yが提出した防水シートの張替と屋上防水層のみの改修で足りるとする補修工事業者の意見書もその信用性を排斥することはできない。

加えて、住宅リフォーム業者であるXは、雨漏りは建物の耐久性に悪影響を及ぼすものであり、これを放置すれば被害が拡大することを認識することは可能かつ容易であったにもかかわらず、Ｙの補修工事の申出を拒否し、平成30年3月に雨漏りを再発させるに至っている。

③　そうすると、買主であるＸが、当該瑕疵を認識した後も長期間これを放置したことで拡大した損害についてまで売主であるＹに負担させるのは相当ではない。

（結論）

④　よって、本物件の隠れた瑕疵に係る補修費用としては、Ｙが主張する211万円余が相当と認められ、Ｘの請求はその限度で理由がある。

○本事例を検討する際の留意点

上記判決からすれば、本事例においては、過去の雨漏りの状況や売買契約時の説明の内容、相談者の所有となって以降の雨漏りの有無や工事の実施状況などを確認のうえ、対応を検討することが大切です。

○本事例及び上記判決から学ぶこと

建物に雨漏りが生じるような状況は、建物の物理的瑕疵であることは明らかであり、それが売買契約の前提とされていないときは、契約不適合責任・瑕疵担保責任が発生することになります。

ただし、上記判決の事案のように、契約不適合責任等による損害賠償においては、損害を受けた側においても、瑕疵の存在や程度等を認識し、補修等を適切かつ容易に実施することによって損害の拡大を防止することが可能であるときは、損害拡大防止義務が生じ、当該義務を怠って拡大した損害については賠償請求ができないと判断されることがあります。

宅建業者及び宅建士においては、特に過去に雨漏りが生じていたような事実を把握したときは、契約時点での建物の現状についてより慎重に調査を進め、買主に説明することが大切であるとともに、買主に対しても、上記損害拡大防止義務の観点からすみやかな対応を促すことが大切でしょう。

◆建物瑕疵（エレベーター故障）

売主業者に対して引渡し後間もなく故障したエレベーターの更新費用の支払いを求めたい。

築約27年賃貸マンションを購入したところ、引渡しの約5か月後にエレベーターが故障し、更新が必要になった。売主業者に対してその更新工事費用の支払いを求めたい。（買主　法人）

関連裁判例の紹介

本事例を検討するに当たっては、平成30年3月19日東京地裁判決が参考になります。

【上記判決の概要】

●事案の概要●

（X　買主　Y　売主業者）

平成27年7月、売主Ｙ（宅建業者）は、都内ａ区に所在する築約27年の賃貸マンション（本物件）を購入した。本物件には竣工時からエレベーター（本件エレベーター）が設置されており、Ｙは平成28年6月に翌年5月を期限とする本件エレベーターの保守契約をＡ社と締結した。

平成28年6月頃、Ｙは本物件を売却する方針とし、宅建業者Ｂらに購入者の探索を依頼したところ、Ｂから本物件の紹介を受けた買主Ｘ（個人）が関心を示し、Ｘは、Ｂに対し、本件エレベーターが油圧式かロープ式か照会するとともに、本物件の資料提供を求めた。

同年9月、ＢはＹの事務所を訪れ、Ｙから本物件の各種資料の開示を受け、希望する資料の写しの交付を受けた。

同年10月31日、ＹとＸは本物件について、Ｂの媒介により、以下の内容の売買契約（本契約）を締結し、同年12月に引渡しがなされた。

・売買金額：1億2,500万円
・売主の瑕疵担保責任期間：引渡しから2年間
・本物件の設備等には、経年変化等による性能低下・汚れ等があることを買主は了承の上これを買い受ける。

Ｘは、本契約締結前に本物件を内覧し、本件エレベーターにも乗ったが、その際は本件エレベーターに特段問題はなく、引渡し翌月の平成29年1月7日にＸ・Ｙ・Ｂらが本件エレベーターに乗ったときにも特に不具合等は見られなかった。

平成29年1月下旬、ＸはＡ社に本件エレベーターの保守業務を依頼しようとしたところ、大半の部品を更新する工事をしなければ、保守契約を締結できず、その工事には855万円を要する旨の返答があり、他の保守業者からも同様の回答を受けた。

同年2月にXから本件エレベーターの調査依頼を受けたBは、Yから平成28年6月と10月7日に実施した各定期点検報告書、A社から平成28年10月7日実施の法定点検報告書の写しを受領し、これらをXに交付した。なお、いずれの報告書にも「要是正（既存不適格）」の判定はあったが、それ以外は「指摘無」とされていた。

同年5月に本件エレベーターの着床時に異音や振動が感じられ、床とずれて着床する事態が生じたため、Xは本件エレベーターの使用を停止した。

以上のような経緯のもと、本件エレベーターに瑕疵があった、またはYがその状況についての説明義務を怠ったとして、A社提示の更新工事費用相当額である855万円余の支払いをYに求める訴訟を提起したのが本事案である。

●相手方（Y）の言い分●

これに対しYは、本件エレベーターは、引渡時点では正常に作動しており、築年数からして相応の経年劣化は契約上想定されていたものであるなどと主張している。

●裁判所の判断●

裁判所は概ね次のように判示し、Xの請求を棄却しました。

（Yの瑕疵担保責任の有無について）

① A社は、平成28年6月に翌年5月を期限とする本件エレベーターの保守契約の締結に応じているが、A社による同年6月と10月の各定期点検及び同年10月の法定点検では、「要是正（既存不適格）」の判定はあったが、それ以外は「指摘無」とされており、その後、定期検査報告済証も発行されていることが認められる。

② 本契約締結前及び引渡後の平成29年1月には、本件エレベーターは特段支障なく使用できていたこと、エレベーターの適切な保守管理を前提とした計画耐用年数は25年とされているところ、本契約締結時点において、本件エレベーターは設置後27年以上を経過したものであったことが認められる。

③ 以上の事実関係からすれば、本契約締結時点において、本件エレベーターに相応の経年劣化は想定されていたと言える一方で、その使用につき特段の支障もなく、直ちに安全性を欠く状態だったとは認められないから、本件エレベーターに「瑕疵」があったとは認められない。

（Yの説明義務違反の有無について）

④ Yが開示資料から当該定期点検報告書のみを除外する理由があったとは認め

難く、これが本契約締結までにＸに提示されていなかったとしても、それはＢの責任ないし判断によるものと言える。また、平成28年10月の定期点検や法定点検の報告書については、本契約締結時点でＹがこれを保持していたか明らかでない上、その内容も平成28年6月の定期点検報告書と同内容であることからすれば、Ｙは、平成28年9月にＢがＹの事務所を訪れた際、本件エレベーターの平成28年6月の定期点検報告書を含む本物件の各種資料を開示し、希望する資料の写し等の交付をしたことによって、説明義務は尽くされており、Ｙに説明義務違反は認められない。

（結論）

⑤　以上から、Ｘの請求は理由がない。

○本事例を検討する際の留意点

上記判決からすれば、本事例においては、売買契約の時点で、エレベーターが経年劣化の程度を超えて、その使用に支障が生じ、安全性を欠くほどの状態であったのか、エレベーターの定期点検報告書などが示されたかなどを確認のうえ、対応を検討することが大切です。

○本事例及び上記判決から学ぶこと

建物や設備などの瑕疵担保責任・契約不適合責任は、売買契約締結時点において、当該建物等が通常有すべき品質や性能、あるいは契約で定めている品質や性能を欠く状態にあるときに、問題となります。

本事例や上記判決の事案のように、エレベーターの瑕疵等が問題となっている場合には、売買契約時点で経年劣化の程度を超えた、利用への支障や安全性の欠如の有無を検討することになります。また、エレベーター等については法令に基づき定期点検がなされますので、直近の定期点検報告書の内容も、買主が知っておくべき情報となるでしょう。

宅建業者及び宅建士においては、定期点検報告書の内容などをもとに、売買契約時点での設備等の品質や性能、実際の利用への支障や安全性への懸念などを確認のうえ、適切に買主に説明することが大切です。

◆建物瑕疵（石綿）

取り壊し予定の建物から発見された石綿は隠れた瑕疵に当たるので、損害賠償を求めたい。

当社は、中高層建物を開発・分譲する目的で土地建物を購入しましたが、購入した取壊し予定の建物から石綿が発見され、除却費用相当額の損害を被ったので、瑕疵担保責任特約に基づき、売主の相続人に損害賠償の請求をしたい。

（買主　法人）

関連裁判例の紹介

本事例を検討するに当たっては、令和2年3月27日東京地裁判決が参考になります。

【上記判決の概要】

●事案の概要●

（X　買主業者　Y　Aの相続人　A　売主）

Xは、平成27年7月21日、中高層建物を開発・分譲する目的で、本件土地及び本件建物（本物件）を2億7,000万円でA（個人）から買い受ける売買契約（本件売買契約）を締結し、平成28年3月30日に引渡しを受けた。

（本件売買契約特約）
- Aは本物件を現状有姿にてXに引き渡す。
- 本物件に地中障害物、土壌汚染物質による汚染、産業廃棄物等の隠れた瑕疵（原告が本物件を購入する目的を達成するために除去する必要のある地中杭等の地中埋設物、土壌汚染対策法等の法令に定める有害物質等を含むが、これに限られない。）の存在が明らかになった場合は、AはXの損害を補填する（本件瑕疵担保責任条項）。
- 商法第526条及び民法第570条が準用する同法第566条第3項の規定は適用しない。

平成29年4月25日、Xが本件建物の解体を行うために本件建物の石綿建材分析調査を実施したところ、飛散性が最も高い「レベル1」の石綿含有建材が検出された。

Aは、平成29年5月19日に死亡した。

Xは、平成30年6月1日以降、Aの相続人Yら（5人）に対し、取壊し予定の建物から石綿が発見されたとして、本件瑕疵担保責任条項に基づき、石綿除去費用658万円余の支払いを求めたが、Yらは支払いを拒否したため、Xが上記費用の支払いを求める訴訟を提起したのが本事案である。

●相手方（Y）の言い分●

これに対しYは、本件瑕疵担保責任条項は、地中障害物の存在による瑕疵に限定して定めたものであり、建物については、現状有姿による引渡しにより完結する、Xの請求は、石綿の存在を知ってから1年以上経過しており、民法が定める除斥期間が経過しているなどと主張している。

●裁判所の判断●

裁判所は概ね次のように判示して、Xの請求を認容しました。

（石綿が瑕疵に当たるか）

① 本件瑕疵担保責任特約条項は、本件土地と本件建物を併せて「本物件」と定義しており、Xが本物件を購入する目的、すなわち、本物件及びその近接土地上において、共同住宅等の中高層建物を建設し、分譲等を行う目的を達成するために除去する必要がある障害が存在する場合には、本件土地に限らず担保責任を負う趣旨であると文理上も解される。そして、本件建物を敢えて本件瑕疵担保責任条項の範囲から外すこととすべき実質的理由は認められないし、例示についても、あくまで具体的かつ一般的に想定できるものを列挙したに過ぎないものと認められる。

② 石綿含有建材が発見された以上は、一定の費用をかけてでも石綿の飛散防止や除去等の対策を講じなければならないものであり、その存在は瑕疵担保責任における瑕疵と認められる。

（本件瑕疵が「隠れた」ものであるか）

③ 本件売買契約の重要事項説明書においては「石綿使用調査結果の記録の有無」欄に「不明」と記載されており、Xが本件売買契約締結前に石綿の含有を具体的に予見することは困難であり、これを前提として、本件建物に石綿を含有する建材が使用されている危険は本件瑕疵担保責任条項により担保するものとして合意されていたと見るのが相当である。

④ また、売買の対象となる個々の建物に実際に石綿含有建材が用いられているか否かは、外観から明らかになるものではなく、Xは宅建業者ではあるものの、石綿については専門的・具体的な調査が可能な業者であるとは認められないし、本件売買契約締結前に特別な努力と方法を必要とする検査を実施すべき立場にあったとは言えないから、本件は「隠れた」瑕疵であるといえる。

（瑕疵担保責任の除斥期間について）

⑤ 本件売買契約では民法570条が準用する同法566条3項を適用除外するとの特約がある。上記民法の規定は任意規定であると解されるから、この特約は有効であり、民法が定める1年の除斥期間を経過した後の請求であっても損害賠償

請求権が失われることはない。

（損害額）

⑥　Xは、石綿含有建材を除去するための費用として工事業者に658万円余を支払っており、この費用は本件瑕疵担保責任条項に基づく損害と認められる。

（結論）

⑦　以上により、亡Aの地位を相続したYらは、本件瑕疵担保責任条項に基づき、Xに対し、それぞれ各法定相続分である5分の1の範囲で当該損害を賠償する義務を負う。

○本事例を検討する際の留意点

上記判決からすれば、本事例においては、契約不適合責任・瑕疵担保責任を定めた契約条項が、取り壊し予定建物の石綿の取扱いをどのように取り決めているのか（解釈できるのか）を確認のうえ、対応を検討することが大切です。

○本事例及び上記判決から学ぶこと

かつて建材等に多く使用されていた石綿は、健康被害が生じるおそれがあることから、現在では使用が禁止され、過去に石綿を使用していた建物等を撤去する際には、解体等に伴い石綿が飛散等して健康被害が生じないようにする必要があるところです。

そこで、宅建業法では、「当該建物について、石綿の使用の有無の調査の結果が記録されているときは、その内容」を、重要事項として説明すべきものとしています（宅建業法35条1項14号・同法施行規則16条の4の3第4号）。

また、売主の契約不適合責任・瑕疵担保責任に関しては、売買契約の中で定められた特約の内容がポイントとなることから、当該特約の対象や、特約の内容についても当事者の意向を踏まえた明確な取り決めがなされる必要があります。

宅建業者及び宅建士においては、石綿の使用の有無の調査結果があるかを売主に確認し、調査結果があればその内容を、それがなければ調査結果がない旨を、重要事項として説明しなければならないことに注意して下さい。また、売買当事者の契約不適合責任の観点から、契約書中には石綿の取扱いを明確に規定しておくことが大切でしょう。

◆建物瑕疵（漏水）

購入したマンションで漏水が発生したので、売買代金と媒介報酬の返還を求めたい。

中古分譲マンションを購入した約3年後に天井崩落事故が発生しました。その原因と見られる漏水について、これを認識していたものの告知しなかった売主と、その調査説明を怠った媒介業者に売買代金と媒介報酬の返還を求めたい。

（買主　個人）

関連裁判例の紹介

本事例を検討するに当たっては、令和元年12月26日東京地裁判決が参考になります。

【上記判決の概要】

●事案の概要●

（X　買主　Y１　売主　Y２　媒介業者）

平成25年10月頃、売主Y１（個人）は、セカンドハウスとして使用していた分譲マンションの一室（本物件）ついて、クロスの汚れ等が目に付くようになり、工事業者に修繕の見積りを依頼したところ、その工事業者から、汚れは雨漏りにより生じたものである可能性もあるので、マンション管理組合に照会するよう助言を受け、同年11月、Y１は、管理組合に調査の依頼を申入れた。

これに対して管理組合は、同年12月と翌月の理事会でこれを取上げるとともに、2回にわたり管理会社にその調査を依頼した。管理会社による調査の結果、雨漏りではなく換気不足による結露によって生じた汚れであるとの見解がY１に示された。その後Y１は、自らの費用負担でクロス張替等の工事を行った。

平成26年2月、Y１は自らの健康状態に不安を覚えたことから、本物件の売却を検討するようになり、Y２（媒介業者）に売却先の探索を依頼した。

同年3月、Y２の媒介により、Y１とX（原告・個人）との間で、売買金額：2,550万円、売主は引渡しから3か月間に限り雨漏り等の瑕疵担保責任を負うことなどを条件とする売買契約（本件売買契約）が締結され、同年5月に引渡しがなされた。

Xは、本物件をセカンドハウスとして使用していたところ、平成29年3月頃、台所部分の天井の一部が崩落していることを発見した。

同年5月、Xは住宅診断会社に調査を依頼したところ、天井の崩落は屋上からの漏水による可能性が高いとの報告を受けた。これを受けてXは、管理組合と協議を行ったが、その中で、平成25年11月から翌年1月にかけて、前記の通り、雨漏りの可能性についてＹ１と管理会社がやり取りをしていた管理組合理事会議事録等を入手し、Ｙ１が雨漏りを隠ぺいして売却したのではないかとの疑念を持つようになった。

同年6月、ＸはＹ１に対応を求めたもののＹ１がこれに応じなかったことから、同年9月、Ｘが、Ｙ１に対し本件売買契約を解除または詐欺により取消す旨を通知した後、Ｙ１とＹ２に対して売買代金と媒介手数料等計2,676万円余の支払いを求める訴訟を提起したのが本事案である。

●相手方（Ｙら）の言い分●

これに対しＹ１は、契約締結時に漏水があったとの認識はなかったと主張し、Ｙ２は、漏水についてＹ１や管理会社から聞かされたことはく、調査説明義務違反はなかったと主張している。

●裁判所の判断●

裁判所は概ね次のように判示し、Ｘの請求を棄却しました。

（Ｙ１の詐欺の有無について）

① Ｙ１は、工事業者の示唆によって本物件に漏水が生じている可能性があると認識し、管理組合に問合せたものの、本件売買契約締結当時には、管理組合及び管理会社からの回答によって、本物件のクロスの汚れ等は、漏水ではなく換気不足による結露に起因するものと認識していたと認められる。したがって、Ｙ１が本物件の漏水を知った上で、これを隠ぺいし、Ｘを欺いたとの事実は認められないから、本件売買契約の詐欺取消し及びＸに対する不法行為のいずれも成立せず、ＸのＹ１に対する請求はいずれも理由がない。

（Ｙ２の調査説明義務違反の有無について）

② Ｙ２は、本件売買契約締結に先立ち、Ｙ１から本物件に漏水やカビなどが発生した事実は聞いたことがないこと、管理会社や管理人から本物件について特にトラブルが生じていないと聴取していたことが認められる。これらの事実からすると、Ｙ２は必要な調査を尽くしていたと言え、媒介業者としての説明義務に違反したとは言えない。

③ またＸは、管理組合の理事会議事録から、Ｙ１が強硬に漏水の事実を主張していたことを把握することができ、漏水の事実を知ることができたから、この点でＹ２の調査義務違反がある旨主張する。しかし、そもそも議事録の記載からはＸが主張するような事実を推認することができない上、Ｙ２は、本件売買契約締結に先立ち、管理会社に議事録の開示を求めたものの、個人名等が入っているとの理由で開示を拒絶されており、Ｙ１にも議事録の交付を求めたが、Ｙ１がこれを持っていなかったことが認められる。これらの事実からすると、Ｙ２としては、必要な手段を尽くしたものの議事録を確認できなかったといわ

ざるを得ず、この点からしても、Xが主張する調査義務違反を認めることはできない。

（結論）

④　よって、Xの請求はいずれも理由がない。

○本事例を検討する際の留意点

上記判決からすれば、本事例においては、売主は漏水を認識していたか、媒介業者は漏水の可能性を認識しえたと言えるのか、実際にどのような調査がなされたのかなどを確認のうえ、対応を検討することが大切です。

○本事例及び上記判決から学ぶこと

売買物件のクロス等に汚れがある場合、売主の使用に伴う汚れ等のほか、結露や漏水などが原因となっていることが考えられます。いかなる原因によるものなのかは、売主自身の認識に基づくことが基本となりますが、漏水事故の有無に関しては、本事例や上記判決の事案のようなマンションでは、管理組合の総会や理事会の議事録等を確認することによっても判明することがあります。

上記判決の事案では、売主自身が、物件が所在するマンションの管理組合等に確認し、その結果結露によるものと認識していたとし、また、媒介業者も管理組合に対し理事会議事録の開示を求めたこと（ただし管理組合からは閲覧を拒否された）をもって媒介業者としての調査は尽くされるとして、売主や媒介業者の責任が否定されました。

宅建業者及び宅建士においては、室内の汚れ等については、その原因として考えられる問題を確認し、必要に応じて関係者（マンションであれば管理組合や管理会社）に確認するなどの調査を適切に行うことが大切です。

◆建物瑕疵（外壁ひび割れ等）

建物の外壁のひび割れや給水方法などの瑕疵があったことから、売主や管理業者に対して売買代金の返還を求めたい。

中古の賃貸アパートを購入したが、建物各所にひび割れがあり、雨漏りが懸念されることや給水方式が水道局の施工基準に違反している等の瑕疵があったことから、売主や管理会社に対して、売買代金相当額等の支払いを求めたい。

（買主　個人）

関連裁判例の紹介

本事例を検討するに当たっては、令和元年8月29日東京地裁判決が参考になります。

【上記判決の概要】

●事案の概要●

（X　買主　Y１　売主業者　Y２　管理会社）

平成29年2月頃、売主業者Y１は、ａ市内に所在する築約27年の3階建て賃貸アパート（本物件）の売却先を探索していた。

その頃賃貸物件の取得を検討していた買主Xは、知人を通じて本物件の紹介を受けた。

同年3月24日、Y１とXは本物件について、以下の内容の売買契約（本契約）を締結し、同月31日に引渡しがなされた。

・売買金額：1億2,990万円
・売主の瑕疵担保責任期間：引渡しから2年間

同年4月、XはY１の紹介により、従来から本物件の管理業務を受託していた管理業者Y２と管理委託契約を締結した。その後、Xは本物件建物各所にひび割れが生じていることを発見し、躯体への浸水や雨漏りが生じているとの懸念（瑕疵①）や、受水槽を使用しない直結給水方式による給水が、ａ市水道局の定める施工基準に違反しているとの懸念（瑕疵②）を抱くようになった。さらにY２から、使用していない受水槽が隣接するY２所有地に越境している（瑕疵③）との指摘を受けた。

平成30年8月、空室状況が改善しなかったことからXはY２との管理委託契約を解除したところ、それまで使用できていた敷地外のごみ集積場の使用を町内会から拒否され（瑕疵④）、敷地内にゴミストッカーを設置することとなった。

同月、Xは、これら瑕疵①～④についてY１に対応を求めたものの、Y１は、いずれも瑕疵にあたるものではなく、瑕疵③に係るＹ２との越境覚書の締結に協力する以外の対応は行わない旨をＸに回答した。

同年12月、Ｘは改めてＹ１に対応を求めたものの、Ｙ１はこれに応じなかったことから、Ｙ１及びＹ２に対し、主位的に、瑕疵①～④に係る調査説明義務違反または不実告知の不法行為により、またはＹ１の瑕疵担保責任に基づき契約を解除したとして、売買代金及び本物件取得に要した費用（1億5,195万円余）の支払を求め、予備的に瑕疵①～④の補修費用（1,128万円余）の支払いを求める訴訟を提起したのが本事案である。

●相手方（Ｙら）の言い分●

これに対しＹらは、Ｘが主張する瑕疵①～④は、いずれも「瑕疵」にあたるものではなく、責任はないと主張している。

●裁判所の判断●

裁判所は概ね次のように判示し、Ｘの請求を棄却しました。

（瑕疵①：漏水・雨漏りについて）

①　本物件の居住者から漏水ないし雨漏りに関する指摘のないことはＸも自認しており、Ｘが証拠として提出した写真を見ても、ひび割れは本物件の築年数から見ても相応の経年劣化に過ぎないものと言え、漏水や雨漏りが生じていたり、生ずる蓋然性が高いことを示すものとは言えない。

（瑕疵②：給水方式について）

②　ａ市水道局は、一定の条件のもとで3階建の建物について直結式の給水方式とすることを認めているところ、本物件が直結式を可能とする条件を充足していないと認めるだけの的確な証拠はない。

（瑕疵③：受水槽の越境について）

③　本物件の敷地と隣地との境界付近には境界点を示す鋲が2個存在しており、その境界につき紛らわしい状況があるとは言えるが、本物件の受水槽が明らかに隣地に越境しているといえるだけの的確な証拠はないし、その越境につきＹ２との間で紛争が生じ得る状況があるという一事をもって、直ちに本物件に隠れた瑕疵があると言うことはできない。

（瑕疵④：ゴミストッカーの設置について）

④　ＸがＹ２との間で本物件に係る管理委託契約を締結していた間には、Ｙ２の口利きにより本物件の居住者が敷地外の集積場を利用することができていたのはＸも自認するとおりである。したがって、本契約の締結当時、本物件においてごみ集積場を設置することが必要であったとはいえないのは明らかであるし、その後の事情の変更により本物件の居住者が敷地外の集積場を利用できなくなったとしても、本物件の所有者の責任において別途対応すべきものであ

る。そもそも、「ゴミストッカー」を設置するまでもなく本物件の敷地内にごみを集積するための簡易なスペースを確保することは容易であることが窺われ、本物件の居住者のために新たにごみ集積場を設けなければならなくなったことが、土地ないし建物の瑕疵であるとはおよそ言い難い。

（結論）

⑤　よって、Xの主張するものはいずれも瑕疵には当たらず、Xの請求は理由がない。

○本事例を検討する際の留意点

上記判決からすれば、本事例においては、アパートの賃借人などを通して過去に実際に雨漏りがあったか、給水方式が、そのアパートが所在する自治体において許容されているものか否かなどを確認のうえ、対応を検討することが大切です。

○本事例及び上記判決から学ぶこと

建物の外壁等にひび割れがあり、雨漏り等が生じている場合には、建物に瑕疵があるということになります。上記判決の事案では、売買当時の状況は、経年変化に過ぎず、物件の入居者からも雨漏り等の情報がないことから、漏水等の蓋然性はないとして瑕疵の存在を否定しました。宅建業者及び宅建士としては、目視等により外壁のひび割れ等が確認できる場合には、居住者等からの聞き取り調査などにより、物理的瑕疵の有無について慎重に確認することが大切でしょう。

また、給水方式等の設備の設置方式については、原則的な取扱いが施工基準として明示されるとともに、一定の要件を満たすときには別な方式も許容される場合があります。上記判決の事案では、例外的に許容される要件を満たしていないと言えるだけの主張立証はなかったとして、瑕疵には当たらないと判断されました。さらに、設備の設置状況についても、売買契約の時点ではごみ収集がなされる状況にあったことから、買主が新たに居住者用のゴミストッカーを設置しなければならなかったという点につても瑕疵とは認められなかったところです。

宅建業者及び宅建士においては、設備の設置方式や設置状況、新たな設備の必要性等については、売買契約時において必要十分なものであるかを確認するとともに、ライフライン等の設置方式については、法令や当局の見解などもしっかりと整理して問題ないことを確認して、媒介等をすることが大切です。

◆土地瑕疵（廃棄物）

購入土地の地中から大量の廃棄物が発見され、建物の建築ができなかったので、売買契約の解除と損害賠償を請求したい。

建物の建築を目的として土地を購入しましたが、土地の地中から不法投棄された大量の廃棄物が発見され、建物の建築ができなくなってしまいました。売主は、特約による瑕疵担保責任期間の経過を主張していますが、信義則に反するものなので、売買契約の解除及び損害賠償を求めたい。　（買主　個人）

関連裁判例の紹介

本事例を検討するに当たっては、令和元年9月17日東京地裁判決が参考になります。

【上記判決の概要】

●事案の概要●

（X　買主　Y　売主　A　隣接地所有者　B　媒介業者　C　建築会社）

平成27年6月、買主X（個人）は、売主Y（個人）との間で、以下の条件で土地（本件土地）の売買契約を締結した。

・売買代金：6,830万円
・手 付 金：　683万円
・残 代 金：6,147万円
・引 渡 日：平成28年2月末日
・瑕疵担保：売主は、買主に対し、土地の隠れたる瑕疵について、引渡完了日から3カ月以内に請求を受けたものにかぎり、責任を負う（本件特約）。

なお、本件土地は、元々売主Yが所有する一筆の土地を分筆した土地であり、本件土地の東側に訴外Aが所有する土地（A所有地）が隣接して存在し、更にA所有地の東側にはY所有地が隣接して存在する。

Xは、平成28年2月末日、Yに対し、売買代金の残額を支払い、同日、Yから本件土地の引渡しを受けた。その際、XはYが行った地盤調査報告書の交付を受けたが、その調査報告書には、地中埋設物については「無」、地中の瓦礫の有無については「多い」と記載されていた。

平成28年4月、A所有地の地中からガラが発見された旨の連絡を受けた媒介業者Bが、Yに対しその旨を報告するとともに、Xに対してもその旨を報告して、本件土地の地中からガラが発見された場合には対応するので連絡するように伝えた。

平成28年7月、Ｘから依頼を受けた建築会社Ｃが本件土地を掘削したところ、地中から埋設物が発見されたため、Ｘ、Ｙ及びＢは、その現状を確認した。その際Ｘは、Ｙに対し、Ｙの費用負担で埋設物を撤去するよう強く求めたが、Ｙは、明確な回答をしなかった。その後Ｙは、弁護士から、瑕疵担保については、本件特約事項に定められた期間の3カ月をすでに経過しており、Ｙが責任を負うことはない、債務不履行については、Ｙが故意にガラを埋めたという事実でもない限り、Ｙが責任を負うことはないなどのアドバイスを受け、Ｂにその内容を伝えた。

これに対し、Ｘは、Ｂを通じて、Ｙが費用を全額負担して撤去工事をするよう再度求めたが、Ｙは、応じられないとして拒否し、協議はまとまらなかった。

その後、平成28年9月にＹ側の弁護士がＸと面談し、今後の近隣関係を良好に保つとの観点から、合理的範囲の工事費の負担であれば協議に応じ、検討する用意があると伝えたが、平成28年11月、Ｘは、Ｙに法的責任があるのだからＹに埋設物の撤去工事に要する費用全額の負担を求める旨を伝えた。

以上のような経緯のもと、Ｘが、Ｙに対し、売買契約の目的が達成できない、本件特約は売主が瑕疵を発見した場合には適用されない、売主の本件特約の援用は信義則に反するなどと主張し、瑕疵担保責任に基づき売買契約を解除して損害賠償7,818万円余の支払いを求める訴訟を提起したのが本事案である。

●相手方（Ｙ）の言い分●

これに対しＹは、本件特約は、売主であるＹが瑕疵を発見した場合にも適用される、本件でＹは本件特約の適用を否定するなどの対応を一切してこなかったのであるから、本件特約を援用することが信義則に反するとは言えないなどと主張している。

●裁判所の判断●

裁判所は概ね次のように判示し、Ｘの請求を棄却しました。

（本件特約により売主が瑕疵担保責任を免れることができるか）

① 本件特約の規定は、「隠れた瑕疵」に係る瑕疵担保責任について、ＸからＹに対し、本件土地の引渡完了日から3カ月以内に請求があった場合に限られる旨定めたものと解される。

② Ｘが、Ｙに対して本件土地の地中から埋設物が見つかったことを伝え、これを撤去することを請求したのは平成28年7月であり、本件土地の引渡日から3カ月が経過した後のことであるから、仮に本件土地の地中に埋設物が存在したことが「隠れた瑕疵」に当たるとしても、Ｙは、本件特約により瑕疵担保責任を負わない。

③ また、買主は、本件特約は、売主が瑕疵を発見した場合には適用されないと主張するが、本件特約の趣旨（売主の瑕疵担保責任の軽減）や規定振りからす

れば、本件特約は、買主と売主のいずれが「瑕疵」を発見したかを問わず、適用されるものと解すべきである。

（売主の本件特約の援用は信義則に反するか）

④　Yは、今後も近隣住民同士としての関係が続くことから、穏便な解決を目指し、一定程度の費用負担はやむを得ないと考えて、Xとの交渉を続けていたということができる。また、この間、YがXに対し本件特約を援用しない旨や撤去費用全額を負担する旨を明言したことはないから、Yの本件特約の援用は、信義則に反するものとも、権利の濫用に当たるものとも認められない。

（結論）

⑤　したがって、Xの請求はいずれも理由がない。

○本事例を検討する際の留意点

上記判決からすれば、本事例においては、瑕疵担保責任に係る特約の内容、これまでの交渉経緯などを踏まえ、相手方が特約の規定を適用しないと表明し、相談者がこれを信ずるに値するような状況にあったにもかかわらず、相手方が前言を翻して特約の適用を主張していると言えるのかなどを確認のうえ、対応を検討することが大切です。

○本事例及び上記判決から学ぶこと

従前の瑕疵担保責任の取扱いについて、当事者間の特約で、担保責任を負わないことも含め、当該責任の内容や責任を負うべき期間などの特約をすることが可能とされていました（令和2年改正前の民法572条）。現行民法の契約不適合責任でも、契約内容にしたがった責任が生じる（契約によって責任の内容等が決まる）という点で、実質的にその取扱いは変更されていません。したがって、本事例のようなケースでは、契約内容（特約内容）が責任の有無に直結することになります。

また、当事者間で紛争解決に向けての交渉がなされている場合には、その中での提案等と契約内容（特約内容）に従った処理とが異なる場合、前言を翻して契約内容等に則した処理を主張することは、禁反言の法理に照らし信義則等に反するのではないかということも問題とされる余地があるところです。

上記判決の事案では、交渉の趣旨や具体的な交渉の過程等を踏まえ、信義則に反する等とはいえないとされましたが、宅建業者及び宅建士においては、売買物件に備わる品質や性能、契約不適合責任の範囲等については、売買契約書中に明確に規定するとともに、問題が生じた場合の紛争解決に向けてのやり取りの中では、あくまでも契約で取り決めた内容を前提としつつ、適切な解決方法等を助言するなどして、当事者に誤解が生じないよう注意することが大切です。

◆土地瑕疵（埋設物）

売主に対して建築工事中に発見された地中埋設物の撤去費用の支払いを求めたい。

賃貸マンション建築用地を購入したところ、建築工事中に地中埋設物が多数発見された。売主業者に対してその撤去工事費用と逸失利益（竣工遅延に伴う賃料相当額）の支払いを求めたい。（買主　法人）

関連裁判例の紹介

本事例を検討するに当たっては、令和元年9月26日東京地裁判決が参考になります。

【上記判決の概要】

●事案の概要●

（X　買主　Y　売主業者）

平成28年2月、賃貸マンション建築を目的として、買主Xは、売主業者Y所有の東京都ａ区内に所在する約65㎡の土地（本件土地）について、宅建業者Aの媒介により以下の内容の売買契約を締結し、同年4月に引渡しを受けた。

・売買金額：4,250万円
・売主の瑕疵担保責任期間：引渡より2年間
・本件土地の地中約2mに旧家屋解体時に切断した杭が残存しており、売主はこのままの状態で引渡す。

同年4月、XはAより紹介を受けた設計会社Bと賃貸マンションの設計契約を締結し、同年6月頃にBから紹介を受けた建設会社Cと建築工事請負契約を締結した。

同年10月の着工後間もなく、CはXとBに対して、杭工事に着手したところ、地中からコンクリートガラ等（本件埋設物1）が見つかり、工事を中断した旨連絡した。これを受けてBはCに、費用は負担するので、本件埋設物1の撤去を行い、建築工事を再開するよう求めるとともに、Aにこの内容を連絡した。これに対してAは、売買契約上「本件土地の地中約2mに旧家屋解体時に切断した杭が残存しており、売主はこのままの状態で引渡しをする」こととされているので、確認されたいと回答した。

同年11月9日、XはBと協議の上、地中埋設物撤去費用と工事遅延に伴う損害賠償をYに請求して欲しい旨の文書をAに送付し、Aはこれを受領した同月13日にYに転送した。Yはその日のうちに本件土地を訪れたが、コンクリートガラ等は現地に見当たらなかった。

平成29年3月、Aの事務所で、X・Y・A・Cの間で話合いがなされ、その際にCは、平成28年11月1日にも別途地中からコンクリート片（本件埋設物2）が見付かり、地中埋設物の総量は10ｔ車30台分に上ったとして、搬出時の車両の写真を貼付した報告書を提示し、この撤去及び産業廃棄物としての処分費用は572万円余になると説明した。

同年4月、X・Y・Aで再度話合いの場が持たれ、その際にYは、廃棄物処理時のマニュフェスト等の提示を求めた。

同年5月、建物が竣工したが、XはCから、建築工事代金に加え撤去工事費用の支払いがなければ建物の引渡しをしないと言われたため、翌月にXは、撤去工事費用532万円余をCに支払った。

その頃、XはCから7ｔ車4台分のマニュフェストの写しを受領し、その余の埋設物は有価物としてリサイクルした旨の説明を受け、これをYに交付・伝達したものの、Yは、そのような取扱いは以前の協議の際の説明と異なり受け入れられない旨回答した。

以上のような経緯のもと、XがYに対して、撤去工事費用532万円余とその工事に伴う建築工事遅延（1か月）に伴う賃料相当額51万円余の支払いを求める訴訟を提起したのが本事案である。

●相手方（Y）の言い分●

これに対しYは、Xの説明は一貫しておらず、Xが主張するような地中障害物が存在したのか自体も疑わしいなどと主張している。

●裁判所の判断●

裁判所は概ね次のように判示し、Xの請求を一部認容しました。

（本件埋設物と瑕疵の有無について）

① 本件埋設物1については、これが撤去されて4台のトラックにより搬出された様子の写真や、そのマニュフェストがあることから、その存在と撤去の事実が推認できる。たしかにYは、Xに対して残存杭の存在を説明していたが、残存杭は建築工事の妨げにならないものである一方、本件埋設物1は建築工事の妨げになるものであり、その存在をXが売買契約時に認識することは困難であることから、これは隠れた瑕疵にあたる。

② 本件埋設物2については、提示された写真にはコンクリート片が本件土地の地中に埋まっていたり搬出時のトラックの荷台に積まれている様子は写っていないし、その30台分のトラック荷台の写真には同一の写真の倍率を変えて現像したとうかがわれるものもあり、実際にトラック30台が使用されたとは認め難いところである。また、Cの説明は、搬出時のトラックの積載量（10ｔ→7ｔ）

や、その処分方法（産業廃棄物→リサイクル）について変遷しており、実際どの様な処分がされたかも不明であって、Cの説明に基づくXの主張は認め難い。さらに、XがCからこの存在を聞いたのは平成29年3月と供述しており、これは発見から4か月後である。工期や費用に影響し得ることをCがXに速やかに報告しなかったことは、本件埋設物1の報告が発見後直ちになされていたことからも不自然である。よって、本件埋設物2の存在やそれが撤去されたことは認められない。

（Xの損害額）

③　本件埋設物1の撤去工事及びこれに伴う杭工事のやり直しに要した費用は、208万円余と算定される。

なお、本件埋設物1の存在によって工期が想定される合理的な期間を超過したとはいえず、賃料相当額の請求は認められない。

（結論）

④　以上から、Xの請求のうち208万円余については理由がある。

○本事例を検討する際の留意点

上記判決からすれば、本事例おいては、地中埋設物の存在に係る写真等の証拠があるか、発見された地中埋設物が相談者の建物建設工事の妨げとなるようなものか、地中埋設物によって建物の建設の工期が想定される合理的な期間を超過したといえるかなどを確認のうえ、対応を検討することが大切です。

○本事例及び上記判決から学ぶこと

上記判決の事案では、地中埋設物が買主による建物の建築に妨げとなるようなものであれば瑕疵に該当することを前提に、買主が主張する地中埋設物につき、その存在を示す写真等や、これが買主において撤去されたことを示す証拠の有無をもとに、売主が負担すべき撤去費用や買主が被った損害の有無や程度を判断しています。

宅建業者及び宅建士においては、地中埋設物の存在の指摘があったときには、写真等によってその存在や量、それらの処理に係る記録をし、または当事者に記録を確保するよう助言することで、地中埋設物に係る紛争に際し当事者双方が事実関係を確認し、責任の所在や程度につき適切に判断できるようにすることが大切でしょう。

◆土地瑕疵（埋設物）

購入した土地に説明に無かった地中埋設物が確認されたので、売主に転売価格の減額分の損害賠償を求めたい。

私は宅建業者から土地を購入しましたが、土地の掘削を行ったところ、契約時の説明を超える地中埋設物があり、転売価格を減額せざるを得なかったことから、売主に減額分の損害賠償を請求したい。（買主　法人）

関連裁判例の紹介

本事例を検討するに当たっては、令和2年5月27日東京地裁判決が参考になります。

【上記判決の概要】

●事案の概要●

（X　買主　Y　売主　A　不動産会社）

平成27年11月、買主Xと、売主Yは、本件土地及び建物（本件不動産）について、代金4億5千万円、特約として、本件不動産に隠れた瑕疵がある場合の売主の担保責任の上限金額を100万円とする売買契約を締結し（本件売買）、本件不動産の引渡しを行った。

本件売買に際しYがXに交付した物件状況等報告書（本件報告書）には、敷地内残置物等について、「旧建物基礎を発見している旨、過去に地下室のある建物が存在していて、当該建物解体の際、その後駐車場にする目的であったことから、その解体ガラを地下室に入れて埋めた旨」の記載があり、Yはその内容をXに告知した。このとき、XからYに、どの程度のガラを埋めたかの質問は無かった。

平成28年8月30日、Xは、不動産会社Aとの間で、本件不動産について、代金5億7千万円、特約として瑕疵担保責任はAの責任と負担において処理することを内容とする売買契約を締結した。しかし、同年9月1日、Xは、Aから本件土地の埋設物の撤去に1,000万円かかるとして売買代金の減額請求がなされ、Aとの間の売買価額を1,000万円減額する旨合意した。

同年11月、XはYに対し、本件土地の地中から埋設物が確認されたとして、損害賠償を請求する旨の通知を行った。

そしてXは、令和元年6月、

・本件土地中にはガラだけでなく、建物の地下部分、梁及び基礎が埋設されていた。また、アスベストを含有するガラが含まれていたとの報告もある。
・建物の地下部分の基礎がどうなっているのか、梁が残っているのか、建物を解体した際にどの程度のガラをいれたのかについて、Ｙから説明は無く、本件報告書にも記載はない。
・Ｘは、Ｙの説明から埋設物について建物解体時に出たコンクリート片が若干埋まっている程度の認識だった。
・したがって、本件土地中に埋設されていた建物の梁及び基礎並びにガラは隠れた瑕疵に当たる。

と主張し、Ａとの売買における減額合意金額1,000万円を損害として、Ｙに対し、損害賠償を求める訴訟を提起したのが本事案である。

●相手方（Ｙ）の言い分●

これに対しＹは、本件売買の際に作成された本件報告書には、敷地内残存物等として旧建物基礎を発見していること、過去には本件土地上に地下室のある建物が存在しており、建物の解体後は駐車場にする目的であったことから建物解体時にこれらのガラを本件土地中に埋めたことが記録されており、また、解体された建物の閉鎖登記簿謄本も添付していたから、Ｘが本件土地に埋められたものを知らなかったはずはなく、隠れた瑕疵には当たらないと主張している。

●裁判所の判断●

裁判所は概ね次の通り判示し、Ｘの請求を棄却しました。

（隠れた瑕疵について）

① 地中埋設物の撤去作業時写真からは、Ｙが地中埋設物があると説明した部分以外の土地に、コンクリート破片等が埋設されていたものと認めることはできない。また、Ｘは、本件土地上に、建物基礎及び建物解体時に生じたガラが埋められていることを認識していたと認められ、基本的には、建物の梁及び基礎並びにコンクリート破片等の存在は隠れた瑕疵とはいえない。

② Ｘは、コンクリート片が若干埋まっている程度の認識であったと主張するが、Ｘは、告知を受けた時に、Ｙに対し、どの程度のガラを埋めたかなどの質問をしなかったし、Ｙが埋設物を過少に説明した事実もうかがわれない。また、Ｘは、ガラが鉄の付いてたものとは思わなかったとも主張するが、ＸがＹに対しその旨確認したとか、Ｙが鉄の付いているガラが含まれていない旨説明したといった事実もうかがわれない。さらに、Ｘは、アスベストを含むガラも埋設されていたかのような証言もするが、これをうかがわせる客観的証拠はない。

③ したがって、Ｘの瑕疵担保責任に基づく請求は理由がない。

（説明義務違反について）

④ 本件売買の際、ＸとＹが協議の上本件報告書等を作成したこと、Ｙが本件土

地に、建物基礎及び建物解体時に生じたガラが埋められていることを認識していたと認められることからすれば、YはXに対し、建物の梁及び基礎並びにコクリート破片等が本件土地中に埋められていることを説明しているものと評価でき、YがXに対しガラの量や種類について事実と異なる説明をした事情はうかがわれない。

⑤　よって、説明義務違反に基づく請求にも理由がない。

（結輪）

⑥　以上より、Xの請求はいずれも理由がない。

○本事例を検討する際の留意点

上記判決からすれば、本事例においては、地中埋設物に係る契約時の説明がどのようなものであったのか、実際の地中埋設物はどの程度あったのか、転売価額の減額要素がほかにはなかったのかなどを確認のうえ、対応を検討することが大切です。

○本事例及び上記判決から学ぶこと

地中埋設物の存在は、売買契約の目的に影響が生じることがあるため、宅建業者として求められる調査を実施するとともに、売主も、知り得る限りの情報を買主に提供する必要があります。

上記判決の事案では、物件状況等報告書を作成し、その中に地中埋設物に係る情報が適切に記載されていたことから、買主がその説明書記載の程度の地中埋設物の存在は認識していたと評価されるとして、売主の瑕疵担保責任を否定し、かつ、宅建業者の調査説明義務違反はないとされました。

宅建業者及び宅建士においては、物件の来歴などを可能な限り把握し、かつ、売主にもしっかりと確認して、取引対象である土地における地中埋設物の状況を、買主にしっかりと説明することが大切です。

◆土地瑕疵（埋設物）

土地に埋設された既存杭の告知が無く地中埋設物については隠れた瑕疵にあたるので売主に損害賠償を求めたい。

私は宅建業者から土地を購入しましたが、売主は、同土地に埋設された既存杭等の位置を告知していません。また、同既存杭等地中埋設物の存在は隠れた瑕疵に当たると考えるので、売主に損害賠償を求めたい。　　　（買主　個人）

関連裁判例の紹介

本事例を検討するに当たっては、平成30年2月16日東京地裁判決が参考となります。

【上記判決の概要】

●事案の概要●

（X　買主　Y　売主　A　建築設計事務所　B　媒介業者）

買主Xは、建築設計事務所Aを通じて、Bの媒介により、平成26年6月、売主Yと売買代金7,380万円で土地（本件土地）の売買契約（本件売買契約）を締結し、手付金400万円を支払った。本件売買契約には、本件土地の隠れた瑕疵について、引渡完了日から2年以内に限り、Yが担保責任を負う旨が定められていた。

本件売買契約締結の際、重要事項説明書には、本件土地上にはマンション（旧建物）が建っているが、本件土地引渡期日までにYの責任と負担で取り壊すこと、旧建物の既存杭が発見された場合は、Yの責任と負担で地盤面より1mの深さまで撤去することが記載され、Yは、Bを介してXにその旨を約束した。

平成26年8月、Xは、本件土地の売買残代金6,980万円及び固定資産税等清算金2万円余を支払い、本件土地の引き渡しを受けた。

Xは、本件売買契約締結日及び決済日に既存杭の位置を教えてほしいと要請したが、Yからは概要が示されている「分割検討図」が送付されたのみであった。また、その後、本件土地から既存杭やコンクリートガラ等の地中障害物が多数発見された。

以上のような経緯のもと、Xが、Yには既存杭等の正確な位置をXに知らせなかった告知義務違反がある、本件土地に地中障害物が多数存在することは隠れた瑕疵に当たるなどとして、Yに対し、地中障害に伴う山留め及び試掘工事費用、地盤補強工事費用、基礎工事・変更工事費用、設計変更申請手数料、設計料追加分の計277万円余の支払いを求める訴訟を提起したのが本事案である。

●相手方（Y）の言い分●

これに対しYは、Bを介して、Xに対し、埋設物の詳細については把握しておらず不明であること、旧建物の杭が残存している可能性があることなどは説明しているなどと主張している。

●裁判所の判断●

裁判所は、概ね次のように判示して、Xの請求を棄却しました。

（告知義務違反の有無）

① Yは、本件売買契約締結日に、Bを介して、Xに対し、埋設物の詳細については把握しておらず不明であること、旧建物の杭が残存している可能性があること、杭が発見された場合にはYの責任と負担において地盤面より約1mの深さまで撤去する旨を説明したことが認められる。また残代金の支払い及び本件土地の引き渡しがなされた日にも、重要事項説明書上は地盤面から約1mの深さまで撤去とされているが、念のため1.5mの深さまで撤去すると説明したことが認められる。その一方、YやBが、Xに対し、既存杭等の位置を告知する義務をYが負う旨了承したことを認めるに足りる確たる証拠はない。

② この点Xは、Bに対し、本件売買契約締結前に、重要事項説明書に既存杭等に係る説明を追加することや、旧建物の解体をしたときに杭の頭が見えてくるのでそれを教えて欲しいことなどを伝えたところ、Bからは、Yに話をしてみますと述べられたと供述する。また、一般的に杭の位置の告知を受ける場合、その旨を売買契約書等の書面に記載することは煩雑であり、売買契約書等の書面に記載することはほとんどないと思われるなどとも供述する。

③ しかし、Bは当該供述内容を否認しており、責任追及を受けかねない立場にあるBが、重要事項説明書記載の深度を超えて既存杭等の位置を把握すること等について口約束すること自体考え難いところである。また、Yが告知義務を負う旨をBが了承した場合には、紛争が生じないよう重要事項説明書の記載内容を改めることが通常であり、これがなされていないことは極めて不自然であるし、Yが書面を作成して当該告知義務の存在及び内容等を確認していないことも、同様に不自然である。よって、Xの供述内容は容易に信用することはできない。

④ 一般的に既存杭等の位置把握には多額の費用を要するが、Yは、撤去対象とする既存杭等の具体的深度を明示して限定しているところであり、これを超える深度の調査・告知義務を課すことは、Yに対して想定外の重い義務を負担させることとなる。その一方でXは、Yから、埋設物の詳細については把握しておらず不明との説明を受けた上で本件売買契約を締結しており、埋設物等についてYから売買契約時の説明内容を超える説明ないし告知を受けられないとしても、これを甘受すべきものと言うことができる。よって、本件売買契約締結

に付随する義務としても、Ｙが当該告知義務を負うものとは認められない。
⑤　以上から、Ｙには告知義務違反があるとは認められない。

（瑕疵担保責任の成否）

⑥　Ｙは、本件売買契約に際し、Ｘに対し、本件土地の埋設物の詳細については把握しておらず不明であること、旧建物の杭が残存している可能性があることを説明しているものと認められる。Ｘはその旨を踏まえて本件売買契約を締結したのであるから、本件土地に地中障害物があることは隠れた瑕疵には当たらない。

（結論）

⑦　以上から、Ｘの請求はいずれも理由がない。

○本事例を検討する際の留意点

上記判決からすれば、本事例においては、売買契約の締結に至る一連の過程において、売主に既存杭等の位置に係る告知義務が生じていたといえるか、売主による地中埋設物に係る説明内容や、その取扱いに係る合意内容などを確認のうえ、対応を検討することが大切です。

○本事例及び上記判決から学ぶこと

新たに建物を建築する目的で土地を購入する場合、買主としては、その土地に以前にあった建物の杭の存在や、建築に支障が生じる地中埋設物の存在は、契約を締結するか否かや、売買代金等の売買条件の決定に当たって重要となります。

ただし、上記判決の事案のように、杭の位置まで情報として必要か、地中埋設物につきどの程度調査し説明すべきかなどは、個々の契約により、当事者間の合意内容に従って異なりうるところです。

宅建業者及び宅建士においては、売買契約の目的を踏まえ、地中埋設物についてどの程度の調査や情報提供が必要か、その取扱いにかかる当事者の負担の在り方をどのようにすべきかなどについて、当事者の意向をしっかりと確認し、必要に応じてその内容を売買契約書中に規定したり、重要事項説明書に明確に記載し、説明・告知することが大切です。

◆土地瑕疵（埋設物・土壌汚染）

Q43 購入土地に売買契約締結時に気づかなかった地中埋設物や土壌汚染があったので、損害賠償を請求したい。

倉庫を増設するため土地を購入しましたが、その土地に売買契約の時には気がつかなかった地中埋設物や土壌汚染が発見されました。売主に対して瑕疵担保責任又は債務不履行に基づく損害賠償を請求したい。（買主　法人）

関連裁判例の紹介

本事例を検討するに当たっては、令和2年9月24日東京高裁判決が参考になります。

【上記判決の概要】

●事案の概要●

（X　買主　Y　売主業者）

買主X（食品問屋業）は、Xの倉庫に隣接する本件土地について、売主Y（宅建業者）より購入打診を受け、平成25年7月、売買代金を2億5,320万円とした本件売買契約を締結し、翌8月、残代金を支払い、土地の引渡しを受けた。本件売買契約では、瑕疵担保責任等につき以下のような特約等がなされている。

＜本件売買契約の瑕疵担保責任等に係る特約等＞
- 売主の瑕疵担保責任負担期間：引渡しから2年間。
- 特約条項：本件土地において、旧鉄塔基礎が存していた場合は引渡し時までに売主が撤去するが、旧建物（寮など）の基礎等が存していた場合に売主は撤去を行わない。
- 本件土地は賃貸をしていた経緯があり、契約終了後に賃借人が調査会社に依頼した土壌汚染調査報告書では、「土壌汚染が存在する恐れは小さい」とされている。

平成25年12月、本件土地から大量のコンクリートガラやタイヤ等（本件埋設物）及び油や鉛等に汚染された土壌（本件土壌汚染）が確認されたことから、XはYに対し、「損害賠償として違約金の支払いを請求する。埋設物及び汚染の除去等にかかる費用請求や、埋設物及び汚染土壌の存在により、売買契約の目的を達することができないと判明した場合には、売買契約を解除する。」旨を通知した。

これに対しYは、本件埋設物の撤去費用について応分の負担をする、本件土壌汚染については盛土や舗装等の適切な封じ込め工事により解決すると考えている、契約解除がXの強い希望であれば、不本意ではあるが検討するなどと回答した。

その後、平成27年1月、XはYに対し、契約解除ではなくYからの損害賠償の支払による和解により解決したいとの通知をしたが、協議は進まず、同年7月、Xが、本件で被ったとする下記損害6,279万円余の一部5,668万円余の支払をYに求める訴訟を提起したのが本事案である。

＜X主張の損害額＞

・埋設物除去費用	：	294万円
・鑑定評価による本件土地の価値と売買代金の差額	：	5,224万円余
・調査費用・弁護士費用	：	760万円余

原審がXの請求を全部棄却したことから、Xがこれを不服として控訴した。

●相手方（Y）の言い分●

これに対しYは、本件土地は工場用地として利用されていた土地であり、当時の資材の一部や建物の基礎等何らかの埋設物が地中に残存していることなどは、売買契約の前提としてXも了承していたなどと主張している。

●裁判所の判断●

裁判所は概ね次のように判示して、Xの請求の一部（実際に埋設物撤去を行った費用294万円の支払い）を認容しました。

（本件埋設物について）

① 当事者双方は、本件売買契約締結時において、本件土地は工場用地として利用されていた土地で、これまでの利用状況等から、従前保管されていた資材の一部や土地上に存在していた建物の基礎等何らかの埋設物が地中に残存しているとともに、それらによる何らかの土壌への影響が残っている可能性があると認識・想定していたものと考えられる。したがって、本件土地にコンクリートガラ、タイヤ、瓦礫及びゴミ等が埋まっていたこと自体は、契約当事者間において予定されていた品質又は性能を欠いた隠れた瑕疵に当たると直ちに言うことはできない。

② しかし、YがXに本件土地に住宅を建築して分譲する予定があることを説明していたこと、本件埋設物発覚後にYがこの撤去費用について応分の負担をする旨回答したこと等を考えると、当事者の合理的解釈として想定される埋設物の量には自ずと限度があり、少なくとも本件土地上に建物等を建築することに支障とならない程度であることが黙示に前提とされていたと見るのが相当である。

③　本件埋設物は、コンクリートガラ等合計約84トン並びに枕木やタイヤ等合計約21㎥にもおよび、Xの倉庫建設のための基礎工事の支障となったものであるから、契約当事者は、少なくとも、本件埋設物ほどの量の可能性は想定していなかったのであって、これは隠れた瑕疵に当たるというべきである。

（本件土壌汚染について）

④　Xは、土壌汚染の可能性を認識したうえで倉庫の敷地として使用する目的で本件土地を購入し、現在も倉庫の敷地として使用しているのであって、鉛がXの本件土地利用に与えた影響について具体的な主張立証はないから、土壌から見つかった鉛が本件土壌汚染等をもたらした油分に由来するとしても、契約当事者間において予定されていた品質又は性能を欠いた隠れた瑕疵に当たるとは認められない。

（Yの表明保証義務違反について）

⑤　本件売買契約書には、旧鉄塔基礎、水道埋設管及びガス埋設管、木柵、旧建物の基礎等については不明との記載がされており、むしろ、本件土地には埋設物が存在する可能性があることが指摘されていると言うべきであるから、Yが、本件埋設物が存在しないことを表明し保証したとは認められない。

（Yの説明義務違反について）

⑥　YはXに対し、本件売買契約時に、本件土壌汚染の地歴報告書や調査報告書を交付しているところ、本件調査報告書による調査が売買に当たって通常行うべき程度に欠けるほど不十分なものであったと認めるに足りる証拠はなく、本件埋設物についても、その可能性に言及した上で、その処理の分担を定めており、Xには本件売買契約の付随的義務である説明義務違反があったとは認められない。

（結論）

⑦　Xは、本件埋設物の発見後、294万円を支出してこれを除去しており、これは本件埋設物の瑕疵による損害であると認められることから、その限りにおいてXの請求には理由がある。

○本事例を検討する際の留意点

上記判決からすれば、本事例においては、売買契約の目的にしたがった利用に困難をきたしているか、売主が表明保証をしていると言えるかなどを確認のうえ、対応を検討することが大切です。

○本事例及び上記判決から学ぶこと

買主は一定の目的をもって不動産を購入するのであり、本事例のように、地中埋設物等の存在によりその目的が達せられないような状況が生じた場合には、契約不適合責任（従前の瑕疵担保責任）等のもとで、損害賠償等が問題となります。

ただしその内容（契約当事者間で予定されていた品質や性能）は個別具体の取引により異なるところであり、上記判決の事案では、これまでの対象土地の利用状況を踏まえ売買がなされていることから、一定程度の地中埋設物の存在や土壌汚染については、当事者間で予定されていた品質や性能であって、瑕疵担保責任等は生じないとします（ただし地中埋設物の量には限度があり、本事案ではそれを超えているとして瑕疵が認められました）。

宅建業者及び宅建士においては、売買契約の目的や、従前の土地等の利用状況等を踏まえ、契約不適合責任の取扱いに則し、地中埋設物等の扱いを売買契約において明確に定めておくことが、当事者間の紛争防止の観点から大切となります。

◆土地瑕疵（土壌汚染）

土壌汚染がある土地であることを認識していた売主に土壌改良工事費用の支払いを求めたい。

公衆浴場として使用されていた借地権付き建物を購入し、土壌調査をしたところ、油による汚染があることが判明しました。土壌汚染がある土地であることを認識していたのにこれを告げなかった売主にその改良工事費用等の支払いを求めたい。

（買主　宅建業者）

関連裁判例の紹介

本事例を検討するに当たっては、令和3年11月26日東京地裁判決が参考となります。

【上記判決の概要】

●事案の概要●

（X　買主業者　Y　売主）

平成26年8月頃から、東京都ａ区内の賃貸中の土地について所有者Ａから管理を依頼されていたＸ（宅建業者）は、その土地上に借地権付き建物（本物件）を所有し、公衆浴場を営んでいたＹ（個人）に対して、借地権の更新料の支払と地代改定を求めていた。

平成27年6月、Ｙが公衆浴場の廃業と本物件の売却を考えていることを知ったＸは、自らがその媒介を行う用意があることをＹに申入れた。これに対してＹは、Ｘが地主Ａから委託された本物件敷地の管理会社であったことから、同年7月に別の宅建業者Ｂに依頼して売却を進めることとした。Ｂは、建物解体費や土壌改良工事費（改良工事費等）を買主負担とする前提で、本物件の価格を1億6,800万円と査定し、ＹとＢは媒介契約を締結した。

同年8月、ＸはＹに対して、Ｘが本物件を買取る意向であり、改良工事費等をＹの負担とし、売買価格1億2,428万円余、更新料・名義変更料等5,162万円余を控除した7,265万円余をＸに支払うとの条件で購入を申入れた。

Ｙが上記申入れを拒否したところ、今度はＸは、購入希望者は明かさないまま、改良工事費等はＹの負担、名義変更料等を買主負担とし、9,000万円での購入を検討できる者がいる旨申入れた。これを受けてＹは、改良工事費等を買主負担とするのであれば前向きに検討する旨回答し、その後改良工事費等の一部をＸの負担とするため売買金額を減額することで合意に至った。

平成28年2月、以下の条件で、ＸとＹとの間で本物件の売買契約（本件売買契約）が締結され、同年6月に引渡しがなされた。

・売買金額：8,750万円
・本件土地の地中埋設物・土壌汚染の処理については買主の責任と負担において解体撤去・除去処分・汚染土の処分・土壌改良を行うものとする（本件特約1）。
・売主の瑕疵担保責任を免責する（本件特約2）。

なお、契約締結時にＹからＸに交付された本物件の物件状況報告書（本件報告書）には「土壌汚染の情報：無　ボイラーに重油を使用していた為可能性有」と記載されていた。

また、Ｙは公衆浴場廃業に係る届出を平成27年6月にａ保健所に、同年7月にａ区役所にそれぞれ行ったうえ、同年10月、ａ区条例に基づき廃業の際に実施が義務付けられている土壌汚染調査について、建物を取壊す予定がないことを理由に、譲受人にその義務を引継がせることを内容とするａ区役所宛猶予願（本件猶予願）を提出した。なお、本件猶予願は本件売買契約締結までにＸに提示されることはなかった。

平成28年8月、Ｘが本物件の土壌汚染調査を行ったところ、油による汚染があることが判明したので、その改良工事代金として1,600万円を工事業者に支払った。

以上のような経緯のもと、平成29年9月、ＸがＹに対して、Ｙの説明義務違反、または瑕疵担保責任に基づき、土壌改良工事代金等の支払いを求める訴訟を提起したのが本事案である。

●相手方（Ｙ）の言い分●

これに対しＹは、土壌が汚染されていることは知らなかったし、瑕疵担保責任を負わない条件で契約しているなどと主張している。

●裁判所の判断●

裁判所は概ね次のように判示し、Ｘの請求を棄却しました。

（Ｙの説明義務違反の存否について）

①　Ｘは、Ｙから本物件で「油をこぼしたことはない」と説明された、Ｙが本件猶予願についての説明義務を怠ったなどとして、Ｙの説明義務違反を主張する。

②　しかしＹは本件報告書に土壌汚染の可能性を明記していたこと、宅建業者であるＸ自身が本物件の売却には土壌汚染調査が必要である旨Ｙに伝えていたことが認められる。本件売買契約は、Ｘの提示金額を前提に本件特約1、2を付して締結されたものであり、売買価格はＢの査定金額を大きく下回ることからすれば、Ｘは本物件について、土壌汚染調査が未実施であるリスクを負って買い

受けたものというべきであって、Ｙに本件報告書の記載内容以上に説明義務があったものとは認められない。これは、仮にＹがＸに油をこぼしたことはない旨説明していたとしても同様である。

③　また、Ｙが本件猶予願についてＸに説明していなかったとしても、Ｘは土壌汚染調査の必要性を認識していたのであるから、Ｘとの関係で説明義務違反があったとまでは認められない。

（Ｙの瑕疵担保責任の存否について）

④　Ｘは、本件猶予願やその前のａ区役所等への届出の経緯から、Ｙが本物件の土壌汚染の事実を知っており、瑕疵担保責任は免責されない旨主張するが、Ｙが「土壌汚染調査の必要性」を認識していたからと言って、「土壌汚染の存在」までも認識していたと認めることはできない。

（結論）

⑤　よって、Ｙに説明義務違反や瑕疵担保責任は認められず、Ｘの請求はいずれも理由がない。

○本事例を検討する際の留意点

上記判決からすれば、本事例においては、売買に至る経緯に照らし、相談者が土壌汚染につき認識していたと評価される可能性の有無、瑕疵担保責任の規定の内容などを確認のうえ、対応を検討することが大切です。

○本事例及び上記判決から学ぶこと

売買の目的物に係る媒介業者の調査及び説明は、売買当事者が通常は知りえない内容につき、不動産取引の専門家である宅建業者が必要な調査をして説明することによって、安全安心な取引を実現するためになされるものです。

したがって、上記判決の事案のように、売買の対象となった土地（本事例等では借地権が設定されている土地）に土壌汚染等があった場合でも、買主側がその存在を認識し、または容易に認識しえたときは、その点に係る媒介業者の説明がなかった場合でも、説明義務違反とまではいえないとされる可能性があります。

ただし、宅建業者及び宅建士においては、取引一般において通常必要とされる調査や説明については確実に実施し、当事者間や宅建業者との間での紛争が生じないように留意することが大切です。

◆土地瑕疵（不同沈下）

購入した新築建売住宅の敷地が不同沈下しており、売主に損害賠償を求めたい。

私は新築建売住宅を購入した者ですが、入居後にドアの開閉に支障が生じたため、売主に確認を求めたところ、敷地が不同沈下していることが発覚しました。売主に対して、損害賠償を求めたい。　　　　　　　　（買主　個人）

関連裁判例の紹介

本事例を検討するに当たっては、平成29年3月24日東京地裁判決が参考になります。

【上記判決の概要】

●事案の概要●

（X１、X２　買主　Y　売主業者　A　調査会社　B　工事会社　C　行政　D　行政法人）

売主業者Yは、地盤改良工事を実施のうえ全7区画の新築建売住宅（本件土地・本件建物）を販売し、平成20年11月、買主X1が2,880万円、買主X2が2,250万円でそれぞれ購入した。

本件土地については、地盤調査会社A社の調査の結果、軟弱な自沈層が堆積していることが確認されたため、YはB社に発注して「柱状改良工法」による地盤改良工事を実施し、また、本件建物の基礎はベタ基礎を採用して建築していたところである。

なお、本件土地については、分譲前の平成19年度に、隣接する市道の改良工事（道路嵩上工事）がC市により実施され、また、分譲後の平成24年度には当該市道の南側において独立行政法人D機構による造成工事が実施された経緯があった。

平成24年9月頃、Xらからドアの開閉の不具合が指摘され、Yが調査したところ、7区画が一様に南側に向かって傾斜していることが判明し、その1年後、3年後の調査においても傾斜が更に進行していること（本件不同沈下）が確認された。

以上のような経緯のもと、Xらを含む当該7区画の購入者が、Yに対して、瑕疵担保、債務不履行又は不法行為に基づく損害賠償を求める訴訟を提起したのが本事案である。なお、その後、Xら以外の購入者については専門家調停委員による調停が成立し、または民事調停法17条に基づく決定が確定したが、Xらは調停内容を不服として訴訟を継続した。

●相手方（Y）の言い分●

これに対し、Yは、本件不同沈下は、C市又はD機構が実施した周辺の工事の要因によるものと考えられるなどと主張している。

●裁判所の判断●

裁判所は概ね次の通り判示し、Xらの請求を一部認容しました。

（不同沈下の原因について）

① 本件土地の地盤は、元来、非常に軟弱であり、不同沈下を起こしやすいものであったから、建物の載荷重のみならず、周辺で発生し得る地盤沈下の影響によっても生じやすい状況にあったと考えることができる。

② したがって、本件不同沈下は、本件土地上に住宅を新築するに当たって、地盤改良で対応するのであれば地盤の軟弱性を解消する深さまで改良する必要があり、基礎で対応するのであれば杭基礎を選定し、住宅を支持し周辺で発生する地盤沈下にも対処することができる深さまで杭を到達させる必要があったところ、Yが適切な地盤改良又は適切な基礎選定を行わなかったことにより、周辺で発生した地盤沈下に対処することができずに発生したものと認めることができる。

③ C市による道路嵩上工事は、Yが本件土地の地盤を調査する前に既に完了しており、Yは、当時の本件土地の地盤の状況を所与の条件として、不同沈下が生じないよう地盤改良工事を実施したり、建物基礎を選定したりする必要があったと言うことができる。

④ またYは、D機構の造成工事が原因であるとも主張するが、具体的な根拠を欠き、抽象的な可能性を指摘するものにすぎない。

⑤ したがって、本件建物は、基礎という住宅の構造耐力上主要な部分（住宅の品質確保の促進等に関する法律施行令5条1項）に通常備えるべき品質・性能を欠いているといえるから、Yは、少なくとも住宅の品質確保の促進等に関する法律95条1項、民法634条2項前段に規定する瑕疵修補に代わる損害賠償責任を負うべきである。

（損害額について）

⑥ 瑕疵修補に代わる損害賠償責任に関して、瑕疵の補修費用については瑕疵の補修に必要かつ相当な範囲において認められる。これは、売買契約の当事者がその契約において予定していた品質・性能を回復する程度の補修を意味するため、その程度を超えて行われる補修費用は、瑕疵修補に代わる損害賠償の範囲には含まれない。

⑦ また、同じ目的を達するために幾つかの工事方法を採り得る場合には、最も安価な補修費用額の限度で損害が認められる。

この点、専門家調停委員の意見書によれば、Yが提出した施工計画書及び見積書は標準的なものであり、十分相当なものであると認められる。一方、Ｘらが提出した見積書は、抽象的に予想し得る最大限の工事費用を見積もったものに近く、Ｙに賠償を求めることのできる損害額の算定という意味では不適切である。したがって、補修工事費用として、Ｘ１につき960万円余、Ｘ２につき872万円余が損害と認めるのが相当である。

⑧　財産的損害が賠償されれば、原則として精神的損害も回復するので、慰謝料が認められるためには、財産的損害の賠償を受けただけでは償われない程度の精神的苦痛を被ったと認められる必要があるが、本件の事情に照らすと，是正工事の実施をもってＸらの精神的損害が回復されるとするのは相当でなく、原告1人当たり100万円が慰謝料として認めるのが相当である。

⑨　瑕疵担保責任に基づく事案の弁護士費用が損害と認められるか否かが問題となるが、本件は専門性の高い分野をめぐる法的紛争であり、弁護士に委任しなければ十分な訴訟活動をすることができなかったと認められることから、原告1人当たり100万円を損害と認めるのが相当である。

（結論）

⑩　以上によれば、Ｙが賠償すべき損害額は、Ｘ１につき1,260万円余、Ｘ２につき1,172万円余となり、Ｘらの請求は、上記の限度で理由がある。

○本事例を検討する際の留意点

上記判決からすれば、本事例においては、建物の建築当時の地盤の状況から、地盤の軟弱性等を解消するに足りる地盤改良工事が行われたのか、適切な基礎の選定がなされていたのかなどを、専門家等の見解も踏まえ確認のうえ、対応を検討することが大切です。

○本事例及び上記判決から学ぶこと

もともと軟弱な地盤に建物を建築して売買する際には、地盤改良や適切な基礎の選定などによって、不同沈下などが起こらないようにして、建物として通常備えるべき品質・性能を保持するようにすることが必要です。

上記判決の事案では、必要な深さまで地盤改良工事が行われなかったこと、杭基礎を選定して必要な深さまで杭を到達させなかったことなどから、売主の瑕疵担保責任（瑕疵修補に代わる損害賠償）が認められました。

宅建業者及び宅建士としては、新築住宅等の売主となる場合には、地盤の状況を確認し、地盤改良や適切な基礎の選択について専門家の意見を踏まえて検討し、住宅等として備えるべき品質・性能を欠くことのないよう注意する必要があります。

◆土地瑕疵（産業廃棄物）

購入した土地に大量の産業廃棄物が出てきたので、瑕疵担保責任による損害賠償を売主に求めたい。

土地を購入し、掘削工事を行ったところ、大型杭やコンクリートの塊等の大量の産業廃棄物が発見され、想定外の費用が必要となったので、売主には瑕疵担保責任に基づく撤去費用等を、媒介業者には説明義務違反による損害賠償を求めたい。
（買主　法人）

関連裁判例の紹介

本事例を検討するに当たっては、平成28年4月13日東京地裁判決が参考になります。

【上記判決の概要】

●事案の概要●

（X　買主　Y１　売主　Y２　媒介業者）

買主Xは、平成24年12月、売主Y１が所有する土地付倉庫（本件土地建物）を分譲宅地として転売する目的で、媒介業者Y２の媒介により、売買代金2億8,000万円で買受けた。

Y２が作成した本件売買契約書の当初案の第17条には、瑕疵担保責任期間を1年とするなどの一般的な瑕疵担保責任に関する定めが記載されていたが、Y１はY２に「本件土地の状況は調査しておらず、また本件建物は雨漏りがするので、Y１が本件土地建物について瑕疵担保責任を負うことはできない。その旨、契約書に表記してほしい。」と申し入れた。このためY２は、本件売買契約書にY１から指示された以下の特約事項を挿入した。

［特約事項（本件特約条項）］
第17条（瑕疵担保責任）の条文を破棄する、建物については現況建物で売買する。

なお、本件特約条項は、売買契約書には記載されていたものの、重要事項説明書には記載されていなかった。

Xは、本件土地建物を賃借していた賃借人が退去したことから、平成25年5月頃、本件建物の解体工事や掘削作業を開始したところ、本件土地から、建物の基礎に用いる大型杭やコンクリートの塊等の産業廃棄物が大量に発見された。

そこでXが、当該廃棄物の撤去及び土壌調査に計1,339万円余の支出を余儀なくされたとして、Y１に対しては瑕疵担保責任に基づき、Y２に対しては媒介契約上の説明義務違反を理由として、廃棄物の撤去や土壌調査に要した費用等の損害賠償を求める訴訟を提起したのが本事案である。

●相手方（Y）の言い分●

これに対しＹらは、本件特約条項は、本件土地建物の全部について瑕疵担保責任を破棄するという意味であると主張している。

●裁判所の判断●

裁判所は概ね次のように判示し、ＸのＹ１に対する請求を認容し、Ｙ２に対する請求は棄却しました。

（瑕疵担保責任を免除する合意の可否）

① 本件売買契約書17条は、令和2年改正前の民法570条及び566条と比較すると、瑕疵修補請求ができる旨が明示され、解除や損害賠償請求等の権利行使ができる期間が本物件の引渡し後1年に限定されており、上記民法の条文の特約と位置付けられる内容になっている。

② 本件特約条項は、これを破棄するというのであるから、上記のような民法に対する特約を排除して、民法の原則に委ねる趣旨と解するのが自然である。仮に民法上の瑕疵担保責任を免除するというのであれば、契約上これを明示するのが相当であり、本件特約条項をそのように解するのであれば、少なくとも重要事項説明書において記載の上買主に説明するか、記載しないのであれば当事者（特に不利になる買主）に対して十分に説明の上合意をしておく必要があると解される。

③ 本件特約条項には、本件建物については「現況建物で売買する。」と付言されていて、上記の趣旨が示されているようでもあるが、少なくとも本件土地についてはそのような文言がない以上、上記の趣旨が明示されているとは言い難い。

④ また、Ｙ２がXに対して、本件特約条項が本件土地について瑕疵担保責任を免責する趣旨である旨を十分説明したとは認められないから、これをもって本件土地について民法上の瑕疵担保責任を免除する特約としての効力を有すると言うことはできない。

（媒介契約の成否）

⑤ 上記のとおり、本件特約条項は、本件土地に係る民法上の瑕疵担保責任を免除する条項ということはできないから、ＸはＹ１に対して民法上の瑕疵担保責任を追及できるところ、たとえＹ２が本件特約条項について十分説明しなかったとしても、Ｘはこれにより何ら損害を被るものではない。したがって、媒介契約の成否や不法行為の成否について判断するまでもなく、ＸのＹ２に対する請求は認められない。

（結論）

⑥　よって、ＸのＹ１に対する請求は理由があるが、Ｙ２に対する請求は理由がない。

○本事例を検討する際の留意点

上記判決からすれば、本事例においては、瑕疵担保責任に係る特約等の内容を踏まえ、土地の地中埋設物が瑕疵担保責任の対象となっているかなどを確認のうえ、対応を検討することが大切です。

○本事例及び上記判決から学ぶこと

瑕疵担保責任（現行民法では契約不適合責任）は、当事者間の合意でその内容等を定めることができます。

上記判決の事案では、民法に定める瑕疵担保責任の内容を修正する契約書中の条項につき、その条項を適用しない旨の特約が存在していたところ、その特約の意味内容として、民法上の瑕疵担保責任の規定内容を「修正」する取扱いを「否定」するものであるから、民法の規定に立ち返ると解釈されるとしています。また、建物については現況渡しとしていますが、土地については何も付記されていないことから、土地に関しては民法の規定に従った取扱いとなる旨判断されているところです。

宅建業者及び宅建士においては、契約不適合責任の内容を定めるに当たっては、当事者間で合意された内容を正確に契約書中の規定に定め、重要事項説明でもしっかりと説明し、当事者間で疑義が生じないようにしておくことが大切です。

◆土地瑕疵（境界線疑義）

隣地との境界線に疑義があり不動産の価値が減少したので、売主に損害賠償を請求したい。

購入後に隣地との境界塀について隣地所有者に確認したところ、前所有者が無断で築造したものなので、塀の撤去、境界標の復元、費用負担には応じられないと言われました。境界に問題があるということは前所有者の頃から分かっていたことであり、このことによって不動産の価格は30%減少したので、前所有者の相続人に対して損害賠償を請求したい。（買主　個人）

関連裁判例の紹介

本事例を検討するに当たっては、平成29年10月26日東京地裁判決が参考になります。

【上記判決の概要】

●事案の概要●

（X　買主　Y　売主の相続人　A　売主・前所有者　B　隣地所有者）

Xは、平成26年2月、Aから中古住宅（本物件）を代金8,700万円で購入した。なお、Aは同年12月に死亡した。

本物件については、平成3年当時、Aが隣地所有者Bとの間で境界（所有権界）を確認した後、平成8年頃にAが従来の隅切り塀を撤去し、改めて隅切り塀（本件塀）を築造していた。

平成28年、Xは、本件塀の下の境界標が破損していたことから、Bに確認したところ、Bは、「①本件塀はBの立ち会いのないまま、Aが無断で築造したものである、②本件塀の築造に際してAとの間で土地境界確認書等を交わしたことはない、③本件塀を撤去すると一応の境界又は所有権界が分からなくなるため撤去には反対である、④境界等についての措置はAが講ずるべきである、⑤現在の境界等が本来の境界等と異なればXとの間での訴訟も避けられない」などと主張して、Xに対し、本件塀の撤去、破損が判明した境界標の復元を求め、かつ、これらに要する費用の負担等を拒絶した。

そこでXが、本件売買当時、本物件の敷地（本件土地）には隣地所有者との所有権界に疑義があるという隠れた瑕疵が存在しており、本物件の価値は30%減少したとして、Aの相続人であるYらに対して、瑕疵担保責任、債務不履行責任、不法行為責任に基づき、価値の減少分2,610万円のうち1,740万円の支払を求める訴訟を提起したのが本事案である。

●相手方（Yら）の言い分●

これに対しYらは、本件塀の築造から17年間に渡ってAとBの間で紛争はなく、AとBとの間では境界を一致させる旨の黙示の合意があり、境界に疑義はなく瑕疵は存在しないなどと主張している。

●裁判所の判断●

裁判所は概ね次のように判示し、Xの請求を棄却しました。

（瑕疵担保責任の成否）

① Xが主張する本件土地の瑕疵とは、「本件隣地との所有権界に疑義があり、隣地所有者との間で紛争又は紛争が生ずる可能性が存する」というものである。そうである以上、本件売買契約当時に、Aと隣地所有者との間で所有権界に関する紛争又は紛争の生ずる蓋然性が存したものと具体的に認められない限り、本件土地について、Aの相続人であるYらの損害賠償責任を基礎付けるに足りる瑕疵があるとは言えない。

② 本件土地について、本件売買契約当時、AとBの間において、Bから所有権界に関して疑義を呈されるなどの紛争が現に生じていたことや、本件売買契約以前に生じた事情が原因となって将来紛争が生ずる蓋然性が存したことを具体的に認めるに足りる的確な証拠はない。また、AとBの間では、長年にわたり、本件塀を境界等の指標とすることで所有権界をめぐる紛争が生ずることなく推移してきたものと認められる。よって、本件土地にXが主張する瑕疵があったものとは言えない。

（債務不履行の成否）

③ Xは、本件土地に所有権界に関する疑義という瑕疵が存することを前提に、Aについて引渡債務の不履行のほか、瑕疵やその原因となる事情に係る説明義務違反があった旨を主張するが、上記のとおり、本件土地にXの主張する瑕疵が認められない以上、Aに引渡義務違反は認められないし、Xの主張するような説明義務を基礎付ける事情も存しない。

（不法行為の成否）

④ Xは、本件土地に所有権界に関する疑義という瑕疵が存することを前提に、Aが、本件売買契約に当たり、Xに本件土地の所有権界について隣地所有者との争いのおそれがない旨誤信させて契約を締結させたことや、瑕疵やその原因となる事情について説明をしなかったことなどが不法行為に当たる旨を主張する。しかし、上記のとおり、本件土地にXの主張する瑕疵は認められず、かつ、Xの主張するような説明を行うべき根拠もない。

（結論）

⑤ 以上によれば、Xの請求はいずれも理由がない。

（なお、その後、Xは東京高裁に控訴したが、一審と同様の判旨により棄却されている。）

○本事例を検討する際の留意点

上記判決からすれば、本事例においては、売買契約当時において、隣地所有者との間で隣地境界の塀に関して、実際に紛争が存在していたか、または紛争が生じる蓋然性が具体的にあったと言えるかなどを確認のうえ、対応を検討することが大切です。

○本事例及び上記判決から学ぶこと

土地の売買においては、当該土地の隣地所有者との間で、土地の境界や、境界線上に設置された構築物の取扱いに関して、売買後に問題が生じないよう配慮することが大切です。

上記判決の事案では、売買後に買主が隣地所有者から境界塀に関する見解が表明されましたが、売買契約当時に具体的な紛争や紛争発生の蓋然性がなく、売主と隣地所有者との間で長年トラブルも生じていなかったことから、売主の瑕疵担保責任や説明義務違反は認められませんでした。

宅建業者及び宅建士においては、売買の対象である土地の範囲の確定、隣地所有者との境界に係る事後的な紛争の防止を図る観点から、境界線や境界線に設置されている構築物の取扱いについて疑義が生じる可能性があれば、隣地所有者にもあらかじめ確認し、買主が安心して土地を取得できるようにすることが大切でしょう。

◆土地瑕疵（障害物撤去費用）

購入した土地から見つかった地中障害物の撤去費用等の支払いを売主業者と媒介業者に求めたい。

土地を購入して自宅建物を建築しようとしたところ、建築の障害となる旧建物の土間スラブ等が発見されました。これについて一切説明を受けていなかったので、売主業者と媒介業者にその撤去費用等の支払いを求めたい。

（買主　個人）

関連裁判例の紹介

本事例を検討するに当たっては、平成30年3月29日東京地裁判決が参考になります。

【上記判決の概要】

●事案の概要●

（X　買主　Y１　売主業者　Y２　媒介業者）

平成19年3月、売主Y１（宅建業者）は、土地（本件土地）及び旧建物を購入し、同年10月に旧建物の取壊しを行い更地にした。

平成20年6月、本件土地について、買主Xは、宅建業者Y２の媒介により、Y１と自宅建物建築を目的として、以下の条件で売買契約（本件売買契約）を締結し、同年7月に引渡しを受けた。

・売買代金：7億円
・売主の瑕疵担保責任：引渡し完了日から2年以内に限り売主は責任を負う（本件特約1）。
・地盤改良工事：本件土地上に建築物を建築する際、地耐力強化のための地盤改良工事等が必要となる場合があっても，この費用等については、買主の責任と負担で処理することを売主は呈示し、買主はこれを容認する（本件特約2）。

なお、売主Y１作成の物件状況等説明書では、「敷地内残存物、旧建物廃材、建築廃材、浄化槽、井戸」の存在は示されていなかった。

平成24年10月頃、Xは、鉄筋コンクリート造りの自宅用建物を建築するため、建設会社に地盤の調査を依頼したところ、本件土地に旧建物の土間スラブやコンクリートガラ、H鋼、井戸等の地中障害物（本件地中障害物）が確認され、当初予定の表層改良工事では地耐力不足が考えられたことから、Xは改良工事を行うこととした。

以上のような経緯のもと、平成27年に、Ｘが、Ｙ１及びＹ２に対して、本件地中障害物が存することの説明を行わなかった等の不法行為・債務不履行責任を理由に、Ｘが支出した本件地中障害物の除去及び地盤改良工事費用2,121万円、同変更工事検討費用83万円余、工期延長に伴う家賃51万円余、弁護士費用等225万円の計2,480万円余の支払を求める訴訟を提起したのが本事案である。

●相手方（Ｙら）の言い分●

これに対しＹ１は、本件地中障害物の存在について認識しておらず、認識していなかったことについて過失はないし、瑕疵担保責任を負う期間も経過しているので本件特約1、2により責任は負わないなどと主張し、Ｙ２は、Ｙ１より敷地内残存物がない旨の物件状況等説明書を受領しており、本件地中障害物の有無等についての調査義務は果たしているなどと主張している。

●裁判所の判断●

裁判所は概ね次のように判示し、ＸのＹ１に対する請求を認容し、Ｙ２に対する請求を棄却しました。

（Ｙ１の不法行為の存否について）

① Ｙ１は、本件土地取得時に解体業者Ａに旧建物の解体を依頼したが、その際Ａは、旧建物に地下室があったことから大量のコンクリートガラ等が発生し、そのすべてを搬出および処理することなく本件土地中に残存させ、土中に埋め戻したことが認められ、その結果、Ｘは本件売買契約時に予期していなかった地盤改良工事を行わざるを得なくなったと言うことができる。

本件土地中に存在していた障害物の量および範囲等に照らすと、本件土地は、取引通念上通常有すべき性状を欠いており、瑕疵があるものと評価することができる。

② また、Ｙ１は、Ｘに対し、売主として、物件状況等報告書の作成等を通じて、売買の対象となる土地の状況について正確な情報を告知・説明する義務を負っていた。そしてＹ１は、旧建物が存在する状態で土地を購入し、Ａに依頼して旧建物を取壊したのであるから、旧建物には地下室が存在し、旧建物の解体に伴う地中障害物が残存していることを把握し得たにもかかわらず、Ａの遂行状況を確認することなく物件状況等報告書を作成したものと推認することができる。よって、Ｙ１は上記義務の履行を怠ったと言うべきである。

③ 本件売買契約には本件特約1、2が付されているが、同特約は定型的に設けられたものであること、そもそも本件地中障害物が残存することになったのはＹ１が旧建物の取壊しをＡに依頼したことが契機となっていること、取壊し完了時にＹ１の担当者が立ち会っていること、Ｙ１は直接解体工事の内容と実施について確認していないこと、本件売買契約を締結する際にＸが地盤改良工事に

要する費用等を前提に売買代金額を決したものとは窺えないことからすれば、本件特約1、2が、Ｙ１の行為を契機として地中に多量の障害物が存在した本件のような場合にまで効力が及ぶものと解するのは相当ではない。

したがって、Ｙ１は、Ｘに対し、不法行為に基づき2,480万円余の損害賠償義務を負うものと認められる。

（Ｙ２の調査説明義務違反について）

④　本件売買契約締結時点において、更地化されていた本件土地について、宅建業者であるＹ１が物件状況等報告書において敷地内残存物はない旨を説明している以上、本件において、これに加えてＹ２が独自にその真偽等について調査すべき義務が発生するとは言い難い。したがって、Ｙ２の調査説明義務違反は認められない。

（結論）

⑤　以上から、ＸのＹ１に対する請求は理由があるが、Ｙ２に対する請求は理由がない。

○本事例を検討する際の留意点

上記判決からすれば、本事例においては、地中埋設物の発生の経緯や物件状況報告書の記載内容に照らし、売主業者及び媒介業者がその存在を認識し、または認識することができて更なる調査確認を要したものと言えるかなどを確認のうえ、対応を検討することが大切です。

○本事例及び上記判決から学ぶこと

土地の地中埋設物の存在は、その土地に従前建築されていた建物等がどのようなものであったのかや、当該建物等の解体撤去の状況などによって左右されます。したがって、従前の建物等の存在及びその撤去が、売主の所有に属する前に生じたものであったときは、その状況を正確に把握することは困難となり、媒介業者等の説明においても、売主からの報告などをもとに可能な範囲で調査した結果を説明することになります。

ただし上記判決の事案では、売主が所有していた建物を、売主が発注した解体業者により解体されたものであることから、解体業者による工事の状況を確認することができたことなども踏まえ、売主の責任が認められました（一方媒介業者については、売主から提出された物件状況報告書の記載内容以上に調査すべき義務はないとして責任が否定されました）。

宅建業者及び宅建士においては、土地上にかつて建物が存在し、現在は解体撤去されている場合には、解体撤去が売主によるものであるときは、売主に対し、その状況などを確認し、地中埋設物の存在の可能性についてしっかりと告知してもらうよう注意喚起することが大切でしょう。

◆融資特約解除

新築マンション売買契約締結後に融資条件の連帯保証人を立てられなくなったので、ローン解除による手付金の返還を売主業者に求めたい。

私は、売主業者が分譲する新築マンションを購入するにあたり、夫を連帯保証人とする条件の住宅ローンを申し込みましたが、売買契約締結後に融資条件である連帯保証人を立てられなくなったので、ローン解除による手付金返還を売主業者に求めたい。
（買主　個人）

関連裁判例の紹介

本事例を検討するに当たっては、令和3年8月10日東京地裁判決が参考になります。

【上記判決の概要】

●事案の概要●

（X　買主　Y　売主　A　買主の夫　B　銀行）

Xは、Yが分譲する新築マンションを購入するにあたり、Aを連帯保証人とする条件の提携住宅ローンの事前審査をBに申し込み、平成30年11月27日に事前審査の承認を得た。

同年12月2日、Xは、Yから「ご購入に当たってのご確認事項」と題する書面により、融資審査終了後の申込内容の変更などお客様の事由により、融資実行ができなくなった場合は「融資利用の特例」（ローン解除特約）は適用されないことの説明を受けた。

同年12月9日、XはAと共に、Yから重要事項説明を受け、本件マンションを売買代金4,720万円、手付金472万円とする売買契約（融資利用の特例付き）を締結したうえで、B銀行に正式にローン申し込みを行った。

重要事項説明書及び同時に交付された「購入資金等に関する確認書」には以下の要旨の記載があった。

［重要事項説明書］

売買契約締結時または上記指定日までに申し込まれたこれらの融資金額の全部またはその一部について、融資が実行できないことが確定したときは、お客様または売主は契約を解除することができます。ただし、手続きの遅延、融資の取止め、融資審査終了後の申込内容の変更などお客様の事由により融資が実行できなくなった場合は、融資利用の特例は適用されません。

［購入資金等に関する確認書］

融資お申込手続き以降に行った新たなローンの借入れや、転職・退職、団体信用生命保険の告知内容変更等により融資が制限され、契約が続行できなくなった場合の契約解除については、「融資利用の特例」は適用されません。また、共有者・連帯債務者・連帯保証人の方の事情により融資が制限された場合においても、上記と同様の取扱いとなります。

その後、B銀行の提携住宅ローンは正式に承認となったが、令和元年5月26日、XはB銀行に対し、Aが本件住宅ローンの連帯保証人にならない旨を伝えた。その結果、B銀行は、6月10日、Xに対し、本件住宅ローンの承認取り消しを通知した。

そこでXが、7月8日、Yに対し、本件融資利用の特例（本件融資特約）に基づき本件売買契約を解除したとして手付金の返還を催告したが、Yが応じなかったため、手付金の返還を求める訴訟を提起したのが本事案である。

●相手方（Y）の言い分●

これに対しYは、「購入資金等に関する確認書」には、連帯保証人の事情により融資が制限された場合にも本件融資特約の適用がないことが明記され、Xは、Yらから同確認書の記載内容の説明を受けて確認の署名押印を行っている旨主張している。

●裁判所の判断●

裁判所は概ね次のように判示し、Xの請求を棄却しました。

（申込内容の変更の有無）

① Xについて、本件融資特約中に特約適用を排除する場合として定められている「申込みに対する審査終了後の申込内容の変更」があったことは明らかである。

（本件融資特約の適用の有無）

② Xは、上記「申込内容の変更」の適用は、X自身の事情でXが自ら変更した場合に限定すべきであり、Aが連帯保証人になることを拒否したことはX自身の事情に当たらない、Aが連帯保証人となるのを拒否したことは買主たるXの「責めに帰すべき事由」ではないなどとして、本件融資特約の排除は認められない旨主張する。

③ しかし、Aが連帯保証人となる内容で住宅ローンを申し込んだXとしては、その責任において、Aに対し、連帯保証人となることへの了承を取り付ける義

務があるというべきであるから、Aが連帯保証を拒否したことは、Xの「責めに帰すべき事由等」に当たる。

このことは、Xが説明を受けた「購入資金等に関する確認書」において「連帯保証人の方の事情により融資が制限された場合においても、同様の取扱いとなります。」との記載があることとも整合する。

④ また、Aがやむを得ない理由で連帯保証人に就任できなくなった場合、Xには、新たにAと同等以上の信用力のある連帯保証人を付すなど、少なくとも当初の申込み時よりも住宅ローンの承認が受けにくくなることがないように行動すべき義務があるというべきであり、このことは、本件融資特約の文言や、Yが本件融資特約によって負担する不利益とのバランス（Yは、本件売買契約の締結によって、たとえ他に有利な買い手が出現しても本件マンションをX以外に売却することを禁止されて販売機会を喪失する不利益を負担する一方、Xは、本件融資特約が適用されれば、何らの金銭的な負担なく本件売買契約を解除できることとなる。）からも当然の帰結である。

⑤ したがって、Xによる本件売買契約の解除は、本件融資特約の適用が排除される場合に該当し、本件融資特約は適用されない。

（結論）

⑥ よって、本件融資特約による解除を前提とするXの請求は理由がない。

○本事例を検討する際の留意点

上記判決からすれば、本事例においては、ローン解除特約の内容を確認し、「連帯保証人が立てられなかったことによる融資の取消し」が、当該特約に該当するかを確認のうえ、対応を検討することが大切です。

○本事例及び上記判決から学ぶこと

ローン解除特約は、融資を受けることを条件として取引がなされる場合において、当該融資がなされなかったときには、そのことのみを理由として、売買契約を白紙撤回することなどを内容とするものです。そして、この場合の融資が不調となった原因については、一定の制限がなされることがあります。

宅建業者及び宅建士においては、ローン解除特約を含む売買契約を締結する際には、当該特約の内容を当事者双方がしっかりと認識したうえで契約がなされるようにするとともに、買主から当該特約の適用の主張された場合には、特約で定める要件に該当するかを確認のうえ、対応をしていく必要があります。

なお、上記判決では、連帯保証人予定者の事情により保証がなされなかった場合には、債務者である買主は、新たに信用力ある連帯保証人を付すべき義務があると述べていることも参考になるでしょう。

※民法では、債務者が保証人を立てる義務を負う場合には、その保証人は、行為

能力を有し、かつ、弁済の資力を有するものでなければならないものとし（民法450条1項）、保証人が資力を有しないときは、債権者は債務者に対し上記要件を満たす代わりの保証人を立てることを請求できるものとしています（同条2項）。

◆融資特約解除

融資特約による契約解除を通知したにもかかわらず、売主に知らせなかった媒介業者に損害賠償を求めたい。

土地購入のため金融機関に融資申し込みをしましたが、否決されてしまいました。売買契約の融資特約により契約解除をするため、書面を売主の媒介業者に送付しましたが、媒介業者が解除期限までに売主に通知をしなかったため、契約の白紙解除ができず、手付金や内金を返還してもらえません。解除期限までに売主に通知しなかった媒介業者の責任なので支払い済みの手付金、内金相当額の損害賠償を請求したい。　　　　（買主　法人）

関連裁判例の紹介

本事例を検討するに当たっては、令和3年10月22日東京地裁判決が参考になります。

【上記判決の概要】

（X　買主　Y　売主側媒介業者　A　売主　B　買主側媒介業者）

買主Ｘ（飲食業）は、売主Ａ（不動産管理業）と都内所在の土地に関して、ＹとＢを媒介業者とする売買契約を令和2年8月27日に締結した。

＜本契約の概要等＞
・売買代金：9,000万円
・手付金：450万円
・融資特約：Xの融資の全部又は一部が否認された場合には、令和2年9月19日までであれば解除でき、AはXから受領した金員を返還する。

同年9月28日、ＸとＡは、Ｘが9月30日までにＡに対し、更に内金を450万円支払う一方、融資特約の契約解除日を10月6日までに変更することなどに合意し、9月28日にＸは450万円の内金をＡに払った。

Ｘは同年10月5日、融資申込の金融機関より融資が否認されたため、変更後の融資特約に基づき、契約を解除することなどを内容とする「融資の解除に関する覚書」に記名押印し、Ｂに交付した。Ｂは、Ｙに対し、融資が否認されたこと、Ｂにおいて物件の購入が可能かを検討していることを内容とするメールを、上記覚書のデータを添付して送信した。

Ｙは、同年10月10日になって初めて、Ａに対し、Ｘから同月5日に覚書を受領したという連絡をした。

Ｘは、同年12月22日、Ａに対し手付金及び内金の返還を求めたが、Ａは、令和

3年1月11日、Xに対し、変更後の融資特約の解除期限である令和2年10月6日までにXから融資特約に基づく本契約の解除の連絡又は通知を受けていないので手付金及び内金を返還しないと回答をした。

以上のような経緯のもと、Xが、YがAに対する融資特約による解除の連絡をしなかった信義則上の義務違反により、融資特約による本契約の解除が認められず、既払の手付金及び内金合計900万円の損害が生じたとして、Yに対し損害賠償を求める訴訟を提起したのが本事案である。

●相手方（Y）の言い分●

これに対しYは、YがAに融資特約による契約解除の連絡を直ぐにしなかったのは、解除期日を延期したにもかかわらず契約を解除されることにAが納得しないと考えたため、Bの物件購入が決定してからAに伝えようとしていたことによるなどと主張している。

●裁判所の判断●

裁判所は概ね次のように判示し、Xの請求を認容しました。

（信義則上の義務違反の有無）

① Yは宅地建物取引業者であり、本契約に売主媒介の立場で関与したものであって、本契約の成立やその後の履行に密接に関与すべき立場にあったところであり、Yは、買主であるXの本契約に関する意思表示の内容を了知したときには、遅滞なく売主であるAに対してその内容を伝達すべき信義則上の義務を負っていたというべきである。

② Yは、変更後の解除期限前にXが融資特約による解除の意思表示をした旨の連絡をBから受けたにもかかわらず、Aに対してその内容を伝達せず、あえて秘匿したのであるから、信義則上の義務に違反したものと認められる。

③ そして、Yは、独断で上記の行動をしたものであるから、Yに上記信義則上の義務違反について故意が認められることも明らかである。したがって、Yが変更後の解除期限前に、Aに融資特約による解除の意思表示の内容を伝達しなかったことは、Xに対する不法行為に当たるものと認められる。

（損害）

④ Xは、Yの上記信義則上の義務違反によって、本件融資特約に基づく解除ができず、Aから手付金及び内金の返還を受けることができなくなったと認められるから、Xには、Yの不法行為により、本件手付金及び内金各相当額である900万円の損害が生じたものと認められる。

（結論）

⑤ よってXの請求は理由がある。

○本事例を検討する際の留意点

上記判決からすれば、本事例においては、買主が送付したとされる通知に、融資特約による解除であることが明確に記載されているか、当該通知が売主側媒介業者に確実に到達しているかを確認のうえ、対応を検討することが大切です。

○本事例及び上記判決から学ぶこと

上記判決では、媒介業者は、直接の依頼者である売主のみならず、その取引の相手方である買主から、売買契約に係る意思表示がなされ、その内容を了知したときは、遅滞なく売主にその内容を伝達すべき信義則上の義務を負っており、その義務に違反し故意が認められれば、不法行為責任が生じるとされました。

宅建業者及び宅建士においては、当事者から、売買契約の成立や効力、内容に係る意思表示がなされたときは、いかなる意図や目的があろうとも、当該意思表示に対し自らの判断で対応すべき代理権などを有していない限り、速やかに、本人に伝達し、対応の検討を働きかける必要があります。

◆融資特約解除

融資特約解除期限について売主と合意後に融資特約により契約を解除したので手付金の返還を求めたい。

私は建物を建てるために土地を購入する契約をしましたが、建物建築資金を含めた融資の実行が契約書に定めた期日に間に合わないため、融資特約期限および残代金支払期日の延長を申し出て、売主と合意しました。その後融資が得られなかったため、融資特約に基づき契約を解除して、売主に手付金返還を求めたい。

（買主　法人）

関連裁判例の紹介

本事例を検討するに当たっては、令和3年3月15日東京地裁判決が参考になります。

【上記判決の概要】

●事案の概要●

（X　買主　Y　売主　A　媒介業者）

令和元年7月26日、買主Xはホテル建設を目的として、売主Yと、媒介業者Aの媒介により以下の内容の土地（本件土地）の売買契約（本件売買契約）を締結した。

（本件売買契約の概要）
・売買代金：1億9,600万円（手付金500万円）
・借入額：4億5,560万円（建物建設資金含む）
・融資特約期限：令和元年8月26日
・違約金：売買代金の10%相当額
・残代金支払日：令和元年10月18日
・特約事項：売主は引渡日までに、本土地上にある一切の建物等を解体撤去し、滅失登記を完了する

同年8月23日、融資申し込みをした金融機関より、融資は可能だが建築をする建物について建築確認を取得した後でなければ融資はできない旨を告げられたXは、代金支払期限の延期が不可能であれば契約を解除する意向をAに伝えた。

AはYに連絡し、代金支払期限を令和2年1月まで延期するか、それができないなら契約を解除したい旨を伝えたところ、Yが、代金支払い延期について検討するので本件売買契約の解除は待ってほしいと回答したので、Aは、Yが代金支払期限の延期に応ずる意向であることをXに伝え、代金支払期限の延期を前提に本

件売買契約を維持することでXの了承を得た。

しかしその2時間後、つなぎ融資利用の検討をXに求めるようYから要請されたので、Aは、つなぎ融資利用の検討を求めるのであれば、本件融資特約に基づく融資の承認期限等の延期が必要であるとして、融資承認の取得期限を令和元年8月23日から9月17日に、解除権の行使期限を同年8月26日から9月19日に変更するとした「融資承認期限等の延期に係る合意書案」を作成し、電子メールにてYに送信した。

さらに同月26日、Aは、Yから、金融機関への実行日の前倒しを再度交渉して欲しいと求められたので、Aは、Yに、本件融資に基づく融資承認期限等の延期に係る合意書の取り交わしが必要であると指摘したが、Yは、条件付きではあるが既に承認は得られたのだから必要ないとしてこれに応じなかった。

その間Aは、金融機関との間で融資実行日の前倒しについて交渉したが、金融機関側の条件は変わらず、他の複数の銀行につなぎ融資の打診をしたが、結局いずれも合意に至らなかった。

同年9月18日になると、Yは代金支払期限の延期を明確に拒否してノンバンクでのつなぎ融資の利用を積極的に求めるようになったが、Xはこれを了承せず、さらにYから合意解除の提案がされるに至ったが、合意解除の条件も調わなかった。

そして、同年10月18日、Yは、Xに対し、同月25日までに残代金の支払いを催告し、支払いが無い場合は、本件売買契約をXの違約により解除すると通知したところ、同月24日、XがYに対し、本件売買契約を融資特約により解除する通知をした。

以上のような経緯のもと、XがYに対し、融資特約解除による手付金の返還を求める訴訟（本訴）を提起し、これに対しYが、本件売買契約を違約解除したとして違約金を請求する反訴を提起したのが本事案である。

●相手方（Y）の言い分●

Xの本訴請求に対し、Yは、何らの担保もなく2億円弱の売買代金の入金を3か月半も先送りすることや、融資特約に基づく解除権の行使期限の延期合意について書面も作成しないことは考えられないなどと主張している。

●裁判所の判断●

裁判所は概ね次の通り判示し、Xの本訴請求を棄却し、Yの反訴請求を認容しました。

① XとYとの間で融資承認の取得の期限延期の合意が成立したものとは認められず、融資特約に基づく解除権の行使期限についての延期の合意も認められないから、融資特約に規定された解除権の行使期間より後にされたXの契約解除

は、融資特約に基づく解除とは認められず、無効と言わざるを得ない。

② 他方で、Ｙは本件土地上の建物解体工事に着手しており、代金支払期限までに引渡しの準備を整えて履行の提供をしていたものと推認できることから、Ｙの契約解除は、Ｘの債務不履行に基づく解除として有効と認められる。

③ Ｘは、Ｙが代金支払期限を令和2年1月末日まで延期することに応じたと主張し、Ａも同旨の証言をするが、そのような合意書は書証として提出されていない。そうすると、ＡとＹとのやり取りの中で、代金支払期限延期に応じる可能性を示唆する発言がされた可能性は否定し得ないものの、延期の合意があったとする適確な証拠は存在しないと言わざるを得ない。

（結論）

④ 以上により、Ｘの本訴請求（手付金等返還請求）は理由がなく、Ｙの反訴請求（違約金等請求）は理由がある。

○本事例を検討する際の留意点

上記判決からすれば、本事例においては、融資特約の期限の延長及び売買残代金の支払い期日の延長の合意が有効になされたか、解除の申出は、有効な合意に基づき延長された期限内になされたものであるかを確認のうえ、対応を検討することが大切です。

○本事例及び上記判決から学ぶこと

融資特約が付された売買契約において、当初想定していた金融機関から融資が得られなかったことから、他の銀行等から融資を得るために、融資特約に基づく解除の期限や、売買契約上の代金の支払い期限の延長が必要となることがあります。

上記判決の事案では、当該期限の延長に係る売買当事者間の具体的なやり取りを踏まえ、当該延長の合意は有効に成立していないとして、買主側の解除特約に基づく解除を認めず、反対に、売主側からの買主の債務不履行に基づく解除が認められています。

宅建業者及び宅建士においては、融資特約が付された売買契約につき、買主から当該期限の延長等の要請があった場合には、状況をよく確認し、売主側が了承できるのであれば明確に期限延長の合意がなされたことを証明できる書面の作成を支援するとともに、売主が延長を了承しないのであれば、当初の融資特約に基づき、その期限内に対応するよう買主に強く要請することが大切です。

◆融資特約解除

融資利用の特約により売主に対して契約の解除の意思表示をしたので、支払済みの手付金等の支払いを求めたい。

私は宅建業者から土地を購入しましたが、融資承認が得られなかったため、融資利用の特約による売買契約の解除および解除に伴う手付金の返還を求めたい。

（買主　個人）

関連裁判例の紹介

本事例を検討するに当たっては、令和3年1月6日東京地裁判決が参考になります。

【上記判決の概要】

●事案の概要●

（X　買主　Y　売主　A　媒介業者　B　ローン会社　C　銀行）

買主Xは、売主Yと、媒介業者Aの媒介により平成29年10月27日、土地（本件土地）の売買契約（本件売買契約）を以下のとおり締結した。

（本件売買契約の概要）
- 売買代金：4,800万円（手付金：100万円）
- 融資申込金融機関：Bローン（フラット35）
- 借入額：6,600万円（建物請負代金含む）
- ローン特約期限：平成29年11月17日
- 違約金：売買代金の20％相当額

本件売買契約前の平成29年10月15日、Xは、Aを交えYと面談し、Xの勤務先、年収、借入先等を記載した告知書をYに提出した。本件売買契約後、XはAを通じてBローン会社に7,000万円の住宅ローンを申し込んだ。しかしその承認が得られなかったので、更にC銀行に住宅ローンを申し込んだが、これも難しい状況であった。

ローン特約期限の同年11月17日、XはAの立ち会いのもと、Yに、ローンの申し込みが厳しい状況である旨説明をし、同月20日、Yに「本件告知書を買主は売主に提出している。現在買主の都合によって融資金融機関を選択中。」などと記載した確認書面（本件確認書面）を差し入れた。

しかしXは、融資金融機関から提示された最終条件を受け入れられなかったことから融資を受けることができなくなり、本件売買契約の解除をYに申し入れ、同月24日、XとYは「Xは本件売買契約の解除を申し入れたこと、解除理由は合意できていないが、Xは本件土地を今後購入する意思のないこと、Yは第三者に本件土地を売却できること」と記載された土地売買契約解除確認書（本件解除確認書面）を取り交わした。

同年12月3日、YはXに対し、内容証明郵便により、「①本件確認書面・本件解除確認書面によるXの都合による購入意思の喪失、②ローン特約の期限内に解除通知を提出しなかったこと、③Yに提出した告知書の内容が虚偽であったこと、④Xが申し込んだ金融機関の融資条件を受け入れなかったこと」などを理由として本件売買契約を違約解除したとして、Xに対し、違約金860万円（手付金控除後）の支払いを求める通知をした。

そこでXが、本件売買契約をローン特約に基づき解除したとして、Yに手付金の返還を求める訴訟（本訴）を提起し、これに対しYが、Xが正当な理由がなく本件土地の取得を断念したことは本件売買契約に基づく義務の不履行に当たるとして、Xに違約金860万円の支払を求める反訴を提起したのが本事案である。

●相手方（Y）の言い分●

Xの本訴請求に対しYは、面談時にXがローン特約による解除を拒否した、告知書には虚偽記載があったなどと主張している。

●裁判所の判断●

裁判所は概ね次の通り判示し、Xの本訴請求を認容し、Yの反訴請求を棄却しました。

（本件ローン特約の期間延長合意について）

① ローン特約期限の11月17日の面談の場で、Yは「Xがローン解除することを拒絶した」旨証言をし、X及びAは「Yより同日以降にローンが受けられなくても手付金を返還すると聞いたのでローン解除はしなかった」旨証言をする。

② しかし、融資の見通しがつかず、手付金や違約金を請求される可能性が高い状態にあるにもかかわらず、Xがローン特約による解除を拒否するような発言をするのは不自然であること、本件確認書に「現在買主の都合によって融資機関を選択中」と記載していることに鑑みれば、同面談において、Yは、Xとの間で本件ローン特約の期限を相当期間延長することを合意したと見るのが相当である。

（融資が受けられなかったことに係る買主の帰責事由の有無）

③ Xが本件告知書及び融資申込書に記載した年収と所得額とが異なっていたこと、勤務先の属性についても事実と異なっていたことは認められるが、6,000万円程度であれば融資は通りそうだという話があったことは認められるから、上記記載内容の齟齬によって本件売買契約書に記載されていた借入額が当初から実現不可能であることが明らかであったとは言えない。

④　さらに、融資に当たって予定していた自己資金400万円が1,000万円程度に増えたためＢローン会社からの融資を断念したこと、Ｃ銀行の融資の申し込みについて、親の連帯保証、所有不動産の担保提供といった条件をのめずにＣ銀行からの融資を断念したことについて、Ｘに帰責事由があるとはいえない。
⑤　以上から、Ｘが金融機関から融資が受けられなかったことにつき、Ｘに帰責事由があると言うことはできない。

（結輪）

⑥　以上より、Ｘが本件売買契約で定められたローン特約期限の7日後である平成29年11月24日に本件解除確認書面によって行った同契約の解除は、延長された期限内に行われたローン特約に基づくものとして有効と認めるのが相当であり、Ｙが主張する本件売買契約の違約解除特約が適用される余地はない。よって、ＹはＸに対し手付金を返還すべき義務があるから、Ｘの本訴請求（手付金返還請求）は理由がある一方、Ｙの反訴請求（違約金請求）は理由がない。

○本事例を検討する際の留意点

上記判決からすれば、本事例においては、融資特約における解除の要件を満たしているか、特に解除の意思表示をする時期が当該特約上の解除期限内であるか（仮に期限を延長している場合には、期限延長の合意が有効か、解除の意思表示が有効に合意された延長期限内になされるものであるか）を確認のうえ、対応を検討することが大切です。

○本事例及び上記判決から学ぶこと

融資特約が付された売買契約において、当初想定していた金融機関からの融資がなかなか実現できず、他の銀行等から融資を得るために、融資特約に基づく解除の期限や、売買契約上の代金の支払い期限の延長が必要となることがあります。その一方で、融資が受けられなかったことにつき買主に帰責事由があるときは、買主側の債務不履行により売主が買主に違約金を請求できる旨定められていることがあります。

上記判決の事案では、当該期限の延長に係る売買当事者間の具体的なやり取りを踏まえ、当該延長の合意は有効に成立しているとして、買主側の融資特約に基づく解除が認められる一方で、買主側には当初の期間内に融資を得られなかったことにつき帰責事由はないとして、売主側の違約金請求は認められませんでした。

宅建業者及び宅建士においては、融資特約が付された売買契約につき、買主から当該期限の延長等の要請があった場合には、状況をよく確認し、売主側が了承できるのであれば明確に期限延長の合意が証明できるような書面の作成等を支援するとともに、買主側に対しても、融資条件に係る融資機関側の要請を不当に拒否することがないよう助言することなどが大切でしょう。

◆融資特約解除

買主の都合で土地建物の決済期限を延長されたので、履行遅滞による契約の解除及び違約金の支払いを求めたい。

土地建物の売主です。売買契約について、買主の都合により決済期限が3度も延長されました。買主は融資特約による契約解除を主張していますが、履行遅滞による契約解除及び約定の違約金を求めたい。　（売主　個人）

関連裁判例の紹介

本事例を検討するに当たっては、令和元年6月11日東京地裁判決が参考になります。

【上記判決の概要】

●事案の概要●

（X　売主　Y　買主　A　媒介業者）

平成30年2月、買主Y（宅建業者）は、本件土地建物について、売買契約後に第三者に買主の地位を移転させる目的で、売主X（個人）が依頼した媒介業者Aの媒介により、Xとの間で下記内容の売買契約（本契約）を締結した。

・売買代金：9,800万円、手付金：100万円
　違約金：980万円、決済期限：同月28日
・融資特約：同月27日迄に、買主が融資について承認を得られない場合、契約は自動的に解除となる。
・第三者のためにする契約の特約：Xは、土地建物の所有権をYの指定する者に対し、売買代金全額の支払いを条件として直接移転する。

本契約締結後、Yが指定する第三者が融資申込を行ったところ金融機関の承認を得られなかったことから、期限までの決済が困難となり、同月26日、Yは、Aを介してXに、決済期限の同年3月30日までの延長を依頼し、その了解を得た。

Yは、Aに、同年2月28日に契約書を修正したいことを伝え、3月4日に手書きで修正した契約書を送付して再度契約書を作成・返送するよう求めた。しかし、X及びAは本契約について新たな契約書を作成することはなかった。

同年3月28日、Yからさらに決済期限を4月16日まで延長してほしい旨の申入れがあり、Xはこれも了承した。4月9日になって、Aは、Xの同意を得た上で、本契約の残代金が4月16日までに支払われなければ、Xは本契約を解除し違約金を請求する旨の内容証明郵便を司法書士に作成してもらい、Yに送付した。

4月20日、Aは、Yとの打合せにおいて、購入希望客があり融資申込結果が来

週には決まると聞いたので、当該金融機関に確認を行ったところ、審査結果は条件付きで出ているとのことだったので、融資承認の可能性もあると考え、Ｘにその旨の連絡をして、5月末日までの決済期限延長について了承を得た。

5月17日、Ｙは決済期限の6月末までの延長を求めたが、Ａは、5月23日までに中間金を入れるか、融資承認書を提出しなければ、延長には応じられないと回答し、Ｘが本契約を債務不履行を理由に解除するとの意思表示を行った。

以上のような経緯のもと、6月8日、Ｘが、Ｙに対し、約定違約金880万円を求める訴訟（本訴）を提起し、これに対しＹが、手付金100万円の返還を求める反訴を提起したのが本事案である。

●相手方（Ｙ）の言い分●

Ｘの本訴請求に対しＹは、本契約は融資特約により、2月27日に自動解除されているなどと主張している。

●裁判所の判断●

裁判所は概ね次のように判示し、Ｘの本訴請求を認容し、Ｙの反訴請求を棄却しました。

（融資特約による解除）

① 本契約については、決済期限を3月30日とする契約書は改めて作成されなかったが、ＹとＸとの間において、決済期限を2月28日から3月30日に延長することについて合意があったと認めるのが相当であり、2月27日が経過した時点でも、本契約は、融資特約による当然解除がなされないまま、決済期限が延長されたとみるのが相当である。

② Ｙは、2月27日の経過をもって、融資不成立により本契約は自動解除され、その後本件土地建物の売買契約は締結されていないと主張するが、ＹのＸに対する融資特約による契約解除の通知はなく、2月28日以降も、Ｙは、決済期限以外は本契約が継続していることを前提に行動していること等から、Ｙの主張は採用できない。

（決済期限の延長と融資解除特約の効力）

③ 融資特約は、買主が金融機関から融資の承諾が得られなかった場合に、買主がペナルティを支払うことなく契約を解除できるとする特約であり、売主にとって不利益な特約であることは明らかである。そうすると、本件のように買主の都合により決済期限が延長された場合には、改めて、売主から融資特約の期限延長の明確な合意があったといえるときでなければ、融資特約は効力を失うとみるのが相当である。

④ これを本件についてみれば、Ｘは、決済期限の延長は合意しているものの、融資特約の期限の延長については特に承諾を与えているとはいえないし、Ｙ及

びAが融資特約の延期を前提にした行動をとっていたと認めることもできない。

⑤ したがって、本契約の融資特約は、決済期限が2月28日から3月30日に延期された際に、その効力を失ったと解するのが相当である。

（結論）

⑥ 本契約は、融資特約による自動解除ではなく、Yの履行遅滞を理由にXにより解除されたものであるから、Xの本訴請求については理由がある一方、Yの反訴請求については理由がない。

○本事例を検討する際の留意点

上記判決からすれば、本事例においては、決済期限の延長の合意が有効になされたか、当該延長合意とあわせ、あるいは別に、融資特約に基づく解除の期限の延長合意が有効になされたかなどを確認のうえ、対応を検討することが大切です。

○本事例及び上記判決から学ぶこと

金融機関からの融資に基づき売買代金等を用意するケースでは、売買契約には、代金の支払い期限（決済期限）とともに、融資特約が結ばれることが一般的です。

ただし、この決済期限の合意と融資特約は、別の合意事項であることから、決済期限の延長が合意されたとしても、特段の取り決め（決済期限の延長があれば融資特約の期限も延長される旨の特約等）がない限り、融資特約の期限がそれと連動して当然に延長されるわけではありません。

宅建業者及び宅建士としては、融資の状況を確認し、融資が得られなかったときは融資特約に基づき対応をすることを基本としつつ、当事者の要請によって支払期限の延長等をする場合には、融資特約の取扱いについてもあわせて検討をし、合意形成を図ることが大切です。

◆融資特約解除

不動産購入のため融資を申し込んだが承認されなかったため、融資特約に基づいて売主に手付金の返還を求めたい。

私は、売買契約にあたって自分で手配することとしていた融資の承認が取れなかったため、融資特約により契約を解除しました。売主に支払い済みの手付金の返還を求めたい。
（買主　個人）

関連裁判例の紹介

本事例を検討するに当たっては、平成30年11月27日東京地裁判決が参考になります。

【上記判決の概要】

●事案の概要●

（X　買主　Y　売主業者　A　不動産流通業者　B　A社担当者）

平成26年6月、日本に永住権を有しない買主Xは、不動産購入のため、不動産流通業者Aの担当者Bと会い、Xが日本語を理解できないため、媒介契約は締結しないものの、以後はBが通訳兼連絡窓口としてXの不動産取引に関与することを合意した。

同月21日、Xは、売主Yに対し新築マンション3住戸（本件建物）の購入申込をし、ベトナムでの売買契約締結を希望した。

同月23日、Bは、Yからの依頼で、Xに対し、契約締結前に手付金相当額を振り込む必要があり、同金銭は、契約締結時に手付金として扱われ、締結前は預かり金とされる旨説明した。

同月25日、Xは、Yに対し売買代金合計額の10%（1,280万円）の手付金相当額を支払った。その後、ベトナムでの契約締結は不可能となったことから、BはXに、契約締結前のため契約申込をキャンセルして手付金の返還を求めることができる旨説明したが、Xは契約締結を希望し、日本で契約手続をすることを了承した。

同年7月7日、契約締結に先立ち、Yは、重要事項説明書、購入資金に関する確認書、手付金等の保証証書及び契約書を日本語で説明して読み上げ、Bが、Xにその内容を中国語に通訳した。Xは、重要事項の説明を受けた後、重要事項説明書を受領した旨の記載欄に署名押印をし、書面で本件建物の購入申込みをした。また、Xは、買主自身が手配する提携外融資が実行できずに契約解除となる場合、「融資利用の特例」は適用されないことなどが記載された書面にも、内容を確認した旨署名押印をした。

さらにXは、売買契約書に署名押印をしたが、Xの署名押印欄の真上には手付金が契約締結日の支払いとされることが、契約書19条には「融資利用の特例」として、提携融資の申込額が否認されたときは、買主は契約を解除でき、支払済み金員を買主に返還する旨が記載されていた。

平成28年11月、Xが予定した融資が否認され、その後にBが紹介した銀行でも融資を受けられなかった。

そこで、平成29年3月、Xは、Yに対し、融資利用の特例（融資特約）による契約の解除と、手付金1,280万円の返還を求める書面を送付した。

これに対しYは、同年4月、Yからの残代金支払い催告に対しXが応じないとして、1,280万円は違約金として受領することをXに通知した。

以上のような経緯のもと、Xが、Yに対し、主位的に、売買契約の約定（本件融資特約による解除）に基づく手付金返還又は売買契約の錯誤無効に基づく不当利得返還を、予備的に、売買契約に関する債務不履行による損害賠償を求めて訴訟を提起したのが本事案である。なおXは、融資特約で融資機関をYの提携銀行に限定することは外国人を不当に差別するものであって憲法14条に違反するとともに、消費者に多大な不利益を与えるものとして消費者契約法により無効であるなどとも主張している。

●相手方（Y）の言い分●

これに対しYは、提携外銀行を利用しようとする場合には融資特約が適用されないことはXも確認しており、そのうえで提携融資を利用しなかった以上、融資特約は適用されないなどとも主張している。

●裁判所の判断●

裁判所は概ね次のように判示して、Xの請求を全て棄却しました。

（融資利用特約の解釈・適用の可否）

① 本件売買契約における融資特約は、買主が決済日までに売買代金を支払えなければ契約違反となり違約金を支払う義務を負うという原則に対する特例として、買主が申し込んだ提携融資が実行されない場合にはその義務を免除することを定めた条項であるが、このように、一定の条件を有する一部の者に利益をもたらす特例が、当該条件を有さない者に適用されないことをもって、直ちに信義則に反して買主を害しているとか、不合理ないし不当な差別であるなどと評価できないのは明らかであり、消費者契約法や憲法14条に違反すると評価すべき事情は認められない。

② また、日本国籍又は永住権を有する者でも、提携融資を利用しない場合には契約書19条の適用はないことから、永住権を有しない外国人の場合のみ契約書19条の「提携融資」を「一般の金融機関ローン融資」と読み替えなければなら

ない合理的理由はなく、Xの主張は理由がない。

（錯誤無効の成否）

③　契約締結に際し、Yが日本語で説明し、Bがその内容をXに中国語で通訳してXに交付した書面には、提携外融資には融資特約は適用されないこと等の記載があり、Xはそれらを確認した旨の署名押印が認められる。よってYは、Bを介して、本件契約には融資特約の適用がないことを説明したものと認められる一方で、ローンが通らなければ手付金は戻るとの説明があったとの事実は認められず、Xの意思表示に錯誤があったと言うことはできない。

（Yの債務不履行の有無）

④　Xは、Y加盟の協会の契約書式には金融機関を限定しないローン特約が定められていることから、Yは、Xには金融機関を限定しない融資利用の特約を付すべき義務があるとも主張する。しかしYは、同契約書式に従って金融機関を限定しない融資利用特約を付す義務を負うものとはいえず、また、Yが融資機関を提携銀行に限定したのは、売主が融資手続の状況を把握しやすい提携融資に対象を限定し、安定した売買手続きの実現を図るという趣旨に基づくものと解され、このような取扱いは不合理とは言えない。よって、Xの主張は採用できない。

⑤　また、宅建業法35条の趣旨に照らし、Yには、中国語の重要事項説明書を交付すべき義務があるとのXの主張や、他国での契約締結の機会を失わせたとするXの主張も採用できない。

（結論）

⑥　以上から、Xの請求はいずれも理由がない。

○本事例を検討する際の留意点

上記判決からすれば、本事例においては、融資特約の内容を踏まえ、特約が適用される要件に該当しているかを確認のうえ、対応を検討することが大切です。

○本事例及び上記判決から学ぶこと

融資特約については、融資を得るべき金融機関を、例えば売主である事業者の提携金融機関に限定するような内容とするケースがあります。したがって、宅建業者及び宅建士としては、当事者が金融機関や商品につき特定のものに限定する意思があるのであれば、当事者間で調整のうえ、その内容を融資特約中に明記し、融資特約による解除がなしうるケースに疑義が生じないようにすることが大切です。

なお、上記判決の事案では、当事者の一方が永住資格を持たない外国人であったことから、利用金融機関を限定した融資特約は憲法14条に違反する、外国語での重要事項説明等がないことは宅建業法違反であるなどとも主張されましたが、いずれの主張も認められませんでした。宅建業者及び宅建士としては、この判決が述べるように、依頼者の使用する言語で重要事項説明等をするまでの義務はありませんが、通訳ができる者を当事者側で用意してもらうなどして、依頼者が契約内容等をしっかりと理解できる体制を備えて契約手続きを進めるよう配慮すべきでしょう。また、契約条件等は、国籍等に関係なくすべての当事者に適用されるものであることも念のため確認しておくことが大切です。

◆融資特約解除

住宅ローンの正式な承認が得られず融資特約に基づき、契約解除をしたので売主に手付金の返還を求めたい。

不動産購入に係る住宅ローンについて、契約前の事前審査では承認が得られたものの、契約後の本申込において、契約書に定める融資承認取得期日までに金融機関から承認が得られなかったため、融資特約に基づく売買契約の解除を申し出ました。売主に手付金の返還を求めたい。（買主　個人）

関連裁判例の紹介

本事例を検討するに当たっては、平成31年1月9日東京地裁判決が参考になります。

【上記判決の概要】

●事案の概要●

（X　買主　Y　売主　A　銀行）

買主Ｘと売主Ｙは、平成30年1月21日、都内所在の建売住宅（本件住宅）につき、売買代金7,380万円、手付金300万円とする売買契約（本件売買契約）を締結した。

本件売買契約では、申込先をＡ銀行、融資金額を7,380万円とする融資の利用が予定され、融資承認取得期日を平成30年2月19日、契約解除期日を同年2月21日とし、「融資承認取得期日までに、融資の全部または一部の金額につき承認が得られないとき、または否認されたとき、買主は、売主に対し、契約解除期日までであれば、本契約を解除することができます。」などとする融資特約が付されていた。

Ｘは、本件売買契約の締結に先立つ1月15日、Ｙを通してＡ銀行宛て「ローン仮審査申込書」等を送付するなどして融資の事前審査を申し込んだところ、Ａ銀行は、2月2日付けで融資の事前審査を承認し、Ｙの担当者は、同日、Ｘに対してその旨を連絡した。

ところが、同月19日になってＸは、融資承認取得期日までにＡ銀行の承認が得られなかったとして、Ｙに対し電子メールで、本件融資特約に基づき本件売買契約を解除する旨の意思表示をし、翌20日には、上記電子メールと同内容の通知書をＹに送付した。さらに電子メールで手付金を返還するよう請求したが、Ｙはこれに応じなかった。

そこでＸが、Ｙに対し、交付済みの手付金300万円の返還を求める訴訟を提起したのが本事案である。

●相手方（Y）の言い分●

これに対しYは、正式審査の承認が得られない特段の事情が存在しないXにおいては、事前審査の承認を得たことにより実質的に融資の承認を得たというべきであるから、本件融資特約の「承認が得られないとき」には該当しない、Xが速やかに融資の申込手続をしていなかったのであるから本件融資特約に基づく解除は認められないなどと主張している。

●裁判所の判断●

裁判所は概ね次のように判示し、Xの請求を認容しました。

（本件融資特約の要件の充足性）

① Xは、融資の事前審査の承認を得たものの、融資承認取得期日である2月19日までに正式審査の承認を得られなかったのであるから、本件融資特約の「承認が得られないとき」に該当する。そして、Xによる本件売買契約の解除は、契約解除期日である2月21日までになされているから、本件融資特約の要件を満たしているものと認められる。

② また、XがA銀行宛てに提出した「ローン仮審査申込書」やA銀行作成の「手続きのご案内」と題する書面の記載内容、XがA銀行の代理業者から、正式審査のために住民票や納税証明書等の追加書類の提出や面談を求められていたことなどからすれば、本件融資手続きでは、事前審査の承認後に改めて正式審査の手続が行われ、正式審査において、提出された追加書類の内容や面談の結果を踏まえ、承認又は不承認の判断がなされるものと認められる。

③ そうすると、Xに正式審査の承認が得られない特段の事情が存在しなかったとしても、融資機関による正式な承認がない限り、Xが融資を受けられないことは明らかといえる。

④ また、本件融資特約は、その文言上、Xの解除権の行使につき、契約解除期日までとの期限を定めるほかは何らの制限を設けていない。したがって、本件融資特約は、速やかな融資の申込手続がなされていることを解除の要件としているものとみることはできないから、上記Yの主張は採用できない。

（結論）

⑤ よって、Xの請求は理由がある。

○本事例を検討する際の留意点

上記判決からすれば、本事例においては、融資特約の文言等から、事前審査で承認が得られていたことが当該特約の適用に支障が生じるものとなっていないかなどを確認のうえ、対応を検討することが大切です。

○本事例及び上記判決から学ぶこと

不動産の売買では、買主が売買代金の確保のために金融機関から融資を受けることを前提とする場合に、当該融資がなされなかったときは契約を解除することができるとする融資特約を結ぶことが一般的です。

そして、この融資特約では、解除の期限が定められるとともに、融資を受ける金融機関が限定されたり、買主側において何らかの手続き等をすることが条件とされることがあります。

上記判決の事案では、売主から融資特約の適用に際し必要な手続きの不備等が主張されましたが、裁判所は、融資特約の文言等から、そのような手続き上の瑕疵はないとして当該特約の適用を認めました。

宅建業者及び宅建士においては、融資特約を定めるに当たっては、当事者双方に当該特約の適用条件等をしっかりと確認し、文言上疑義が生じないようにしておくことが大切です。

◆融資特約助言なし

住宅ローンを利用することを知りながら、融資特約を設定・助言しなかった媒介業者に対して損害賠償を求めたい。

中古マンションの購入について依頼をした媒介業者は、私が住宅ローン（フラット35）を使うことを知りながら、契約書に融資特約を設定せず、助言もしてくれなかったので、媒介契約の債務不履行による損害賠償を求めたい。

（買主　個人）

関連裁判例の紹介

本事例を検討するに当たっては、平成30年11月13日東京地裁判決が参考になります。

【上記判決の概要】

●事案の概要●

（X　買主　Y　媒介業者　A　売主）

買主Xは、住み替えのため、平成28年11月、媒介業者Yの媒介により、売主Aとの間で旧耐震基準の中古マンション（本件マンション）を3,450万円で購入する売買契約（本件売買契約）を締結し、Aに手付金180万円を支払い、Yに約定媒介報酬の半額53万円余を支払った。

また、本件売買契約の締結に先立ち、Xは、Yから提示された売買契約書案には融資特約が付されていなかったため、融資特約を設定するよう要望したが、これについてAが、金融機関の事前審査の承認を得てから契約して欲しいと反対したことから、融資特約は設定されないままに売買契約が成立した。

本件売買契約成立後、本件マンションは旧耐震基準の建物であり、フラット35の耐震評価基準を満たしていないことが判明した。

そのためXは、B銀行のフラット35の融資を受けることができないこととなったが、C銀行からは通常のローンにて2,300万円の融資承認が得られた。

しかし、本物件の購入意思がなくなったXは、Aに錯誤無効により本件売買契約を解除する旨の意思表示を行い、その後、調停により、Aとの間で、手付金180万円のうち、解決金として25万円をAがXに支払う旨の和解が成立した。

そのうえでXが、Yに対し、Yには、

ア　Xの資金計画を誤認し、Xの明示的な指示に反して、XとAとの間の売買契約に適切な融資特約を設定しなかったこと

イ　Xがフラット35の融資を利用する予定であることを知りながら、フラット35の適合性の事前審査を取り次いだり、フラット35の融資を受けられなかった場

合に売買契約を解除できる旨の融資特約を設定するように助言しなかったこと
ウ　融資の承認が得られた時点で売買契約を締結したいというAの意向をXに報告しなかったこと
などの義務違反があると主張して、媒介契約の債務不履行による損害賠償として、208万円余（XがAに支払った手付金180万円から調停によりAから返還された25万円を控除した155万円と、XがYに支払った媒介報酬53万円余の合計額）の支払を求める訴訟を提起したのが本事案である。

●相手方（Y）の言い分●

これに対しYは、Xからはフラット35を使うことは聞いていなかったなどと主張している。

●裁判所の判断●

裁判所は概ね次のように判示し、Xの請求を棄却しました。

（Xが主張する融資特約の内容）

①　上記アのXが主張する「融資特約」とは、XはYから買取保証を受けていたこと、C銀行から融資承認を受けていたことなどからすると、「フラット35を利用した融資を受けなければ、本件売買契約を解除できる」という内容の特約であるものと解される。

（フラット35を利用した融資を受ける必要性の伝達の有無）

②　Xは、Yから本件マンションがフラット35の耐震基準を満たさず不適合であるとの通知を受けた後も、C銀行から2,300万円の融資の承認が得られたとして、売買契約の残金の支払を履行する意向を示したところである。また、本件マンションは旧耐震基準の建物であることは重要事項説明書に記載されていたところ、売買契約締結前にフラット35を利用する場合に問題となり得る耐震性等までが話題となった事実は見当たらない。そうすると、XがYに対し、売買契約締結前に、売買代金の調達のためにフラット35を利用することを伝えていたとは認められない。

（フラット35に関する融資特約の設定・助言義務違反の有無、フラット35の事前審査に関する助言・取次義務違反の有無）

③　以上のように、XはYにフラット35を利用することを伝えていたとは認められないため、Xから融資特約を付加するように要望があったとしても、Yには、フラット35の融資を受けられなければ解除できる旨の融資特約を設定したり、助言したりする義務があったとは認められない。

④　また、同様の理由から、Yには本件マンションの適合証明を得られるかどうかなどを、本件売買契約締結前に照会するようXに助言したり、事前審査の取次を行ったりすべき義務も認めることはできない。

（Aの意向をXに報告する義務違反の有無）

⑤　Xが融資を受ける予定であることを知りながら、結局は、Xが融資の承認を得たことを確認せずに本件売買契約を締結したことからすれば、Aの真意は、「売主の地位を不安定にする融資特約を入れたくない」ということであって、「金融機関の事前審査の承認を得てからでないと契約を締結したくない」というものではなかったものと解するのが相当である。

　したがって、Yは、媒介業者として、Aが融資特約を設定することに反対しているということを伝えれば足りるというべきである。

（結論）

⑥　以上から、Xの請求はいずれも理由がない。

○本事例を検討する際の留意点

　上記判決からすれば、本事例においては、特定の融資機関の融資を前提に売買をし、当該融資以外は想定していないことなどが媒介業者に伝えられていたのかなどを確認のうえ、対応を検討することが大切です。

○本事例及び上記判決から学ぶこと

　金融機関からの融資に基づき売買代金等を用意するケースでは、売買契約には融資特約が付されることがあります。この融資特約は、当該融資が特定の金融機関等からのものに限定されるときには、当該特定の金融機関等からの融資の承認がなかったときは、その時点で解除できることを内容としますが、特に融資機関に限定がないときは、複数の融資機関に申込をしても融資がなされなかったときに、解除できるものとする内容となります。

　上記判決の事案では、買主はフラット35の利用のみを想定していたと主張していますが、その点が媒介業者に伝えられていないことなどを踏まえ、媒介業者には「フラット35を利用した融資が受けられなければ契約を解除できる」との内容の融資特約を付したり、フラット35の融資手続きに協力する義務などはないと判断されました。

　宅建業者及び宅建士においては、金融機関からの融資を前提とする売買契約に関与する場合には、融資の商品等に限定があるときはその点をしっかりと確認して融資特約の内容を検討するとともに、融資手続きに協力する場合にはその範囲や程度についても媒介契約において明確に合意しておくことが大切でしょう。

◆契約解除

予想外のコスト増加による契約解除は、白紙解除を認める特約上の「建物が建築できない場合」に当たると主張する売主に対して、違約金の支払いを求めたい。

私は、売主業者が土地を取得し建築したマンションを一括して購入する契約をしましたが、予想外の建築コストがかかることが判明したとして、売主業者は私に白紙解除を通告し、土地を第三者に転売しました。売主業者の責めに帰すべき事由により履行不能になったのだから、約定の違約金の支払を売主業者に請求したい。

（買主　法人）

関連裁判例の紹介

本事例を検討するに当たっては、平成31年1月23日東京地裁判決が参考になります。

【上記判決の概要】

●事案の概要●

（X　買主（法人）　Y　売主業者）

売主Yは、本件土地（151.41㎡）を第三者から購入のうえ、地上12階建て、総戸数19戸のマンション（本件建物）を建築し、買主Xに一括売却するプロジェクト（本件事業）をAから持ち掛けられ、平成24年3月16日、XとYは、以下の要旨で本件土地建物を売買する本件協定を締結した。

[協定要旨]

①XとYは、本件建物に係る建築確認の取得（平成24年6月末予定）が成就次第、速やかに本件協定に基づき売買契約を締結する。

②万一、本件建物が建築できない場合、当然に本協定は失効し、本件協定に基づく売買契約は白紙解除とする。（本件解除条項）

③本件協定は、土地売買契約と不可分一体であり、万一、同契約が解除となった場合は、本協定を無条件で解除することができる。

また、同日付で、本件土地を代金1億8,000万円、違約金を売買代金の20％とし、下記特約を付した本件売買契約を締結した。

[土地売買契約書特記事項]

本件契約は別紙協定書と不可分一体契約につき、万一、その契約が解除になった場合は、本契約を無条件にて解除することができる。

本件協定では、Xによる本件土地建物の総買取り金額は3億3,000万円とされていて、Yは、本件事業は、建築費用を低減させることができれば利益が増大する一方、建築費用が増加すれば利益は減少するという性質のものであり、本件事業がうまくいかなくても本件土地を転売すれば損失を最小限に抑えることができると判断していたところである。

平成24年4月、Yは、第三者から本件プロジェクト用地を購入したが、本件協定①の期限である同年6月末、更にはXとの間で同期限を合意延長した12月末に至っても、建築確認を取得しなかった。

平成25年8月、Yは、Xに対して、建築費高騰などにより建物が建築できないとして、本件土地売買契約及び本件協定を本件解除条項により白紙解除する旨を通知し、平成27年9月、本件土地を第三者に売却した。

以上のような経緯のもと、XがYに対し、Yの責めに帰すべき事由により本件売買契約が履行不能になったと主張して、売買契約に定めていた3,600万円の違約金（土地売買代金の20%）の支払を求める訴訟を提起したのが本事案である。

●相手方（Y）の言い分●

これに対しYは、アースアンカーの設置や東日本大震災以降の建築費の高騰により建築費見込み額が約7,000万円も増加したことは、本件建物を一般的な建築方法及び合理的な建築費用で建築することができないということであり、このことは本件解除条項の「万一、本件建物が建築できない場合」に該当する旨主張している。

●裁判所の判断●

裁判所は概ね次のように判示し、Xの請求を認容しました。

（土地売買契約が本件解除条項によって失効したか）

① Yは、本件事業への参画の検討自体は平成23年末から行っており、アースアンカーの必要性や建築費の高騰についてはその期間に検討可能であるうえ、本件事業のリスクも一定程度検討した上で本件事業に参画したものと認められる。

② 不動産業者間において、一方当事者の努力により利益が増えることもあれば減ることもあるという形態の事業について、その者にとって採算が合わなくなったという理由で当然に解除できるという取扱いは、通常の商取引で想定される契約とはいい難く、仮にそのような取扱いをするのであればその旨を明確に定めるべきである。

この点、本件解除条項の文言では、一方当事者にとって採算が合わなくなったというような主観的経済的な事情についても解除を認めるものと解するのは困難である。

（本件違約金の請求が信義則に反するか）

③　Ｙは、Ｘに損害が生じたとしても、比較的軽微なものにとどまるのに対し、Ｘが請求する違約金が本件土地の売買価格の20％に相当する過大なものであり、Ｙが本件土地の売却に取り掛かってから約2年間異議を述べていないことなどからも、その請求は信義則に反すると主張する。しかし、損害賠償額の予定がされたときは、損害の有無又は多少を問わず、合意した違約金の支払義務が発生すると解され、仮にＸに生じた損害額が軽微なものだったとしても、それによって約定の違約金額を請求することが信義則に反するというものではない。また、売買代金の20％というのは通常の不動産取引における違約金割合と同一と解される上、本件土地売買契約は不動産業者間で締結されていることを踏まえると、違約金の割合が過大であるとも言えないところである。

④　なお、Ｙは、ＸがＡを使ってＹを本件事業に引き込んだとか、Ｙからの白紙解約申出を受け容れたとか、本件解除条項の文言解釈やアースアンカーの必要性についての説明を怠っていたなどとして、Ｘにも過失があると主張するが、証拠上そのような事実があったと認めることも、そのような説明義務があったと認めることもできない。

（結論）

⑤　よって、Ｘの請求は理由がある。

○本事例を検討する際の留意点

上記判決からすれば、本事例においては、売買契約を白紙解除できる旨の特約が明確になされているか、建築コストの予想外の増加が当該特約の要件に該当するかを確認のうえ、対応を検討することが大切です。

○本事例及び上記判決から学ぶこと

土地の売買契約は、当該土地上に大規模な建物（マンション等）を建築し分譲するなどのプロジェクト・事業の一環としてなされることがあります。そのような事業においては、社会経済情勢の変動等に伴い途中で事業内容が変更され、それに伴い個々の取引にも変更が生じる可能性があることから、事業に関係する者の間で協定を結び、その中で事業に関連する取引について様々な取り決めがなされ、かつ、その内容に応じて個々の契約においても特約がなされることがあります。

宅建業者及び宅建士においては、当該事業の全体像も把握しながら、個々の売買契約等における特約内容を検討するとともに、事業の変更等があった場合には、当該特約で定めた取扱いに則した対応をする必要があるか、当該特約に定める要件等を十分に確認することが大切でしょう。

◆契約解除

購入した土地が接する私道について、自分宛の通行掘削使用承諾書取得ができないため売買契約の解除を求めたい。

私が購入した土地の前面私道について、私道所有者から交付された「私道通行掘削承諾書」が前の所有者宛てであったため、新たに私宛の承諾書を請求しましたが、交付されないため、売買契約の解除を求めたい。　（買主　法人）

関連裁判例の紹介

本事例を検討するに当たっては、平成30年12月20日東京地裁判決が参考になります。

【上記判決の概要】

●事案の概要●

（X　買主　Y　売主　A、B　私道所有者　C　前所有者）

平成28年10月、買主Xは、売主Yとの間で、本件土地について代金9,170万円で売買契約（本件売買契約）を締結した。

本件土地から公道に至るためには、隣接する私道を通行しなければならず、また、公道の地下に埋設されているガス管及び上下水道管を本件土地内に引き込むためには、その私道を掘削してその地下にガス管等を敷設しなければならないため、本件売買契約には、「売主は、本物件引渡し時に『私道通行掘削承諾書』の原本を買主に交付するものとします。」という特約（本件特約）があった。

その私道は、A及びBの共有（持分は2分の1ずつ）であり、A及びBは、本件土地の前所有者であったCに宛てた「私道通行掘削承諾書」と題する書面を作成していた。Yは、本件売買契約締結に先立ち、そのC宛ての承諾書を取得し、平成28年11月、Xに対し交付した。

その後、平成29年7月3日になって突然Xは、Yに対し、本件特約に基づくX宛ての「私道通行掘削承諾書」の交付を受けていないとして、同月10日までに私道所有者から通行及び掘削の承諾を受けた上で、「私道通行掘削承諾書」を交付するよう求めるとともに、同日までに交付されなかったときは本件売買契約を解除する旨の意思表示をした。

しかしYからは、期限までに当該書面が交付されなかったため、平成29年7月11日、Xが、本件売買契約を解除し、Yに対して、売買代金9,170万円の返還と売買代金の1割相当の違約金917万円の支払いを求める訴訟を提起したのが本事案である。

●相手方（Y）の言い分●

これに対しYは、本件特約にいう「私道通行掘削承諾書」とはC宛て承諾書を意味するものであって、C宛て承諾書についてはYからXに交付済みであり、Yには本件売買契約上、それとは別に、Xら宛て承諾書を取得した上でこれをXに交付する義務はないなどと主張している。

●裁判所の判断●

裁判所は概ね次のとおり判示し、Xの請求を棄却しました。

（本件特約に基づく義務の内容について）

① 本件特約において、YがXに対して交付する義務を負う「私道通行掘削承諾書」の原本は、Yが本件売買契約締結に先立って取得していたC宛て承諾書の表題が「私道通行掘削承諾書」であり、重要事項説明の際も付属書類として添付していたことからすれば、C宛て承諾書であったと解するほかないというべきである。そして、本件特約は、Yに対して「私道通行掘削承諾書」すなわちC宛て承諾書の交付を義務付けるだけであり、Yをして、X宛て承諾書を私道所有者から取得することを義務付ける文言はない。

よって、本件特約に基づくYの義務は、既に取得したC宛て承諾書をXに交付することに尽きるものと解するべきであり、Yが本件特約に基づき、私道所有者から改めてX宛て承諾書を取得した上でこれを交付する義務を負っていたということはできない。

② たしかに、C宛て承諾書の文言は、私道所有者が、私道の無償通行やガス管等の引き込みのための掘削等をCがすることについて承諾する内容となっており、Cから本件土地の譲渡を受けた者が通行や掘削等の行為をすることについても承諾するという内容にはなっていないから、Xは、C宛て承諾書を受けてもこれを根拠に通行や掘削等の行為をすることができないことになる。しかし、本件売買契約締結当時、Yの担当者Dは、C宛て承諾書は、Yが本件土地をCから買い受ける際に、私道所有者宅を訪問したところ、私道所有者が、新たに本件土地の所有者となるYが通行・掘削等の行為をすることにつき消極的な言動は一切見せず、かえって協力的な姿勢を見せていたことからすれば、本件土地の譲渡を受けた者が通行、掘削等の行為をすることについても私道所有者が承諾するという内容であると認識しており、また、Xの担当者も同様の認識であったことが認められる。

したがって、本件特約に基づくYの義務は、既に取得していたC宛て承諾書をXに交付することに尽きるものである。

（本件特約以外の根拠について）

③ 本件特約以外の根拠により、私道所有者からX宛て承諾書を取得してXに交付する義務を負っていたと解すべきことを基礎付ける事実は、本件全証拠に

よっても認められない。

（結論）

④　以上から、Ｙが負担していた義務は、既に取得していたＣ宛て承諾書を本件特約に基づいてＸに交付するというものであり、Ｙは同義務を履行済みであるから、本件解除は無効である。よって、本件解除が有効であることを前提とするＸの請求は、いずれも理由がない。

○本事例を検討する際の留意点

上記判決からすれば、本事例においては、売買契約の特約等において交付を義務付けていた「私道通行掘削承諾書」が、相談者宛てのものであると特定されていたのか、前所有者宛てのものでは売買契約の効力に影響が生じるものなのかなどを確認のうえ、対応を検討することが大切です。

○本事例及び上記判決から学ぶこと

土地等に隣接する他人が所有する私道を通行し、またはライフライン等の引き込み等のために掘削等を行うためには、そのための地役権があらかじめ設定されていない限り、当該所有者の承諾が必要となります。

そして、この私道の使用の承諾は、承諾をした者と承諾を受けた者の間の債権債務関係に過ぎませんから、承諾を受けた者の所有権が移転した場合、新たに所有者となった者は、当然には当該承諾に基づき通行等をすることはできないことになります。

上記判決の事案では、特約上の文言が承諾の名宛人を特定していないこと、私道の所有者は本件土地の譲渡を受けた者に対しても通行等を承諾しているとの認識であったものと認められることを踏まえ、売主には前所有者宛ての承諾書の交付で義務は尽くされていると判断されました。

ただし、宅建業者及び宅建士としては、買主が土地建物の利用に支障が生じないよう、隣地や私道の使用等に関する承諾を確実に得ておくことが大切でしょう。

◆合意書の解釈

修繕についての合意書の精算条項によって、瑕疵担保責任による損害賠償の請求をしたい。

建物を購入後漏水が発生しました。漏水の原因が一部特定されないまま売主と合意書を締結し補修工事を実施した後に、真の原因が判明しました。売主は合意書の精算条項によって瑕疵担保責任による損害賠償債務は精算済としていますが、売主にその工事費用を追加請求したい。 （買主　個人）

関連裁判例の紹介

本事例を検討するに当たっては、令和2年10月2日東京地裁判決が参考になります。

【上記判決の概要】

●事案の概要●

（X　買主　Y　売主業者　A　工事業者）

平成28年10月25日、Ｘは、Ｙとの間で、築30年の3階建アパート（本件建物）を現況有姿条件にて1億300万円で購入契約し、同月31日に引渡しを受けた。

Ｘは、売買契約締結後、本件建物の外壁や屋上等に無数の損傷があり、建物全体に雨漏りが生じている状態であることを知り、Ｙとの間で、Ｙ側で修繕工事を発注し、実施することを口頭で合意した。

Ｙが依頼したＡの見積り額400万円の内、200万円をＸが負担するとの条件で平成29年8月に工事が着工されたが、Ｘは、工事内容の不満から負担分の支払いを拒否し、その後の協議により25万円のみをＸが負担することで合意した。

平成29年12月から翌年3月にかけて、1階のテナント部分を一時使用の目的で展示販売業者に賃貸したが、漏水が発生し、同販売業者の商品を濡らす事故が発生した。

平成30年4月頃、保育園事業者から同じ1階テナント部分の賃貸の申込みがあったため、Ｘは改めて調査会社に依頼し、原因を含めた詳細な調査を実施したところ、本件建物にはクラック、コーキング劣化が生じており、屋上防水や基礎防水に問題があり、漏水によって建物内部にも損傷が生じていることが判明した。また、調査では1階の居室（100号室）床下に汚水や汚泥がたまっていることも確認されたが、この時点では、その原因は特定されなかった。

平成30年7月3日、ＸとＹは、漏水等の修繕についての合意書を締結した後、Ｙが工事業者から取得した見積りに基づき、Ｘが工事を発注した。合意書の内容は以下のとおりである（Ｘの要望により下線部が変更された）。

頭書：下記表示の不動産に係る別紙見積書記載の修繕内容に対する工事（本件工事）に関し、以下のとおり合意した。
※下線部分の当初案は「の大規模改修工事」
第3条1項：XはYの費用負担（950万円）を承諾するものとする。
同条2項：X及びYは本件工事について互いに債権債務はないことを確認し、本件工事については、今後一切、Yに金銭を請求しないものとする。（精算条項）
※当初案に下線部分を追加。

その後、保育園事業者が開園に向けて内装工事等に着手したところ、1階テナント部分の床下にも汚水・汚物が溜まっていることが判明したため、再度の調査の結果、100号室床下の排水管の掃除口に本来付いているはずの蓋が付いていないという不具合（本件瑕疵）が原因であることが特定され、Xは、本件瑕疵の修繕のため183万円を支出した。

以上のような経緯のもと、Xが、本件瑕疵と合意書で対象としている瑕疵は、原因を全く異にする別個のものであり、合意書中の精算条項は適用されないと主張し、瑕疵担保責任に基づき、工事費用と弁護士費用計201万円の支払いを求める訴訟を提起したのが本事案である。

●相手方（Y）の言い分●

これに対しYは、合意書の精算条項によって瑕疵担保責任による損害賠償債務は精算済である旨主張している。

●裁判所の判断●

裁判所は概ね次のように判示し、Xの請求を棄却しました。

（本件瑕疵による損害賠償債務が本件合意書により清算済みであるか否か）

① Xは、合意書の「本件工事」の内容が、当初文案から変更され、見積書記載の工事に限定されているから、免責対象も当該見積書記載の工事に限定される旨主張する。しかし、Xの修正案を受け入れたのは、Yとしても、どの工事のために950万円もの金員を支払うか不明瞭であり、工事内容を特定しておくことは当事者双方にとって望ましいとの配慮からのものと推認される。しかも、X自らが工事を発注して見積書記載の改修工事を行い、それに応じた金銭の支払を受ける以上、当該工事について、XがYに対してそれ以上の請求をしないこと（Yが免責されること）は当然のことであって、あえて精算条項を置く意味はない。

② したがって、合意書案の修正は、工事内容を特定する以上の意味はなく、当該修正が精算条項にそのまま連動し、精算の対象である「本件工事」の意味内

容（Ｙの免責の範囲）も見積書記載の工事に限定する趣旨であると解することはできない。

③　ただしＹも、合意書締結後、異なる階や部屋で全く別の問題が発生した場合は別途瑕疵担保責任を負うとの意向を示していることから、当事者間の債権債務を無限定に精算する趣旨であると解することもできない。

④　そこで、精算条項が「本件工事について」と限定を付した趣旨を検討すると、漏水の現象が現れていた100号室床下の汚水・汚泥の問題は、原因が何であれ、合意書により解決するというのが当事者双方の意向であったと考えるのが自然であることや、漏水の原因を除去しなければ表面的な修繕をしても漏水が再現し、あえて精算条項を定めた趣旨が失われかねないことを考慮すると、精算条項の対象となる「本件工事」とは、「漏水の原因が判明している箇所の漏水を止めること」及び「漏水被害箇所の修繕」にとどまらず、「現に漏水が確認されている箇所については、原因がどうであれ、この工事をもって解決する」との趣旨を含むものであって、原因が不明であった100号室の床下に漏水をもたらす原因に係る修繕も含めて精算する趣旨であったと解するのが相当である。

⑤　したがって、本件瑕疵による損害賠償債務は、精算条項により既に精算済みであると認められる。

（結論）

⑥　よって、Ｘの請求には理由がない。

○本事例を検討する際の留意点

上記判決からすれば、本事例においては、補修工事に係る合意書の内容、特に精算条項の趣旨等を前後の文脈や合意形成時の状況等に基づき確認のうえ、対応を検討することが大切です。

○本事例及び上記判決から学ぶこと

売買契約の締結後、売買の目的物に瑕疵等が見つかったとき、当事者間の合意により費用を負担しあって修繕を実施する旨の取決めがなされることがあります。そしてその取決めにおいては、対象とされた瑕疵等に関し、当該取決めにしたがった処理がなされれば今後一切の債権債務は生じないこととする「精算条項」を定めることが一般的です。

上記裁判の事案では、当該合意書中の精算条項中の文言（「本件工事については」）の意味内容が争われました。

宅建業者及び宅建士においては、売買契約において目的物に係る修繕等の合意をする場合には、精算条項を含め、合意内容につき誤解が生じたり、当事者間で解釈に相違が生じないよう、合意書等の文言には十分注意をしつつ、しっかりと手続きを進めることが大切です。

◆解体撤去特約

土地上の建物・工作物等を売主が撤去して土地を引き渡す売買において、建物工作物等一切を解体撤去する旨の特約があるのにしなかった売主に、損害賠償を求めたい。

私は、一定の時期までに土地上の旧建物、工作物及び立木等の一切を解体・撤去等する旨の特約を付した土地の売買契約をしたのですが、引き渡された土地に塀の基礎、ガラ等の残置があり、植栽のため土の入換えが必要なことから、売主に損害賠償の請求をしたい。

（買主　個人）

関連裁判例の紹介

本事例を検討するに当たっては、令和2年11月26日東京地裁判決が参考になります。

【上記判決の概要】

●事案の概要●

（X　買主　Y　売主（個人）　A　南側隣地所有者　B　Yが解体撤去を依頼した工事業者）

平成28年8月、住宅建築を目的とするXは、Yとの間で、本件土地について、下記本件特約を付した売買契約（代金2,980万円、手付金100万円）を締結した。

（本件特約）
Yは、本件土地の所有権移転登記の時期までに、旧建物、工作物及び立木等の一切を解体・撤去し、旧建物の滅失登記を完了しなければならない。

なお、本件土地上には、建物のほか、北側及び東側の境界に塀が設置され、南側隣地との境界先には、隣地所有者Aの塀が設置されていた。

同年10月31日の決済日を迎えたところ、Yが旧建物の解体はしたが、北側塀、東側塀の解体撤去はまだ行っていなかったことから、YがXに対し、本件土地上に存する建物、工作物、立木等の解体、撤去と整地を、Yの責任と負担において同年11月4日までに終わらせる旨の確約書を交付した上で、XとYは売買代金の決済を行った。

しかし、Yが解体作業を依頼したBは、同年12月7日までに、北側塀は撤去したが、東側塀は、基礎部分のうち隣家の排水設備に接する部分（東側残置基礎部分）について、排水管を破損する恐れがあるとして撤去をしなかった。

Xは、住宅建築中に、A所有の南側塀の基礎部分が、深さ20cmの地中で本件土地側に越境していることが判明したので、Aと交渉し、「南側塀及び基礎を撤去して、新たに境界線上に塀を設置すること。南側塀及び基礎の解体費用は、75%をAが、25%をXが負担すること。」で合意した。

平成29年3月、Xは住宅の建築業者に、Yが実施しなかった東側残置基礎部分の撤去、A所有の南側塀及び基礎部分の撤去、ガラ等の撤去、庭部分の土の入替え、整地等を依頼し、89万円余を支払った。

以上のような経緯のもと、XがYに対し、これらの費用はYの債務不履行により発生したとして、当該費用に慰謝料55万円を加えた計144万円の支払を求める訴訟を提起したのが本事案である。

●相手方（Y）の言い分●

これに対しYは、本件特約に基づく解体撤去債務として、旧建物を解体し、それによって生じたガラを撤去する債務を負っていたことは認めるが、旧建物の解体以外によって生じたガラを撤去すること及び本件土地を整地することは本件解体撤去債務に含まれておらず、また、解体撤去債務に含まれる範囲の各塀の解体撤去はすべて履行したなどと主張している。

●裁判所の判断●

裁判所は概ね次のように判示し、Xの請求を一部認容しました。

（本件特約の趣旨について）

① 本件特約の目的は、Xが本件土地上に新たな建物や工作物を自由に建築できる状態にすることにあり、Yは、本件土地上への新たな建物や工作物の建設に支障が生じない程度に、旧建物、工作物及び立木等を解体し、これらの解体によって生じたガラを撤去する債務を負担していたものと解するのが、当事者の合理的意思に沿うものといえる。

（東側残置基礎部分について）

② 境界付近に設置された塀の基礎部分の一部が地中に残っていれば、新たな塀を設置する際に支障が生じることは明らかであり、Yは、東側塀を基礎部分含めて全て解体撤去する債務を負っていたというべきである。Yは、当該部分の撤去は、隣地の排水設備を毀損するおそれがあり技術的に不可能などと主張するが、X依頼の工事業者はこれを行っていることから、Yの主張は採用できない。

（南側塀の基礎部分について）

③ 南側塀の基礎部分については、本件売買契約締結時においてその存在が認識されていなかったこと、A所有の南側塀と密着し一体化している状態だったことなどから、本件売買契約締結に当たり、南側塀の基礎部分をYの費用負担で解体撤去することを予定していたと認められず、Yの債務に含まれないものと認めるのが、X及びYの合理的意思に沿うものと言うべきである。

（整地・土の入替え費用について）

④　整地については、Ｙがどの程度の作業を行う必要があったのか判然としないところであるが、旧建物の基礎部分解体等によって本件土地上に生じた凹凸を均す作業をすることは、上記債務に当然に含まれるものと考えられる。これに対し、Ｘが植栽をするための庭部分の土の入替えについては、本件土地上への新たな建物や工作物の建設に支障がない状態とすることを超えて、Ｘの希望に合わせて本件土地に改良を加えるものであるから、Ｙがこれを実施する債務を負うものとは認められない。

（ガラの撤去について）

⑤　Ｘが提出した各写真によっても、撤去工事費用の費目をみても、建物の新築に当たり支障を生じさせ、撤去費用を別途要するようなガラが本件土地中に放置されていたものとは認められない。

（慰謝料について）

⑥　本件は、債務不履行に基づく損害賠償請求の事案であるところ、慰謝料請求を認めるべき特段の事情があるとは認められない。

（結論）

⑦　以上により、東側残置基礎部分の撤去とそれにより生じたガラの処分費用29万円余に限り、Ｘの請求は理由がある。

○本事例を検討する際の留意点

上記判決からすれば、本事例においては、土地上の旧建物や工作物等を撤去するとした特約の規定の文言や、特約をするに至った経緯を踏まえて、その規定における撤去対象に塀の基礎やガラ等が含まれると解釈できるか、植栽のための土の入替も含まれると解釈できるか（あるいは契約の他の条項で土の入替を売主の義務としたものと解されるか）を確認のうえ、対応を検討することが大切です。

○本事例及び上記判決から学ぶこと

土地の売買においては、売主側で取引の対象となる土地上に存在している建物や工作物等を解体撤去して買主に引き渡すことを契約の内容とすることがあります。

本事例や上記判決の事案では、このような売主側がなすべき解体撤去の範囲が問題となりました。裁判所は、基本的には特約で定められた内容を、個別具体の取引の目的等を踏まえた当事者の合理的意思に基づき解釈して、それぞれの建物等に係る撤去義務の有無を判断したところです。

宅建業者及び宅建士においては、土地上の建物や工作物等の撤去を売買契約上の特約として定める場合には、可能な限り明確に撤去の対象物を明記するとともに、取引の目的、買主側の土地の利用の在り方なども明記して、撤去対象について当事者間で争いとならないよう配慮することが大切でしょう。

◆契約不成立

売買契約は成立していないので、売主は申込証拠金を返還して欲しい。

土地建物の売買のため売主からの申入れにより申込証拠金200万円を預けました。その後に物件を内覧したところ、建物には水道がなく、老朽化が進み、改修に過大な金額が必要であると分かり、物件の購入を断念することとしました。その旨を売主に伝え、申込証拠金の返還を求めましたが、応じてくれません。まだ売買契約も締結していないので、速やかに申込証拠金を返還して欲しい。

（買主　法人）

関連裁判例の紹介

本事例を検討するに当たっては、令和2年6月23日東京地裁判決が参考になります。

【上記判決の概要】

●事案の概要●

（X　買主　Y　売主業者）

平成30年1月9日、本件土地建物の売買について、買主X（法人）は、売主Y（宅建業者）に対し、購入価格として5,000万円を提示したところ、Yは、商談を開始するために200万円を預託するようXに申し入れた。

同月10日、Xは、預託金200万円を交付し、Yから下記内容の「商談申込書・預り証書」を受領した。

＜商談申込書の概要＞

Xは次の条件で買受けを希望し、申込証拠金200万円を添えて本書を差し入れる。

・売買価格：5,000万円

・売買条件、その他の条件：別途協議

・申込証拠金取扱：成約の場合は売買代金の一部に充当、成約に至らない場合は全額無利息にて返還する。

・有効期限：2018年1月25日まで

＜預り証書の概要＞

金200万円本件不動産の商談申込証拠金としてお預りいたしました

・売買交渉金額：5,000万円

・交渉が成立の場合：売買代金の一部に充当し、その返還はない

・交渉が不成立の場合：申込証拠金は無利息にて速やかに返還

同年7月13日、XがYに商談の前提として本件建物の内覧を申入れ、Yはこれを了承した。

同年8月14日、Xが内覧を行ったところ、本件建物には水道が引かれていないこと、配管の経年劣化が著しく全て交換が必要な状況であることを知り、本件建物の改修に過大な金額が必要と判断して、その翌週、Yに買取りの断念を申入れ、申込証拠金200万円の返還を求めた。

しかし、Yは、200万円は手付金として受領したなどとしてその返還を拒否し、また平成30年9月5日には返金拒絶の通知書をXに送付したため、Xは、申込証拠金の返還を求める訴訟を提起したのが本事案である。

●相手方（Y）の言い分●

これに対しYは、「商談申込書・預り証書」の授受により、平成30年1月10日に（遅くとも同月25日の経過をもって）売買契約は成立しており、200万円はその手付金として受領した旨主張している。

●裁判所の判断●

裁判所は概ね次のように判示し、Xの請求を認容しました。

① Yは平成30年1月10日に、または遅くとも商談申込書記載の有効期限である同月25日の経過をもって、本件土地建物の売買契約が成立し、200万円は売買契約の手付金として授受されたと主張する。

② しかしながら、X及びYの交渉経緯や「商談申込書及び預り証書」の記載内容によれば、これらはXとYの間に成立した申込証拠金預託契約の内容を反映したものと言うことができ、この認定を覆すに足りる事情は見当たらない。

③ 以上に加えて、不動産の売買契約では、取引対象の重要性に加え、売買代金も往々にして多額になることなどに照らし、代金支払時期や方法、権利移転の時期や危険負担など契約条件についての当事者間の合意内容を明確にすべき要請が高いことから、契約書を作成するのが通常であって、本件において敢えてこれを省く合理的な理由は見当たらない。また、Yは宅建業者であるところ、Yが売買契約成立を主張する時期に、Xに宅建業法37条1項所定の書面や、同法35条6項、1項所定の重要事項説明書を交付した形跡がない。さらに、YがXに平成30年9月5日付けで200万円の返金を拒絶しているところ、その通知書においては、その理由について、「同年1月末までに本契約を締結するとの約束であり、そのために借地権者や道路所有者などと話合いをしてきたにもかかわらず、Xの態度がはっきりしないまま半年以上が経過したため、放置するわけにもいかず、商談申込証拠金は不動産媒介代金の一部内金として受領した」などと記載されており、売買契約が成立したことを前提に200万円を手付金として受領した旨の記載はない。以上の点などに照らすと、XとYの間で本件土地建

物を対象とする売買契約が成立したと認めることはできない。
④　したがって、200万円は申込証拠金に当たり、Yはこれを Xに返還すべきであるから、Xの請求は理由がある。

○本事例を検討する際の留意点

上記判決からすれば、本事例においては、返還を求める金銭が「手付金」なのか「申込証拠金」なのか、一連の手続きの中で手付契約が成立していると評価できる状況があったのかなどを確認のうえ、対応を検討することが大切です。

○本事例及び上記判決から学ぶこと

手付契約は、契約が成立したことを証する目的で（証約手付)、または解除権を留保する目的で（解約手付)、手付金の授受がなされる契約です。

一方、いわゆる申込証拠金とは、契約はいまだ成立しておらず、契約の申し込みをしたことの証拠とする目的で、または当該目的物につき排他的に契約条件等を交渉する権利を取得する目的で、売買の申込者から交付される金銭をいいます。

したがって、手付金であるか申込証拠金であるかは、一連の過程において、当該金員の授受が、契約の成立以降（同時でもよい）か否かが重要となり、上記判決の事案では、売買契約書が作成されていないことや、当事者間でやりとりされた通知書の内容などから、いまだ売買契約は成立していないとして、当該金員を申込証拠金と評価して、その返還が認められました。

そして、宅建業者は、契約成立前に授受された申込証拠金は、その後の契約の成立如何にかかわらず、拠出者に返還しなければならないとされているところです。

したがって、宅建業者及び宅建士においては、契約成立前に授受された申込証拠金は必ず拠出者に返還しなければならないこと、契約成立以後に手付金を授受する場合には、それが手付金であること及びその取扱い（証約手付か解約手付か）などを契約書中に明記すべきことに注意する必要があります。

◆クーリングオフ

物件の引渡しは受け、売買代金の支払いが一部未了ですが、クーリングオフの説明を受けていないので、契約解除を求めたい。

私は、売主業者と土地売買契約及び建物請負契約を融資銀行において締結し、その後土地の所有権移転登記を受けましたが、売買代金の一部は未払いです。私は、売主業者から、クーリングオフの説明を受けていないので、土地売買契約の解除、履行不能による建物請負契約の解除、並びに既払い代金の返還の請求をしたい。
（買主　個人）

関連裁判例の紹介

本事例を検討するに当たっては、令和2年11月20日東京地裁判決が参考になります。

【上記判決の概要】

●事案の概要●

（X　買主　Y　売主業者　A　銀行）

平成28年8月28日、ＸとＹは、融資銀行であるＡ銀行において、本件土地につき代金1億9,220万円（手付金：1,000万円、中間金：同月31日まで1,680万円、残代金：同月31日まで1億6,540万円。）とする土地売買契約（本件売買契約）と、請負金額を7,260万円とする賃貸用建物建築の請負契約（請負金額：7,260万円。本件請負契約）を締結した。

同月31日、Ｘは、Ａの融資を受け、Ｙに対し本件土地の代金として1億6,540万円を支払い、Ｙは、本件土地について所有権移転登記手続きを行った。同年11月22日、ＸはＡの融資を受け、Ｙに本件請負契約の代金の一部として2,420万円を支払った。

Ｘより本件各契約に関する相談を受けた弁護士は、Ｘが売買契約書及び重要事項説明書の交付を受けていないとしたことから、Ｙ・Ａ銀行らにその写しを請求したところ、ＸにＹを紹介したＢより当該書類を入手した。

そして、売買契約書における売買代金1億9,220万円に対し、ＸはＡから融資を受けた1億6,540万円しかＹに支払っていなかったことから、ＸはＹに対し、平成29年11月、クーリングオフによる本件売買契約解除の通知を行ったうえで、本件売買契約をクーリングオフにより解除したとして既払いの売買代金1億6,540万円と、履行不能に基づき本件請負契約を解除したとして既払いの請負代金2,420万円の返還をＸに求める訴訟を提起したのが本事案である。

●相手方（Y）の言い分●

これに対しYは、本件売買契約については、Xは本件土地の引渡しを受けていること、XとYは、平成28年8月31日までに、本件売買契約の代金を1億9,220万円から1億6,540万円に変更する値引き合意をしており、Xは変更後の代金全額を支払っていることから、クーリングオフによる本件土地売買契約の解除はできないと主張している。さらに、本件請負契約については、Xの錯誤無効又は履行不能の主張は本件売買契約につきクーリングオフがされたことが前提となるところ、クーリングオフは認められないから、Xの主張は認められないと主張している。

●裁判所の判断●

裁判所は概ね次のように判示し、Xの請求を認容しました。

（土地売買契約の解除について）

① Yは、Xは本件土地の引渡しを受けており、また、XとYは平成28年8月31日までに、本件売買代金値引きの合意をし、変更後の代金全額は支払われているから、Xはクーリングオフにより契約解除をすることはできないと主張する。

② しかし、売買契約を締結して3日という短期間のうちに、代金額の約14%に相当する2,680万円の大幅な値引きをしたとは考え難いこと、XとYが値引き合意をしたことを示す書類等は証拠として提出されておらず、Yは、値引きが行われた経緯や交渉状況等について具体的な主張立証をしていないことなどからすれば、本件売買契約の代金につき値引きが行われ、Xが代金全額を支払ったと認めることはできない。

③ 本件売買契約は、Yの事務所等以外の場所において締結されたものと認めることができる。また、本件売買契約に際し、Yから本件売買契約の申込みの撤回等を行うことができる旨及びその方法について告げられたことを認めるに足りる証拠はない。

③ したがって、Xは、Yに対し、宅建業法37条の2第1項（クーリングオフ）に基づき、本件売買契約の解除をすることができ、本件売買契約は、クーリングオフによる解除通知によって解除されたというべきである。

（本件請負契約の契約解除について）

④ 上記のとおり、本件売買契約は解除されたというべきところ、本件請負契約は、本件土地上に建物を建築することを内容とするものであって、Xが本件土地を所有していることを前提とするものであるから、本件売買契約が解除されたことに伴い、本件請負契約におけるYの債務は、履行不能となったというべきである。

⑥ したがって、Xは、Yに対し、履行不能に基づき、本件請負契約を解除する

ことができ、本件請負契約は、Xの解除の意思表示によって解除されたというべきである。

（結論）

⑦　以上によれば、Xの請求は理由がある。

○本事例を検討する際の留意点

上記判決からすれば、本事例においては、宅建業者からどのような説明がなされたか、クーリングオフに係る説明がなかったと言えるのか、有効な代金減額の合意が存在し、その減額後の代金の全部が支払われたと評価される可能性はないかなどを確認のうえ、対応を検討することが大切です。

○本事例及び上記判決から学ぶこと

宅建業法では、宅建業者が自ら売主となる宅地・建物の売買契約について、宅建業者の事務所以外で買主が売買の申し込みをし、または契約を締結した場合には、買主は、書面により申込の撤回または契約の解除をすることができるとされています（クーリングオフ）。ただし、クーリングオフの説明を受けてから8日を経過した場合や、申込者が宅地・建物の引渡しを受け、代金の全額を支払った後は、クーリングオフをすることはできません（宅建業法37条の2第1項）。

宅建業者及び宅建士においては、宅建業者が自ら売主となるケースで、その事務所以外で売買契約をするときには、8日以内であれば申込の撤回等を行うことができる旨及びその申込の撤回等の方法について、書面を交付して説明しなければならず（宅建業法施行規則16条の6）、クーリングオフがなされたときは、速やかに契約の申込み等の際に受領した手付金その他の金銭を返還しなければならない（宅建業法37条の2第3項）ことに注意する必要があります。

◆契約締結の見送り

売買契約締結を一方的に見送ることにした売主に対して支払った費用の負担を求めたい。

売買契約締結に向けた交渉中に、その契約が締結されることを前提に費用を支出しましたが、その後に相手方が契約締結を拒否したことは信義則上の義務違反にあたるので、売主の転居先として用意した賃貸住宅の賃料相当額の支払いを求めたい。

（買主　個人）

関連裁判例の紹介

本事例を検討するに当たっては、令和2年2月18日東京地裁判決が参考になります。

【上記判決の概要】

●事案の概要●

（X　買主　Y　売主）

平成27年2月、Yは、遠縁の親戚にあたるXからの借入金について、自身が所有する東京都内の借地権付建物（自宅・本物件）を売却して返済に充てることをXに伝え、XとYらは、本物件内の清掃等に着手した。そのさなかの同年5月頃、YはXに、本物件に住み続けたいので第三者には売却したくないとの意向を示したことから、XはYに対し、本物件をX自身が1,500万円で購入することを提案した。

そしてXは、自らが所有する本物件隣接の借地権付建物と本物件を取壊し、一体で建替えることを計画し、建築業者に有償の地盤調査や建築プラン作成を依頼する等した。また、XはYに対して、建替え後の建物の一部をYに賃貸する用意があること、建替え工事中は、Xが所有する賃貸中の戸建住宅（本件賃貸建物）の賃借人に立退いてもらい、これをYに月額5万円で賃貸することを提案した。

同年8月、XとYは本物件の敷地（本件土地）の所有者と面談し、本物件をYがXに売却することを報告したが、その翌月末頃、YはXに本物件の売却を拒否する申出をした。

そこで同年12月、XはYに対して、同年10月に本件賃貸建物の賃借人を退去させたことによる空室損、地盤調査費用等31万円余の支払を求めて提訴（別訴）したところ、平成28年1月にXの請求を棄却する判決が言渡され、Xの異議申立の後、同年3月に両者の間で和解が成立した。

そして、同年9月、XはYに対して、別訴を提起した日以降の本件賃貸建物の空室損及びその改装費用の支払いを求める訴訟を提起したのが本事案である。

●相手方（Y）の言い分●

これに対しYは、別訴の和解条項には「Xはその余の請求を放棄する。」旨の条項があり、本訴訟は別訴の既判力により排斥される、または本訴訟の提起は信義則に反すると主張するとともに、Yは確定的な意思表示をしておらず、敷地所有者の同意も得られていない中、Xが独断で準備を進めたものであり、Yには契約締結準備段階における信義則上の注意義務違反はなかったと主張している。

●裁判所の判断●

裁判所は概ね次のように判示し、Xの請求を棄却しました。

（別訴の和解の効力について）

① Yは、本訴訟は実質的には紛争の不当な蒸し返しであって、信義則に反すると主張するが、別訴の請求と本訴の請求は内容を異にするから、本訴訟の請求が別訴の既判力によって当然に排斥されることにはならない。

② また、別訴の和解にある「Xはその余の請求を放棄する。」というのは、あくまで別訴の請求内容に関するものであり、本訴訟の請求内容は別訴の提起後に生じたものであるから、本訴は、紛争の不当な蒸し返しとは言えず、信義則に反するものでもない。

（Yの注意義務違反の存否）

③ Xは、Yに本物件を1,500万円で購入する提案をし、費用を支出して地盤調査を行って建築プランを作成し、工事期間中のYの居住先確保のために本件賃貸建物の賃借人を立退かせる等の売買契約締結に向けての準備を進め、Yも特段これに異議を述べなかったことが認められる。

しかしながらXとYは、売買契約の締結時期、代金の決済時期、決済方法、所有権移転登記手続の時期等の売買契約の具体的な内容について協議をした形跡は認められないうえ、これらの準備が進められた後の平成27年8月になって、本件土地の所有者と面談し、本物件の売却を報告したというのであるから、その時点では、YからXに本件土地の賃借権を譲渡することにつき、その所有者の承諾を得られるか否かすら確定しない状況であったといえる。

④ そうすると、上記面談の前に、Xが本物件の売買契約締結に向けて種々の準備を行っていたとしても、いずれも本件土地の賃借権の譲渡につき所有者の承諾を得られるものと仮定して準備を行っていたにすぎず、Xに対し、本物件の売買契約が確実に成立するとの期待を抱かせるに足りるほど、契約締結のための準備が成熟していたということはできない。

また、上記の面談の後も、XとYとの間において、本件建物の売買契約の締結に向けた協議が特段進展したことをうかがわせる事情は認められず、それから1か月程度が経過した平成27年9月末頃の時点においても、本物件の売買契約が確実に成立するとの期待をXに抱かせる状況に至っていなかったのであるから、Yが同時点において本物件を売却することを拒否したとしても、契約準備段階における信義則上の注意義務に違反するということはできない。

（結論）

⑤　よって、Xの請求は理由がない。

○本事例を検討する際の留意点

上記判決からすれば、本事例においては、一連の手続きにおける当事者間のやりとりなどを確認し、契約が確実に成立するとの期待を抱かせるに足りるほど、契約締結のための準備作業が進展（成熟）したと評価できるかを確認のうえ、対応を検討することが大切です。

○本事例及び上記判決から学ぶこと

売買契約がいまだ成立していなくても、契約締結交渉が相当進んだ段階で一方的に契約を破棄する行為に対しては、「契約締結上の過失」として、契約を破棄した一方当事者が、他方に対し、信義則上の損害賠償責任を負う場合があります。

ただしこの契約締結上の過失が認められるためには、契約締結交渉が相当進み、相手方が契約が締結できる旨の高度の期待が生じ、かつ、そのような期待が生じても無理がないほど交渉が進展・成熟していることが必要です。

上記判決の事案では、一連の手続きにおける当事者間のやり取りなどを精査し、いまだ契約締結を確かなものとして期待しうるほど成熟していないとして、契約締結上の過失の成立を否定しました。

宅建業者及び宅建士においては、契約がいまだ成立していなくとも、当事者の一方による契約の破棄は、信義則上の損害賠償の問題が生じうることを踏まえ、交渉過程における当事者の希望等に適切に対応していくことが大切です。

◆違約解除

埋設管を撤去しなかったとして決済に応じなかった買主業者に違約解除を求めたい。

土地の売主ですが、売買契約後に当該土地において隣接地からの地中埋設管の越境等が判明したため、埋設管の除去工事を行うこととなりました。工事の完了後に、買主から売買契約の白紙撤回の申出があり、結局、決済日に決済ができませんでした。買主の債務不履行があったので契約に基づき買主に約定の違約金、延滞損害金の支払いを求めたい。　（売主　個人）

関連裁判例の紹介

本事例を検討するに当たっては、平成30年3月13日東京地裁判決が参考になります。

【上記判決の概要】

●事案の概要●

（X　売主　Y　買主）

平成28年3月、売主Xと買主Yは、X所有の本件土地建物について、媒介業者の媒介により以下の内容の売買契約を締結した。

- ・売買代金：1億5,100万円
- ・手付金：100万円
- ・引渡日：平成28年7月29日
- ・違約金：売買代金の10%

Xは、契約締結の際、Yに対し、本件土地には第三者の配管埋設及び敷地内残存物等はないと説明した。

平成28年6月頃、本件土地の西側隣地上建物の屋根等の越境が発覚したため、XとYは、同年7月28日に、越境が解消するまで引渡日を延期することとし、引渡し日を同年9月30日に変更した。西側隣地所有者は、同年8月頃、建物について工事を行い、屋根等の越境は解消されたが、同年9月に新たに西側隣地の電線の越境が発覚したため、XとYは、再度、引渡日を同年12月19日に変更した。

その後、西側隣地所有者は、同年11月に電線の越境を解消し、あわせてXは、本件土地の南東側に存する雨水枡の一部の本件土地への越境についても、弁を縮小するなどの工事を行い解消した。

さらに、この頃、東側隣地から本件土地の地中に埋設管が越境していることが発覚し、Xは、Yに埋設管を除去する工事を行うなどと報告したうえで、行政から埋設管は使用していない旨の確認を得たとして、同年12月6日、行政から指導された工法に従い、本件土地の地中の埋設管を解体して、土嚢を詰め、雨水枡の南側をコンクリートで固めた。

その後、Xは、Yに、同年12月16日を決済日とする旨を通知したが、Yは、雨水枡の放流先の問題が残ったままでは不動産の引渡しを受けられない、一旦、白紙撤回するなどとXに伝えた。

Xは、同年12月16日に、不動産の決済の準備を備え、本契約に基づく履行の提供をしたが、Yは売買代金を支払わなかったので、同年12月26日、内容証明郵便にて、本契約に基づく残代金を支払うようXに催告するとともに、Yがこれを支払わなかったときは同日の経過をもって契約を解除する旨の意思表示をし、同内容証明郵便は、同月22日、Yに到達した。

その後、Xは、平成29年2月に、不動産を別の宅建業者に売却し、その旨の登記を完了した。

以上のような経緯のもと、Xが、Yに対し、債務不履行に基づき、約定の違約金及び遅延損害金の支払いを求める訴訟を提起したのが本事案である。

●相手方（Y）の言い分●

これに対しYは、本件土地の現状は、豪雨などによりオーバーフローの可能性が極めて高く、宅地として転売が予定される土地として通常有すべき性状を備えていないことなどから、Xは債務の本旨に従った履行の提供をしていないなどと主張している。

●裁判所の判断●

裁判所は概ね次のとおり判示し、Xの請求を認容しました。

① XとYは、契約締結後、両者間の合意に基づき引渡日を2度にわたり変更し、その間に、西側隣地上建物、上空の電線、雨水枡の越境がそれぞれ解消されたこと、Xが、埋設管を解体して土嚢を詰めるなどの工事を行い、越境を解消したこと、XはYに対し、平成28年12月に本件不動産の引渡し準備を整えて履行の提供をしたことが認められる。

② Yは、本件土地は豪雨などによりオーバーフローの可能性が極めて高く、宅地として転売が予定される土地として通常有すべき性状を備えていないと主張するが、そのことを認めるに足りる証拠はなく、本契約における債務の本旨は本件土地建物を現状で引渡すことにあると解されるから、Xの履行の提供が債務の本旨に従っていないとはいえない。

③ またYは、雨水枡に埋設管が再接続されており、本件土地の地中に配管が埋設された状況で履行したものであるから債務の本旨に従った履行をしていないとも主張する。たしかに行政の回答書には雨水枡がマンホールに接続されてい

る旨記載されているが、Xは、同年12月に、埋設管を解体して土嚢を詰め、雨水枡の南側をコンクリートで固めたことが認められること、Xが解体した本件埋設管を再接続する合理的な理由がうかがわれないこと、Xが本件埋設管を再接続する工事を行ったと認めるに足りる証拠はないことからすれば、Yが主張する「雨水枡への埋設管の再接続」という事実を推認することはできない。

（結論）

④ 以上から、Xの本契約の解除の意思表示は有効であり、Yは、Xとの合意に基づき違約金として売買代金の10％に相当する1,510万円の支払義務を負う。よって、Xの請求は理由がある。

○本事例を検討する際の留意点

上記判決からすれば、本事例においては、相談者側が、合意に基づいて地中埋設管の越境を解消し、売主として債務の本旨に従った履行の提供をしたと評価できるかを確認のうえ、対応を検討することが大切です。

○本事例及び上記判決から学ぶこと

売買契約は双務契約であり、当事者の一方に債務不履行があれば、その相手方は履行を催告のうえ、契約を解除することができます。ただし、双務契約である以上、原則として、自らも債務の本旨にしたがった履行（弁済）の提供をする必要があります。そして、この弁済の提供は、債務の本旨にしたがって現実になされなければなりません（民法493条）。

上記判決の事案では、越境の解消等のために引渡し日を2回延期したことなどを踏まえ、売主側において、越境の解消等の措置をしたたうえで引渡しの準備等がなされていれば、債務の本旨に従った履行の提供があったと評価されるとして、買主に対する解除を有効としたところです。

宅建業者及び宅建士においては、本事例のようなケースに直面したときは、当該売買契約における債務の本旨の内容をしっかりと把握し、債務の本旨に従った履行の提供の有無を踏まえ、解除が可能かなどを確認し当事者に助言等することが大切でしょう。

◆違約解除

高齢の売主が、土地の売買契約の期日を過ぎても引き渡しをしないので、契約を解除し、違約金の支払いを求めたい。

高齢の売主が居住する建物・土地について、売主の費用で建物を取り壊した後に土地を引き渡す売買契約を締結しましたが、引渡日を経過しても土地を引き渡さないので、売買契約を解除し、約定の違約金の支払いと手付金の返還をして欲しい。（買主　法人）

この売買契約について、売主と専属専任媒介契約を結んでいましたが、報酬の一部が未払いなのでその支払いを求めたい。（媒介業者）

関連裁判例の紹介

本事例を検討するに当たっては、令和2年1月20日大阪地裁堺支部判決が参考になります。

【上記判決の概要】

●事案の概要●

（X１　買主　X２　媒介業者　Y　売主）

買主Ｘ１（法人、建築工事・不動産業）は、Ｙ（個人、契約時82歳）が所有する土地（本件土地）を、媒介業者Ｘ２を通じて、Ｙが居住している本件土地上の建物をＹの費用で取り壊した後にＸ１に引き渡すとする売買契約（本件売買契約）を、売買代金3,330万円にて平成29年3月に締結したが、同年6月の引渡日を経過しても、Ｙが本件土地を引き渡さなかった。

そこで、Ｘ１が、Ｙは自宅を訪問したＸ２よりＸ１から預かった手付金を受領し本件売買契約の契約書に署名・押印したものであるから、本件売買契約が成立したのは明らかであるとしたうえで、本件売買契約を解除し、約定の違約金333万円の支払い及び手付金50万円の返還をＹに求めるとともに、Ｘ２が、Ｙとの間で専属専任媒介契約（本件媒介契約）を締結して本件売買契約の媒介を行ったが、媒介報酬の一部が未払いであるとしてＹにその支払いを求める訴訟を提起したのが本事案である。

●相手方（Y）の言い分●

これに対しＹは、Ｘ１との間で本件売買契約を、Ｘ２との間で本件媒介契約を、それぞれ締結した事実はなく、手付金50万円の交付を受けた事実もない、媒介契約書のＹの署名はＸ２によるものと思われる、高度のアルツハイマー型認知症に遅くとも平成29年9月時点で罹患していたＹは、本件売買契約締結当時意思無能力の状態であったから、いずれの契約も無効であるなどと主張している。

●裁判所の判断●

裁判所は概ね次のように判示して、Ｘらの請求を棄却しました。

（媒介契約の成否）

① Ｘ２は、Ｙがその意思により媒介契約書に署名・押印しており、かつ、この印影はＹの印章によるものであって、本件媒介契約が成立したことは明らかであると主張している。しかし、媒介契約書のＹ署名部分は、Ｘ２が記載したものと認められる。Ｘ２は、この点について、Ｙと話をする中でＹの面前でＹの代わりに署名したなどと供述をするが、この供述をもって、ＹがＸ２に自己に代わって署名を行うことを依頼ないし承諾したものとは認められない。

② また、Ｘ２は、媒介契約書の押印はＹ自身がした旨主張するが、その印影を他の契約関係書類の印影と対照すると一部が異なるうえ、他に媒介契約の成立を窺わせる証拠がないことからすれば、本件媒介契約が成立したと認めることはできない。

（売買契約の成否）

③ 本件売買契約は、本件媒介契約を前提として、Ｘ２の媒介により成立したものとされる。しかし上記のとおり、本件媒介契約の成立は認められないことから、本件売買契約の成立についても慎重に判断すべきである。

④ 本売買契約書の署名はＹによるものであり、売買契約は真正に成立したものと一応推定される（民事訴訟法228条4項）。しかし、本件売買契約の内容は、自宅を解体し、その敷地を売却するという生活基盤に関わる重要なものであるところ、媒介契約書記載の金額4,070万円に対し、実際の売買代金は3,330万円と2割近く減額され、Ｙがこの減額について比較的短期間に応じたのは不自然である。さらに、Ｙが建物を解体して土地を引き渡すというＹにおいて重要な事項が本件売買契約書に記載がないこと、平成29年9月当時高度のアルツハイマー型認知症に罹患していたＹは、平成29年3月の本件売買契約締結時、自己の財産を管理処分する能力は相当程度低かったと推認されること、本件売買契約書には収入印紙の貼付がなく、また、残代金支払日等の記載不備が目立つことなどからすれば、Ｙが契約書に署名する際に、本件売買契約の内容や署名することの意味を十分に確認した上で署名したものと認めることはできない。

⑤ 以上によれば、売買契約書の署名をＹがしたとしても、Ｙが、真に売買契約書記載のとおりに本件売買契約を締結する意思で署名したものと認めることはできず、上記の「真正に成立したもの」との推定は覆される。よって、Ｘ１とＹとの間で、本件売買契約が成立したと認めることはできない。

（不当利得返還請求の可否）

⑥ 上記のとおり、本件売買契約の成立は認められないことから、その成立を前

提とする手付契約の成立を認めることはできない。

⑦　なお、Ｘ１は、Ｙに50万円を交付したと主張するが、Ｘ１がＹに50万円を交付したとする領収証等の提出はなく、それを原資にＹから媒介報酬49万円の支払いを受けたとするＸ２作成の上記領収証控えも、Ｘ２がＹから支払いを受けたとする日とは異なる日付で作成されており、50万円が原資となったことを裏付けるに足りるものとはいえない。

（結論）

⑧　以上から、Ｘ１、Ｘ２の請求は、いずれも理由がない。

○本事例を検討する際の留意点

上記判決からすれば、本事例においては、媒介契約や売買契約の締結に至る過程を踏まえ、媒介業者の勧誘の状況、高齢の売主が十分な判断能力のもと、その意思に基づき媒介契約や売買契約を締結したといえるかなどを確認のうえ、対応を検討することが大切です。

○本事例及び上記判決から学ぶこと

契約の当事者に意思能力がない場合、その者がなした契約の申込みや承諾の意思表示は無効となります。また、制限行為能力者であれば、成年被後見人、被保佐人、被補助人の別に応じ、成年後見人などが代理をし、またはその同意がないときは、契約が取り消されることになります。

そして、契約書などの署名等が本人自身によるものではないときは、本人が実際の署名者に当該署名等を依頼したと言えるかが厳格に問われることになります。

上記判決の事案では、売主が高齢者であることや、契約締結に至る手続きや契約内容に不合理な点があることなどを指摘し、売主自身が適正な判断のもとで契約をしたとは言えないとして、媒介契約や売買契約の成立が否定されました。

宅建業者及び宅建士においては、当事者が高齢者であるなど、その判断能力に疑義が生じる可能性があるケースでは、契約に至る過程や契約内容につき、当事者の利益のために当事者の意思に従って行われるよう、必要に応じて当事者の関係者の同席などを求めるなどして適切に対応することが必要です。

◆違約金請求

マンション管理組合法人がマンション駐車場の売買残代金を期限が過ぎても支払わないので、違約金を請求したい。

私は分譲マンションの地下駐車場を保有している宅建業者ですが、買主である同マンション管理組合法人と地下駐車場の売買契約を締結したところ、支払期限を過ぎても理由なく残代金を支払わないので、違約金等を請求したい。

（売主　法人）

関連裁判例の紹介

本事例を検討するに当たっては、令和2年1月30日東京地裁判決が参考になります。

【上記判決の概要】

●事案の概要●

（X　売主（宅建業者）　Y　買主　管理組合法人）

平成21年3月、Xは、Yが管理する共同住宅（本件マンション）の地下駐車場部分（本件駐車場）の共有持分17分の16とP号室を、前所有者より購入した。

Xは、同年10月に、本件駐車場の区分所有権に基づいて、Yに対し、契約者以外の本件駐車場への立ち入りの禁止、契約者以外の者が事故に遭遇した場合はYの責任で解決する義務があることの確認、不法行為に基づく損害賠償請求等の支払を求める訴訟を提起したが、いずれも却下・棄却された。

Y代表者は、平成29年11月頃、本件駐車場が売りに出ていることを知り、新買主とトラブルになることを恐れ、Yにおいて本件駐車場を購入することを考えて、Yの理事2人に連絡したが、同意は得られず、理事会も開催されなかった。

Y代表者は、同年11月28日に、Xに本件駐車場の購入希望を伝えると、別の不動産業者が購入の意向を示しており、決済が12月の予定であることを知った。

そこでY代表者は、翌日の11月29日にXを訪れ、本件駐車場の売買代金を9,980万円とすることに合意し、Y代表者の個人資金100万円を手付金としてYに交付し、以下の内容の売買契約（本契約）を締結した。その際、Yは、Xから重要事項説明書の交付を受けておらず、その説明も行われなかった。

＜本契約の概要＞
- 売買代金：9,980万円（外税）、手付金：100万円、残金決済日：12月末日限り
- 手付解除期間：契約締結日から5日間
- 違約金：売買代金総額の20％

Ｙ代表者は、同年12月5日、Ｙの理事会を招集し、経緯を説明した上で本契約締結について承諾を得ようとしたが、Ｙの管理費の積立金が9,000万円前後で売買代金に満たず、また、売買契約にローン条項がないため、理事会として認められないとの指摘を受けた。

Ｙ代表者は、ローン条項について、Ｘとの間で覚書を交わそうと考え、弁護士に相談して覚書案を作成し、Ｘに相談したが、覚書の締結を断られ、その後、金融機関7行を回ったが、いずれも融資を断られた。そうしているうちに、Ｘから残代金の支払いを求める通知書が届いたため、他の理事と相談して、ＹからＸに対して、手付放棄による契約解除の通知を行った。

以上のような経緯のもと、Ｘが、Ｙに対し、売買契約において理由なく残代金支払期限を徒過したとして、違約金及び遅延損害金の支払を求める訴訟を提起したのが本事案である。

●相手方（Ｙ）の言い分●

これに対しＹは、本契約の契約書は、Ｙ代表者（理事長）が理事会や総会の決議を経ずに急きょ押印したものであり、本件契約は無権代理により無効である、Ｘは宅地建物取引業者であるから本契約の締結にあたっては高度の注意義務が課されているなどと主張している。

●裁判所の判断●

裁判所は概ね次のように判示し、Ｘの請求を棄却しました。

（本契約の有効性）

① Ｙの理事会や総会において、本契約の締結について承認決議がなされたと認めるに足りる証拠はなく、Ｙ代表者が、理事会や総会の決議を経ずに、本契約を締結していることからすれば、本契約は、権限を有しないＹ代表者により締結されたものとして、無権代理により無効である。

② Ｘは、宅建業者であるから、本契約の締結にあたっては高度の注意義務が課されているところ、本契約の締結にあたり、Ｙの理事会決議や総会決議の有無について、Ｙ代表者の発言を漫然と信じたということであれば、Ｘには過失があると言わざるを得ない。

③ したがって、Ｙ代表者が本契約を締結するについて権限があると信ずべき正当な理由がＸにあったとは認められず、表見代理は成立しない。

（手付解除の有効性）

④ 宅建業法では、宅建業者は、自らが売主となる宅地又は建物の売買契約の締結に際して手付を受領したときは、当事者の一方が契約の履行に着手するまでは、買主はその手付を放棄して契約の解除をすることができるとし（宅建業法39条2項）、この規定に反する特約で買主に不利なものは無効としている（同条

3項)。そして、Xは宅建業者であり、契約日から5日以内と限定した本契約の手付解除期限条項は、買主に不利な条項であるから無効である。Xは、5日間という期間は、Y代表者も納得していたと主張するが、宅建業法の定めは買主保護の観点から、特に宅建業者が売主の場合、手付解除期間を短くする合意があったとしてもそれを無効とする規定であるから、仮にY代表者が納得していたとしても有効となるものではない。

⑤　そして、Yは、平成29年12月28日付の内容証明郵便により、手付金100万円を放棄して本契約を解除する旨の意思表示をしているのであるから、この時点で、本契約は手付解除されたものと認めることができる。Xは、12月28日の手付放棄解除の時点で、Xが「履行の着手」をしていたとも主張するが、本契約のように制限物権のない物件の売買においては、予め制限物権を解除しておくといったような準備行為自体なしえないことから、Xの主張は採用できない。

(結論)

⑥　よって、Xの請求は理由がない。

○本事例を検討する際の留意点

上記判決からすれば、本事例においては、買主である管理組合法人において代表権限ある者（理事長等）が、法人内の手続きを踏んで契約がなされたのかなど、売買契約が有効に成立したものと認められるかを確認のうえ、対応を検討することが大切です。

○本事例及び上記判決から学ぶこと

マンションの管理組合法人の場合、総会で選任された理事が代表権を有します。理事が複数ある場合には、それぞれが代表権を有するのが原則ですが、管理規約や集会決議で複数の理事を共同代表とする旨を定めたり、理事の互選により代表すべき理事を定めるとしている場合には、規約等に基づき理事の代表権の有無が判断されることになります（区分所有法49条3項～5項)。また、管理組合法人の場合、本事例のような売買契約をする場合には、管理規約により、総会決議や理事会決議を要するとされていることが一般的です。

上記判決の事案では、宅建業者には高度の注意義務が課されるとしたうえで、管理組合法人側の契約を締結した者の代表権の存在を否定し、当該者のなした行為を無権代理行為として、売買契約を無効とされました（表見代理も認められませんでした)。

宅建業者及び宅建士においては、管理組合法人などのように、代表権の存在や、団体（法人）としての意思決定手続きが様々である団体等と売買契約等をする際には、法令や内部規範等を精査し、有効に売買契約が締結されるよう助言等することが大切です。

◆違約金請求

残代金を支払わない買主に対して、違約金の支払いを求めたい。

買主が確定測量図について過大な要求をして決済に応じなかったことから、契約を解除したうえで買主に違約金の支払いを求めたい。　（売主　個人）

関連裁判例の紹介

本事例を検討するに当たっては、令和元年8月30日名古屋高裁判決が参考になります。

【上記判決の概要】

●事案の概要●

（X　売主　Y　買主）

平成29年2月、売主Xと買主Yは、宅建業者Aの媒介により、a市内に所在する土地（本物件）について、次のような内容の売買契約（本契約）を締結した。

ア　売買金額：7,500万円
イ　手付金：375万円
ウ　違約金の額：750万円
エ　残代金支払・引渡期日：平成29年5月29日
オ　売主は、買主に対し、残代金支払日までに隣地所有者の立会を得て、資格ある者の測量により作成された本物件の確定測量図を交付する。
カ　売主が上記確定測量図を作成できなかった場合は、買主は売主に通知して、本契約を解除できる。この場合、売主は買主に受領済み金員を返還するが、買主に対する損害賠償の責めは負わない（本件特約）。

Xは、本契約締結後間もなくB調査士に本物件に係る隣地所有者からの境界確認書の取得と測量を依頼し、同年4月には、1人を除いて各隣地所有者の署名押印のある境界確認書を入手した。しかし、隣地所有者Cは境界に異議を唱えたわけではなかったが、本物件から自己所有地に越境している擁壁の処理が納得できないとして、境界確認書への署名押印を留保した。

そこでXとYは、合意により引渡期日を同年7月まで延期したが、その間にXは、Bから、①本物件は平成22年に換地処分がなされたものであること、②平成27年に本物件とC所有地について、Cの前所有者の立会を得て確定測量が行われており、a市に保管されている確定測量図と換地処分図の境界は一致していること、③所轄法務局から、Cの署名押印がある境界確認書がなくても本物件の分筆登記に支障がない旨の確認が得られたこと等を聴取した。

そこでＸは、Ｙに対してＣから境界確認書の徴求ができなくても確定測量図として支障がない旨を申入れたが、Ｙは、Ｃの署名押印が得られていない確定測量図では納得できないとして、同年8月にＡを通じてＸに本契約の白紙解約を求めた。

同年9月、ＸはＹに残代金支払いの催告と本契約の解約予告をしたところ、同年10月、ＹがＸに約定の確定測量図交付の催告と本契約の解約予告の意思表示をした。

平成29年11月、Ｘは、Ｃから境界確認書への署名押印を得られないまま、本物件を6,600万円で第三者Ｄに売却した。

以上のような経緯のもと、ＸがＹに違約金の支払いを求める訴訟（本訴）を提起し、これに対しＹがＸに手付金の返還を求める反訴を提起したのが本事案である。原審は、Ｙの反訴請求を認容し、Ｘの本訴請求を棄却したので、これを不服としたＸが控訴した。

●相手方（Ｙ）の言い分●

Ｘの主張に対し、Ｙは、本契約において、売主は、隣地所有者の立会を得て、資格ある者の測量により作成された本物件の確定測量図を買主に交付すること、その作成ができなかった場合には買主は契約を解除できること、その場合に売主は買主に受領済み金員を返還することなどが規定されており、これによれば手付金は返還されるべきであるなどと主張している。

●裁判所の判断●

裁判所は概ね次のように判示して、原審の判断を支持し、Ｘの控訴を棄却しました。

（書面による承諾を得る義務の有無）

① 境界確認書にＣから署名押印が得られなかったことに争いはないところ、Ｘは、現にその後にＤが確定測量図により分筆登記が行えていたことから、本契約上の義務は履行したと主張する。

しかし本契約の契約書では、売主であるＸは、残代金支払日までに「隣地所有者等の立会を得て」作成された確定測量図をＹに交付する旨が定められており、Ｘは、実際に隣地所有者等の立会を経て作成された確定測量図を交付する義務を負っていたものといえる。また、仮にＣが立会に応じていたとしても、買主は係る事実の有無や、立会の結果、隣地所有者が境界を承諾したか否かを自ら確認することは容易ではないため、「隣地所有者等の立会を得て」というのは、物理的に立会の機会を隣地所有者に与えれば足りるものではなく、隣地所有者から書面による承諾を得る義務を課す趣旨であると解すべきである。

（Cの立会いのもとで作成された確定測量図の交付義務の有無）

② Xは、平成27年に作成された確定測量図が存在し、分筆登記も可能であったことから、そもそもCの立会は不要であったとも主張する。

しかし当該確定測量図により分筆登記が可能であったとしても、本契約において売主であるXは、特段の留保を付すことなく義務を負うことを買主であるYに約している以上、XはYに対して、隣地所有者の立会を得て作成された確定測量図を交付する義務を負っていたと解するのが当事者の合理的意思に合致するというべきである。そして、実際にXは、本契約締結後にC以外の隣地所有者から署名押印がある境界確認書を取得し、Cからもこれを取得すべく行動していたところであり、これがないままYに残代金の請求をするようになったのは、Bの説明を受けた後になってからである。

（売買価格への影響の有無）

③ そしてYは、Xとの売買価格大きく下回る金額で本物件をDに売却しており、現隣地所有者からの境界確認書を取得できないことは、売買価格に影響する事情であると考えられる。

（結論）

④ よって、本契約は、本件特約により解除されたものと認められ、本件特約に基づきXには手付金の返還義務がある一方で、Yは違約金支払い義務を負わないことから、Xの控訴を棄却する。

○本事例を検討する際の留意点

上記判決からすれば、本事例においては、売買契約において確定測量図がどのような位置づけにあったのか、一連の手続きの中で各当事者は具体的にどのような義務を負っていたと言えるのかなどを確認のうえ、対応を検討することが大切です。

○本事例及び上記判決から学ぶこと

土地の売買において、隣地との境界の確定は、取引の対象となる土地の位置や形状、面積を明確に特定するとともに、将来的な隣地所有者とのトラブルの防止等の観点からも大切な手続きといえます。したがって、隣地との境界が不明確なときには、売買契約の条件として、売主側で境界確定のための手続きを完成させることが求められることがあります。

境界確定の方法は、個別具体の取引において異なりますが、上記判決の事案では、契約書に記載されている内容から、この境界確定の方法として、「隣地所有者の立会いを得て作成された確定測量図」が必要と認定されたところです。

宅建業者及び宅建士においては、境界が確定されているか、確定されていない場合にはどのような方法で境界確定を行うのかをしっかりと確認して売買契約書を取り交わし、当該契約にしたがった対応を進めることが大切です。

◆違約金請求

借地権売買において金融機関への融資承諾書面発行の承諾を地主から取得できなかった売主に違約金を求めたい。

借地権付建物を購入して建売事業を行う予定で、売主に事前に地主からいくつかの承諾を取得してもらうよう依頼し、契約書に特約として明記しましたが、その承諾項目の中で、金融機関への融資承諾書の発行については承諾が得られなかったので、債務不履行を理由に契約を解除し、売主に違約金の支払いを求めたい。

（買主　法人）

関連裁判例の紹介

本事例を検討するに当たっては、平成30年7月4日東京地裁判決が参考になります。

【上記判決の概要】

●事案の概要●

（X　買主　Y　売主　A　地主）

平成28年2月、買主Xは、売主Yが相続により取得した借地権付建物（本件建物）について、建物を再建築し転売する目的で、媒介業者の媒介により、以下の特約（本件特約）を付した売買契約（本契約）を締結した。

・特約条項　売主は、土地賃貸人から以下の事前承諾を得る。
①再建築の承諾
②2年以内の借地権再譲渡の承諾料の免除
③借地権の取得
④建物に対する抵当権等の登記
⑤金融機関に対する融資承諾書面の発行

同年5月19日、Yは地主Aに対し、Xとの本契約の内容を説明した上で、借地権譲渡の承諾を求めた。

同年5月20日、AはYに、土地所有者の借地権譲渡承諾書及び土地賃貸借契約証書のひな形（Aが土地を賃貸する際に通常使用しているもの）を送信するとともに、これらの書面の内容についてXから要望が出た場合には事前に相談してほしい旨連絡した。

Yは、Xの依頼により、譲渡承諾書の内容に係るX要望事項（本件特約の内容等）を検討するようAに求めたが、Aは、そのうち、再建築（①）や2年以内の借地権再譲渡の承諾料の免除（②）は了承するが、融資承諾書面の発行（⑤）

と、その書式に記載されている、「融資の際の本件土地に設定される抵当権等の抹消」及び「借地人の地代不払い等により借地契約を解除する際の銀行への連絡」については了承しない旨回答した。

同年6月22日、XはYに対し、同年6月30日に残代金の支払いを行うので、所有権移転登記、借地権の譲渡承諾書及び融資承諾の書面交付を催告したが、Yは、AがXが要望する融資承諾書面の発行に応じないとしている以上その取得は不可能であるとともに、そのような内容の書面を取得する法的義務はないと回答した。

そこでXが、Yの融資承諾書未取得等の債務不履行を理由に本契約を解除し、Yに違約金210万円の支払いを求める訴訟を提起したのが本事案である。

●相手方（Y）の言い分●

これに対しYは、本件特約は、Yに書面取得の努力義務を定めたものにすぎない、契約の一般有効要件たる具体性や特定性を欠き無効である、本件特約が法的拘束力を有するものであるならば一方的に消費者の利益を害するものであって消費者契約法10条により無効である、などと主張している。

●裁判所の判断●

裁判所は概ね次のように判示し、Xの請求を棄却しました。

（Yの債務不履行について）

① 借地権譲渡に係る地主の承諾の取得は、借地権付建物の売買契約では、売主の目的物引渡債務の履行上必須の手続であるが、融資承諾書面発行に係る地主の事前承諾の取得は、売主の同債務の履行上必要となるものではない。

また、地主が承諾しない場合の代替手段は存在せず、売主はあらかじめ当該書面を取得することを確約できないから、Yに対し、このような事前承諾を取得すべき債務を一方的に負担させるのは酷である。

② さらに、本件建物を購入したXが、その後に再建築するか否かや再建築の時期、再建築について金融機関から融資を受けるか、受けるとすればその融資の具体的内容、抵当権設定の有無等は、いずれも本契約の締結及び履行の時点では確定的なことでなく、Yにおいて、融資承諾書面の書式まで指定してAの事前承諾を取得することは必ずしも容易ではない。

③ そもそも、このような事前承諾が得られなければ、抵当権の設定が一切不可能になるものではなく、本来的にはXが、再建築や融資が具体化した時点で、Aに直接承諾を求めれば足りる事柄であるから、Yが予め事前承諾を地主から取得しておく必要性自体乏しいと言うべきである。

④ 以上によれば、XとYは、本契約において、Aから借地権譲渡承諾書を取得すべき債務をYが負担する旨合意したものであるが、それを超えて、Xが要望

した融資承諾書面の発行について事前承諾を取得すべき債務を負担することまで合意されていたものとは認められず、Xが要望した融資承諾書面の発行について、Aの事前承諾が得られるよう努力すべき債務を負っていたにとどまるものと言うべきである。

（結論）

⑤　よって、Yの債務不履行は認められず、Xの請求は理由がない。

○本事例を検討する際の留意点

上記判決からすれば、本事例においては、既に建物の再建築等が予定されていて直ちに金融機関への融資承諾を求める必要があるケースなど、相手方が土地所有者から金融機関への融資承諾書の発行を得る旨の特約が法的拘束力を有するとされる特段の事情があるのかなどを確認のうえ、対応を検討することが大切です。

○本事例及び上記判決から学ぶこと

借地権付建物の売買契約においては、土地所有者から借地権譲渡の承諾を得る必要があります。また、借地権を取得した者は、借地上の建物の建て替えをする場合には、土地所有者から、建替えそのものの承諾を得るとともに（承諾がないと借地期間の延長は認められません。借地借家法7条）、当該建築費用につき融資を得るためには金融機関から土地所有者の承諾書の提出が求められます。

上記判決の事案では、借地権付建物の売買時に、売主は、借地権譲渡承諾だけではなく、建物の再築や融資に係る承諾を土地所有者から得ることを内容とする特約を結んでいましたが、上記判決は、建物の再築承諾や融資承諾書のあらかじめの発行は、その性質上売主の努力義務にとどまると判断したところです。

宅建業者及び宅建士においては、借地権付建物の売買では、土地所有者から借地権譲渡に係る承諾を得ることは必須の手続きであることを確認するとともに、それ以外の、買主の将来の借地権に係る手続き（土地所有者からの建物の再築承諾等）については、特段の事情がない限り法的義務までは生じないことを買主にも理解してもらって、手続きを進めることが大切でしょう。

◆違約金請求

投資用マンションの売買で買主の契約違反により契約が解除されたので、違約金を支払って欲しい。

投資用マンションの売主ですが、物件の売買契約締結後に買主から契約解除の申出があり、期限までに買主が違約金を支払うことで覚書を作成しました。ところが、期日になっても違約金の支払いがありません。買主には契約書や覚書の違約条項に従って違約金と延滞損害金を支払って欲しい。

（売主　宅建業者）

関連裁判例の紹介

本事例を検討するに当たっては、平成31年1月11日東京地裁判決が参考になります。

【上記判決の概要】

●事案の概要●

（X　売主業者　Y　買主）

売主X（宅建業者）は、買主Y（会社員）との間で、平成28年9月4日、代金を2,180万円とするマンション（本物件）の売買契約（本件売買契約）を締結した。

しかしYは、同月30日になって、「貴社と契約を締結しましたが、本書面をもって解除いたします。」と記載した契約解除通知書（本件解除通知書）に署名押印してXに交付した。そしてXとYは、「売主（X）は原契約を解除する。買主（Y）は違約金として436万円を支払うこととする。支払期限は平成28年10月31日までとする」と記載した本件売買契約の解除に関する覚書（本件覚書）を取り交わした。

ところが、本件覚書に記載した違約金の支払期限が経過してもYは違約金を支払わないので、Xが、Yの契約違反により売買契約が解除されたとして、Yに対し、本件売買契約の違約金条項及び本件覚書に基づき、違約金436万円の支払を求める訴訟を提起したのが本事案である。

●相手方（Y）の言い分●

これに対してYは、本件売買契約を締結したのは、Xの担当者Aが早朝にYの社員寮に押しかけ、退去すべき意思を表示しても退去せずに契約の締結を迫ったことによるものであり、契約条項の詳細な説明もなされず、解除通知書及び覚書についても不本意ながら署名押印したものであるから、本件売買契約を、消費者契約法4条2項及び同条3項1号に基づき取り消すなどと主張している。

●裁判所の判断●

裁判所は概ね次のように判示し、Xの請求を一部認容しました。

（違約金の合意の有無）

① 本件売買契約書には、「売主または買主は相手方がこの契約に違反したときは相当の期間を定めて催告をしたうえで本契約を解除することができる」「前項の契約解除に伴う損害賠償は標記の違約金による」との契約条項があり、標記には違約金の額を売買代金の20パーセント相当額である436万円とする旨の記載がある。

② 上記の各文言は意味が明確であって、特に気付きにくいような体裁で記載されているわけではないことからすると、本件売買契約の成立によって、違約金についての合意も成立したと認めるのが相当である。

（Yの債務不履行とXの違約金請求権）

③ 本件売買契約書の規定上、買主は、速やかに融資申込手続を行わなければならず、融資が不承認の場合には、違約金の適用なく契約を解除することもできるが、買主が自己の都合で故意に融資の承認を妨げた場合には、その適用は除外されるものとされている。

④ 本件においてYは、融資の審査に必要な書類等を収集して提出しておらず、銀行との面談予定日についても、前日にメールで行けないと伝えたのみで、その後Aからの連絡に応じなくなったのであり、これらのYの行為は、買主の義務に違反するものであり、また、故意に融資の承認を妨げた場合にも該当するといわざるを得ない。

⑤ したがって、本件においては、Yの契約違反によってXが本件売買契約を解除したといえるから、Xは、Yに対し、本件売買契約書の違約金条項に基づき、違約金の支払を請求することができる。

（消費者契約法による契約の取消）

⑥ Yは、投資用のマンションをすでに3件所有しており、「事業として又は事業のために」本件売買契約の当事者となったというべきであり、消費者契約法2条1項の消費者には当たらないと解される。

また、Yが「重要事項」にあたると主張する違約金に関する定めと融資承認期限について、Aが不利益となる事実を故意に告げなかったと認めるに足りる証拠はなく、YがAに対し、退去すべき意思を表示したにもかかわらず、Aが退去しなかったとの事実を認めるに足りる証拠もない。

⑦ したがって、Yは、消費者契約法4条2項、同条3項1号に基づいて本件売買契約を取り消すことはできない。

（信義則による違約金の減額）

⑧ しかしながら、Aとその上司は、Yから面会の先延ばしを伝えられていたに

もかかわらず、契約締結日の午前7時前にＹの社員寮を訪れ、20分弱で本件売買契約書の作成と重要事項説明を行ったというのであり、このような本件売買契約締結の経緯は、買主であるＹに慎重な検討と判断をさせるための配慮を著しく欠くものであったといわざるを得ない。

⑨　また、本件売買契約においては、手付金の授受がされず、手付解除についての取決めが曖昧にされており、Ｙには契約書の写しも交付されなかったから、Ｙは、手付解除の可否について検討や交渉することを思いつくこともなく、融資申込手続を懈怠するという契約不履行に及んでしまったものといえる。

⑩　さらに、本件解除通知書が作成された2か月後に、本物件は第三者に売却できていること等から、436万円という違約金の額に比べて、Ｘに実際に生じた損害は比較的軽微なものであったと推認することができる。また、本件覚書は、ＡらがＹの社員寮に押し掛け作成させたものであり、本件覚書によってＹが436万円の違約金を支払う旨の意思表示をしたと認めることはできない。

⑪　上記の各事情を踏まえると、ＸがＹに約定の違約金全額の支払を求めることができるというのは、当事者の公平を著しく損ない、不当なものといわざるを得ず、ＸがＹに請求できる額は、信義則上、売買代金の1割に相当する218万円と認めるのが相当である。

（結論）

⑫　以上から、Ｘの請求は、218万円の支払を求める限度で理由がある。

○本事例を検討する際の留意点

上記判決からすれば、本事例においては、売買契約書や覚書により明確に違約金の合意が成立していると言えるか、当該合意における違約金発生の要件を満たしているかを確認するとともに、当該合意形成の過程などから信義則上違約金の減額などが必要とされないかなどを確認のうえ、対応を検討することが大切です。

○本事例及び上記判決から学ぶこと

契約では、一方当事者に債務不履行があった場合に、相手方は当該当事者に対し違約金の支払いを請求できる旨定めることがあります。このような違約金条項は、債務不履行に基づく損害賠償に係る賠償額の予定と推定され（民法420条）、損害賠償の予定が定められているときは、債権者は、債務不履行の事実さえ立証できれば、損害の発生や損害額を立証しないで、当該額を請求することができます。裁判所も、実際の損害額如何にかかわらず、予定賠償額の支払を命ずるのが原則ですが、損害賠償の予定の内容が公序良俗に反していたり、当該合意の形成過程等に信義則違反などが認められるときは、その額を減額することも可能です。

上記判決の事案では、売買契約締結に至る過程や覚書作成の過程における状況を踏まえ、信義則により契約で定められていた違約金の額を減額しているところです。

宅建業者及び宅建士においては、違約金条項を含め売買契約の条件等に係る合意形成の過程や、売買契約書への記名押印等の手続きにおいて、信義則に反すると評価されるような言動がないよう注意し、当事者双方が納得できる売買契約の成立に尽力することが大切です。

第5章 その他

◆デート商法

宅建業者に騙されてマンションを購入させられたので、宅建業者にその購入代金の返還などを求めたい。

いわゆるデート商法により、コンサルを受けたり、売主となっていた宅建業者から、相場よりも大幅に高い金額で複数のマンションを購入する契約をさせられました。その宅建業者に購入代金等の支払いを求めたい。（買主　個人）

関連裁判例の紹介

本事例を検討するに当たっては、令和3年7月20日東京地裁判決が参考になります。

【上記判決の概要】

●事案の概要●

（X　買主　Y　売主・コンサル業者　A　Yの従業員）

平成27年2月、買主Xは、AからSNSのメッセージを受け取って連絡を取るようになり、共に食事をしたりするようになった。その後、XはAに交際を希望する旨申入れたが、Aはこれに明確な回答をしなかった。

同年7月頃から、XはAから不動産投資の勧誘を受けるようになり、同年10月には、その求めに応じて、Aに源泉徴収票の写しを交付した。さらに翌月には、Xは、A及びAの勤務先の宅建業者Yの執行役員と面会し、両名から不動産投資の勧誘を受けた。

平成28年3月20日、XはBの媒介により、Cとの間で、自宅用として昭和63年築の中古分譲マンション（物件①）を3,280万円で購入する契約（契約①）を締結し、同年4月に引渡しを受け、これを賃貸することとした。

また、同月27日にXはBの媒介により、D社から昭和63年築の投資用マンション（物件②）を3,600万円で購入する契約（契約②）を締結し、同年5月に引渡しを受けた。

同年4月、XはYの事務所にて、Yとの間の物件①及び物件②に関する不動産コンサルティング業務委託契約書に署名押印し、その報酬としてYに200万円を支払った。

同年10月に、XとYとの間で昭和62年築の投資用マンション（物件③）を1,200万円で購入する契約（契約③）を締結し、同月に引渡しを受けた。

Xは、物件①～③（各物件）の賃料収入からローン返済等の支出を差引いた持出し金額の合計が、月額6万円余～16万円余になっていたことから、徐々に不安を覚えるようになり、平成30年2月頃、Ｙに各物件の買取りを求めたものの、これを拒否された。その後Ｘは、弁護士に相談し、同年4月にその弁護士を通じて他の宅建業者に各物件の価格査定を依頼したところ、いずれも市場価格は購入価格の50～60％程度に過ぎないとの結果が示された。

そこでＸが、再度Ｙに各物件の買取りを求めたものの、Ｙが応じなかったことから、Ｙに対し、各物件の購入価額、Ｙに支払ったコンサル報酬、購入に要した費用、慰謝料等として9,641万円余の支払いを求める訴訟を提起したのが本事案である。

●相手方（Ｙ）の言い分●

これに対しＹは、Ｘの求めに応じて相談に乗っただけで不当な勧誘はしていない、ＸとＡが知り合った当時にＡはＹの従業員ではなかったなどとして、責任はないと主張している。

●裁判所の判断●

裁判所は概ね次のように判示し、Ｘの請求を認容しました。

（Ａの不法行為の有無について）

① Ｘの各物件の購入価格の合計は、7,981万円余であるのに対し、契約①～③（各契約）から約1年半～2年後の各物件の査定価格は合計3,760万円にとどまり、各契約の売買価格は、市場価格に照らして不相当に高額なものであったと言える。また、各物件の事業収支も月額合計6万円以上のマイナスで、この状態が相当期間継続し、もしくは悪化することも見込まれる。

② またＡは、Ｘと知り合って間もなくＸに源泉徴収票の開示を求める等不動産投資の勧誘を行い、Ｘから交際を求められると明確な回答を避けつつ、不動産投資の勧誘を継続し、さらにＸが各契約についての融資を受けさせるために改ざんした源泉徴収票を金融機関に提出したことが認められる。

③ よって、Ａの上記勧誘行為は、社会通念上容認し得る限度を超え、不法行為に該当すると言うべきである。

（Ｙの使用者責任について）

④ Ｙは、契約①及び契約②について、Ｘとの間で不動産コンサルティング業務委託契約を締結してこれに基づく報酬を収受し、契約③については、自ら売主として契約を締結していることから、ＡはＹの業務執行としてこれらの勧誘を行ったことは明らかであり、Ｙは民法715条1項に基づく使用者責任を負う。

（Ｘの損害の有無及びその額について）

⑤ Ｘは、Ａの不法行為によって、各契約を締結し、売買代金として7,981万円余、Ｙに対するコンサル報酬として200万円、その他購入に要した費用等とし

て83万円余（合計8,264万円余）を支払っており、これに弁護士費用826万円余を加えた9,091万円余について、ＹはＸに対して支払い義務を負う。ただし、この金銭賠償によりＸの精神的損害は慰謝されると認められ、慰謝料請求は認められない。

なお、Ｙは、各物件の市場価格相当をＸの損害額から控除すべきとも主張するが、Ａの不法行為は反倫理的なものであり、これを控除することは相当でない。

（結論）

⑥　よって、Ｘの請求は、慰謝料請求の部分以外は理由がある。

○本事例を検討する際の留意点

上記判決からすれば、本事例においては、コンサル契約に至る経緯やマンションを購入する契約に至った経緯につき事実関係をよく確認し、それがデート商法等社会通念上容認し得る限度を超えた勧誘行為といえるかを精査のうえ、対応を検討することが大切です。

○本事例及び上記判決から学ぶこと

上記判決の事案のような勧誘行為は、デート商法などと呼ばれ、個別具体の状況によっては公序良俗に反するなどとして、当該勧誘行為によってなされた契約の効力が問題とされてきたところです。現在では、消費者契約法の中に、「消費者が、社会生活上の経験が乏しいことから、当該消費者契約の締結について勧誘を行う者に対して恋愛感情その他の好意の感情を抱き、かつ、当該勧誘を行う者も当該消費者に対して同様の感情を抱いているものと誤信していることを知りながら、これに乗じ、当該消費者契約を締結しなければ当該勧誘を行う者との関係が破綻することになる旨を告げること」によってなされた消費者契約は、取り消すことができるとする規定が設けられ（消費者契約法4条3項6号）、事業者と消費者との間の契約については法令に基づき対応がなされることになります。

宅建業者及び宅建士においては、当該勧誘の在り方は契約の効力に影響が生じるものであるとともに、宅建業者等としての信義誠実義務に違反するものとして、絶対に行ってはいけないことに注意してください。

◆明け渡し請求

購入した不動産から立ち退かない元所有者に対して明渡しを求めたい。

借入金の返済に窮していた個人売主から法人が取得した不動産につき、さらにその法人から買い受けましたが、個人売主（元所有者）がその不動産からの立退きを拒んで、居住し続けているので、元所有者に明渡しを求めたい。

（宅建業者　法人）

関連裁判例の紹介

本事例を検討するに当たっては、平成30年3月5日東京高裁判決が参考になります。

【上記判決の概要】

●事案の概要●

（X　宅建業者　Y　元所有者・居住者）

賃貸アパートを建築する資金等をA組合から借入れていた当時の所有者Y（個人）は、その借入金の返済を遅滞するようになり、その金額は687万円余に上っていた。A組合は催告の上、平成25年12月2日に貸付金全額（約3,600万円）について期限の利益を喪失させ、返済が見込まれない場合には競売申立を行う方針である旨を通知した。なお、Yは、A組合からの借入にあたり、上記賃貸アパート・自宅建物及びその敷地等の自己所有の不動産（各物件）をその担保に供していた。

Yは、知人から紹介された金融業者B社から借入れた金員を、同月26日にA組合への返済に充てた（内入充当金）ものの、A組合は既にYは期限の利益を喪失しているとして、残債務全額の返済をYに求めた。

平成26年6月、売買金額を6,000万円とする各物件の売買契約（第1契約）がYとB社との間で締結され、各物件のB社への所有権移転登記がなされた。ただし、その時点では、A組合への返済はなされず、根抵当権も抹消されなかった。

同年7月、B社とX（宅建業者）との間で、売買金額を1億500万円とする各物件の売買契約（第2契約）が締結され、翌月にXへの引渡と所有権移転登記がなされた。その際、B社は、受領した売買代金から、YのA組合からの残債を完済するのに要する金額をYに送金し（完済充当金）、その金員でA組合に対するYの債務が全額返済され、根抵当権も抹消された。

しかしその後もYが自宅等の建物から退去しないため、平成27年5月、Xが、Yに対して、自宅等の建物の明渡と賃料相当損害金の支払いを求める訴訟を提起したのが本事案である。
原審は、Xの請求を認容したので、Yが、その判決を不服として控訴した。

●相手方（Yら）の言い分●

これに対しYは、第1契約は売買金額が著しく低廉で暴利行為にあたり、公序良俗に反し無効であるなどと主張している。

●裁判所の判断●

裁判所は概ね次のように判示し、原審の判決を取消し、Xの請求を棄却しました。

（第1契約の売買価格と代金支払について）

① Xは、第1契約の売買代金が低廉であるのは、B社にYに対する内入充当金と完済充当金以外の貸付金等の債権があり、実際の価額とこれらの債権を相殺したことによるなどと主張するが、内入充当金と完済充当金以外の金銭がB社からYに交付されたことを示す証拠はないし、YがB社に対してその他の支払いを約したと認める証拠もない。

② 各物件の固定資産税評価額の合計は約1億5,000万円であり、また、その前後の金額と評価する複数の鑑定評価書も存在する。第1契約の売買価格とされた6,000万円は、これらと比して著しく低額といえるうえ、その額さえ実際に支払われたものとは認められない。

（第1契約が無効となるかについて）

③ 第1契約の売買価格は、上記各評価額の半額以下であり、また、この契約により、Yは自宅と収入源を全て失い、生活の基盤を完全に失ったうえ、手許には全く金銭が残らないこととなる。このため、Yがかかる不合理な取引を行ったのは、A組合から競売申立を示唆されている中、論理的思考力や判断力等が相当程度低下していたことによるものと強く推認される。

④ 一方、B社は、第1契約と第2契約により、契約上の金額でも4,500万円の転売利益を得ているのみならず、実際に支払ったことが認められるのは4,000万円余に過ぎないことから、6,000万円以上の莫大な利益を得ており、第1契約は、相手方の切迫した窮状と論理的思考力や判断力等の低下に乗じた公序良俗に反する暴利行為と言わざるを得ない。

（第1契約の無効をXに対抗できるか）

⑤ Xは、自らは善意の第三者であり、権利外観法理により保護され、各物件の所有権を取得している旨主張するが、B社が所有者であるとの外観が作出されたこと、これが速やかに是正されなかったことについて、Yに帰責性があるとは認められない一方、Xは第2契約締結に先立ちYに面談していた上、第1契約の売買金額も認識していたことからすれば、Xが善意無過失の第三者と認める

ことはできず、Xの主張は採用できない。

（結論）

⑥　よって、Xの請求は理由がない。

○本事例を検討する際の留意点

上記判決からすれば、本事例においては、売買契約の経緯や内容などを踏まえ、当該売買契約が有効といえるのか、元の所有者がいかなる理由・根拠で立ち退きを拒否しているかなど確認のうえ、対応を検討することが大切です。

○本事例及び上記判決から学ぶこと

民法は、公の秩序や善良な風俗に反する法律行為は、無効であると定めています（民法90条）。不動産取引においても、所有者の経済的窮状などに付け込んで、正当な判断が困難となっている当事者に働きかけて不当に低廉な価額で不動産を取得するような行為は、この公序良俗違反に該当するものとして、無効とされる場合があります。

本来売買によって所有権が移転した場合、賃借権の設定などの新たな利用権の設定がないときは、元の所有者には物件を明け渡す義務が生じますが、売買契約そのものが無効である場合には、当然に、所有権の移転は発生せず、（元の）所有者の物件の明渡し義務は存在しないことになります。

上記判決の事案では、転売によって所有権を取得したとする者が、その前の売買契約の売主に対し物件の明渡しを請求したところ、売買の一連の経緯などから、前の売買契約を無効とし、転売によって所有権を取得したとする者はそのことについて善意無過失とは言えないとして、立ち退き請求が認められませんでした。

宅建業者及び宅建士は、一方当事者の窮迫に乗じて不当に安い価格で行われる取引行為などを積極的に進めたり、それに関与したりすることは決して行ってはならず、当事者双方の利益の実現のために合法かつ適正な取引に努めることが大切です。

◆転売利益勧誘

転売利益が得られると媒介業者から勧誘され不動産購入をしたが転売できず契約を解除したので、媒介業者に損害賠償を求めたい。

私は、媒介業者から引渡までに転売して利益が得られると勧誘され、未完成建物一棟の購入契約をしましたが、引渡時までに転売できる見込みが立たず手付解除をしました。媒介業者に対して、放棄した手付金、支払った媒介手数料相当額の損害賠償を求めたい。　(買主　法人)

関連裁判例の紹介

本事例を検討するに当たっては、平成30年3月28日東京地裁判決が参考になります。

【上記判決の概要】

●事案の概要●

(X　買主　Y　媒介業者　A　売主業者)

媒介業者Yは、買主Xに、未完成のマンション一棟（本件不動産）について、「残金を用意しなくても、引渡し日前までに、容易に第三者へ11～12億円で転売することができる。」などと説明して購入を勧めた。

Xは、手付金が用意できれば残代金（売買代金から手付金を差し引いた額に相当する金銭）を用意しなくても転売利益が得られると考え、Yの勧誘に従って本件不動産を購入することとし、平成27年8月、売主業者Aとの間で、Yの媒介により、本件不動産の売買契約（本件売買契約）を以下の通り締結した。

(本件売買契約)
・売 買 代 金：9億5,000万円
・手　付　金：　3,000万円
・残　代　金：9億2,000万円
・残金決済日：平成28年6月末日
・違　約　金：9,500万円（売買代金の10%）
・特 約 事 項：売主は買主が本物件を第三者に売却する目的で購入することを了承する。

しかし、本件売買契約締結後、平成28年になっても、YはXに対して本件不動産の売却候補者を紹介しなかった。不安になったXは、金融機関や不動産に詳しい知人に相談するうちに、本件不動産を11億円余で売却できる根拠がないと考えるようになり、Yを問い質した。しかしYは、金融機関や転売先の紹介はすぐに行うと答えるのみであり、実際の紹介はなかった。

XとYは、平成28年5月ころに面談し、Xは、Yから中間省略登記で右から左に買い手がおり儲かると言われ参加した、銀行や資金繰りも全く考えていなかったなどと発言したが、Yは、これを否定も留保もしなかった。また、Xは、利益はいらないとも伝えたところ、Yは、Xの手付金が没収されないように本件不動産の売却先として3、4社に当たっており、有力先が1社いるので結論は1週間程度でわかるなどと回答した。

その後Xは、Yから具体的な転売先の紹介を受けることなく、残代金の支払期限を経過したため、平成28年7月にAと面談して謝罪し、手付解除の合意を得て、本件売買契約について合意解約をした。

以上のような経緯のもと、Xが、Yに対して、媒介契約の受託者としての善管注意義務違反及び宅建業者の誠実義務違反の債務不履行または不法行為に基づき、損害賠償（手付金3,000万円及び支払った媒介手数料2,000万円の計5,000万円）の支払を求める訴訟を提起したのが本事案である。

●相手方（Y）の言い分●

これに対しYは、Xの主張は、一切資金の準備をせずにリスクを負うこともなく短期間に転売価格と購入価格の差額の2億円前後の利益を上げようというものであって不合理である、Xはその目的やかつて宅地建物取引業の免許を取得していたこと等から不動産に関して素人とはいえない知識と経験を有していたなどと主張している。

●裁判所の判断●

裁判所は概ね次のように判示し、Xの請求を一部認容しました。

（善管注意義務違反の有無）

① 不動産業者が、媒介を行う売買契約の後に締結を目指す将来の転売契約の代金額を言及する場合は、信義誠実の原則にのっとって、事後的に検証可能な計算根拠等を準備した上で言及するべきである。

しかし本件でYは、Xに対し、本件売買契約の勧誘の際、近隣の賃料相場や賃料利回りは説明したが、それ以上に11億円余で転売できる見込みについての具体的な資料を提示したり説明を加えたりしたものとは認められず、Yも転売できる見込みは有していなかったものというべきである。

② また、Yは、Xに対し、中間省略登記を利用して本件のように転売する場合でもXが残代金を用意する必要があることを十分に説明せずに本件売買契約を締結させたものであり、かかる勧誘行為は、媒介契約の受任者としての善管注意義務に反し、宅建業者としての信義誠実義務に反するものである。

③ したがって、YはXに対し、損害賠償義務を負うというべきである。

（過失相殺）

④　一方で、業務として投資活動を行っているXが、資料もほとんど渡されず、Yの口頭のみの説明を信じることは、投資をする際のリスク判断として通常のことではないと言うべきである。またXは、Yによる説明について、他に確認や調査等をした事実も窺えない。

⑤　そうすると、Xにおいても、本件売買契約の締結という投資によって利益を得る見込み又は損害を被るリスクについて、自らすべき確認及び調査等を怠り、それによって誤った判断をしているものであって、4割の過失相殺をするのが相当である。

（結論）

⑥　以上から、Xの請求は、上記の限度で理由がある。

○本事例を検討する際の留意点

上記判決からすれば、本事例においては、相談者が転売により利益を確保することにつきどの程度の知識や経験があったのか、媒介業者はどのような資料に基づき転売利益の見込みの発言をしたのかなどを確認のうえ、対応を検討することが大切です。

○本事例及び上記判決から学ぶこと

転売目的での売買契約では、転売によって得られる利益（基本的に転売代金と購入代金との差額）がどの程度見込めるのか、また、転売がいつ頃可能なのかなどが、売買契約の締結等を決定する上での重要な情報となります。

上記判決の事案では、媒介業者が物件の購入から転売に至る一連の過程において重要かつ必要な事項である残代金の確保の必要性等につき説明がなかったことを媒介業者の義務違反としつつも、買主側の不動産に係る知識や経験を考慮して、買主として必要な確認等を怠った過失もあわせて認定しています。

宅建業者及び宅建士においては、個々の売買契約の目的などに鑑み、当該契約の締結等の決定に重要な事項については、正確な情報提供に心がけるとともに、収益などの説明に当たっては、その根拠を明確に明示できるよう準備をして発言等することが大切です。

◆広告誤り

広告の誤りにより納戸を居室と買主に誤認させた売主業者に、不法行為責任として慰謝料の支払いを求めたい。

私は、納戸と表示すべき部屋を居室とすることにより「4LDK」と広告に記載された物件を購入してしまいました。これは売主業者の不法行為なので、責任を認めてもらい、慰謝料等を請求したい。（買主　個人）

関連裁判例の紹介

本事例を検討するに当たっては、令和3年3月9日東京地裁判決が参考になります。

【上記判決の概要】

●事案の概要●

（X　買主　Y　売主業者）

平成23年8月24日、X夫妻は、売主業者Yから、延床面積102.38㎡の新築2階建て住宅（本件建物）を購入した（本件売買契約）。

本件建物の2階には約6畳の部屋（本件部屋）があり、この部屋は北側と東側に窓が設けられ、クローゼットも備えていたが、建築基準法上の居室と定義するための採光の要件を満たしていないため、重要事項説明書添付の図面上では「納戸」と表記されていた。

しかし、本件建物の購入前にXらがYから受領したパンフレットには、本件部屋は「Master Bedroom」と表記され、本件建物は「4LDK」と記載されていた。

Xらは、本件建物に入居後、本件部屋を子供部屋として使用していたが、令和2年2月、本件建物を転売するために別の宅建業者に相談した際、本件部屋が本来は納戸であり、本件建物は3LDKと表示すべきであることを初めて知った。

そこでXらが、上記事実が宅建業法違反及び不動産公正取引協議会連合会の「不動産の表示に関する公正競争規約」（以下「公正競争規約」という。）違反に当たり、本件建物の居室数に対する信頼等に係るXらの利益ないし権利が侵害されたと主張して、不法行為による損害賠償として、Yに対し、330万円（慰謝料300万円、弁護士費用30万円）の支払を求める訴訟を提起したのが本事案である。

●相手方（Y）の言い分●

これに対しYは、パンフレットに誤記載があったからといって、本件建物の性状についてXらが誤信していたとはいえない、Xらに対し、本件売買契約締結に当たって本件部屋を納戸と表記した本件建物の図面を交付したなどと主張している。

●裁判所の判断●

裁判所は概ね次のように判示し、Xの請求を一部認容しました。

（Yの不法行為責任の有無）

① 公正競争規約23条1項⑽において、「建築基準法（昭和25年法律第201号）上の居室に該当しない部屋について、居室であると誤認されるおそれがある表示」の広告が禁止されている趣旨に鑑みれば、建物の購入者にとって、建築基準法上の居室か否かは購入の際の重要な考慮要素の一つというべきである。

② 本件において、Yが本件部屋が居室であることを前提に「4LDK」と表示したパンフレットを交付して説明した事実を踏まえると、Xらは、本件建物が「4LDK」であり、本件部屋が建築基準法上の居室の要件を満たした部屋であると誤認して本件建物を購入したものと認められる。

③ 仮に、寝室等として利用可能な部屋であったとしても、建物の販売広告において、建築基準法上の居室の要件を満たしていない部屋について、居室であるかのような表示をすることは許されず、そのような表示は、これを信頼して購入した者の建物の形質に対する信頼という利益を侵害するものである。

また、本件売買契約の重要事項説明書添付の本件建物の図面には、本件部屋が「納戸」と表記されていた事実を踏まえると、Yは、本件部屋が建築基準法上の居室の要件を満たしていないことについて認識していた、又は少なくとも認識し得たというべきである。

したがって、パンフレットにおいて「4LDK」と表示したことについて、Yは不法行為責任を負う。

④ Yは、Xらが実際の間取りや各部屋の広さや造り等を事前に確認した上で本件建物を購入したのであるから、パンフレットに誤記載があったからといって、本件建物の性状について誤信していたとはいえないと主張する。

しかし、本件部屋は、建築基準法上の採光の要件を満たしていないものの、約6畳の広さがあり、2方面に窓も設けられ、クローゼットを備え、居住者が本件部屋を寝室として利用することが可能であることから、Xらが購入前に本件建物内を確認しただけで本件部屋が建築基準法上の居室ではなく、Xらが本件建物は「3LDK」と表示されるべきものであると認識することは困難である。

また、Yは、Xらに対し、本件売買契約締結に当たり、本件部屋を納戸と表記した本件建物の図面を交付したと主張するが、当該図面を交付したことのほかに、Xらに対し、本件部屋が建築基準法上の居室ではないことを説明した事実は見当たらない。

⑤ したがって、本件売買契約締結の際の重要事項説明書に添付された図面をもって、本件部屋が建築基準法上の居室の要件を満たした部屋であると誤認させるおそれのあるパンフレットの表示を訂正したことにはならない。

（Xらの損害）

⑥　Yには、信頼を害されたXらの精神的苦痛を慰謝すべき義務があるが、本件部屋は寝室として利用することが可能であること、実際にXらは、本件建物を購入後9年間にわたり本件部屋を子供部屋として使用してきたことなども勘案すれば、Yが負担すべき慰謝料額はXら合計で6万円と認めるのが相当である。

（結論）

⑦　よって、Xらの請求は、6万円を限度として理由がある。

○本事例を検討する際の留意点

上記判決からすれば、本事例においては、問題とされている部屋が建築基準法上の居室ではないと明確にいえるのかを確認のうえ、対応を検討することが大切です。

○本事例及び上記判決から学ぶこと

不動産の表示に関する公正競争規約では、不動産の広告につき、「建築基準法上の居室に該当しない部屋について、居室であると誤認されるおそれがある表示」をすることが禁止されています（同規約23条1項）。

そして、上記判決が述べているように、建築基準法上の居室か否かは、住宅を購入する者において、購入する際の重要な考慮要素の一つであるといえます。

したがって、宅建業者及び宅建士においては、不動産の広告において、不動産の表示に関する公正競争規約を遵守し、顧客に誤解を招くような表示を決して行ってはいけないことに注意する必要があります。

◆相隣関係

Q74 隣地の樹木や建物の管理不備等により自分の所有地に損害が発生したので、隣地の売主及び取引の媒介業者に損害賠償を請求したい。

隣地所有者が土地と家屋を売却しましたが、売主が樹木を適切に伐採しなかったため害虫が発生したり、家屋からの落雪で当家の目隠し板が破損したり、家屋の屋根瓦の放置で当家の窓の開閉に不便が発生しています。このため、隣地取引の媒介業者に売却に当たっては新築建物に建築制限を付けるように言いましたが対応してくれません。売主に対しては、修繕に要した費用や屋根瓦の危険性について、媒介業者に対しては、新築建物の建築制限の設定要求が果たされなかったことについて、損害賠償を請求したい。

（隣地居住者　個人）

関連裁判例の紹介

本事例を検討するに当たっては、平成31年1月21日東京地裁判決が参考になります。

【上記判決の概要】

●事案の概要●

（X　隣地居住者　Y１　売主　Y２　媒介業者　A　買主）

売主Ｙ１（個人）は媒介会社Ｙ２（宅建業者）の媒介により、住宅用土地（本件土地）を平成30年3月、Ａ社（不動産業者）に売却した。

売却前の手続として、Ｙ２が隣地所有者に対し、境界の確認作業の立ち合いを依頼し、同年2月、隣地所有者の子で同居しているＸ（個人）が立ち会った。

翌3月に、Ｘは、Ｙ１・Ｙ２と面会し、本件土地にかつて存在した樹木をＹ１が適切に伐採等しなかったことで害虫が発生し、通院することを余儀なくされたこと、本件土地上に存在した家屋の屋根からの落雪によりＸ側敷地内に設置した目隠しのための波板等が損壊したこと、当該家屋の屋根の上に複数の屋根瓦が放置され、危険でＸ側建物の窓を開けられないことを説明し、本件土地の売却に当たっては、建築制限を入れて欲しいと主張した。

しかし、Ｙ１・Ｙ２は、Ａ社への売買に際し当該請求事項を反映しなかったことから、Ｘが、Ｙ１に対しては、いつ屋根瓦が飛来・落下してくるかもしれない危険性にＸや同居するその母がさらされ続けたなどとして、Ｙ２に対しては、屋根瓦の危険性や被害の状況等をＹ１に伝言するようにとの申入れや買主との間での新築建物に係る建築制限の合意要求等を違法に無視したことは、Ｘに対する説明義務や善管注意義務違反に当たるとして、慰謝料130万円等の支払を求める訴訟を提起したのが本事案である。

●相手方（Ｙ１及びＹ２）の言い分●

これに対しＹ１は、Ｘ主張の各不法行為の内容やＸに生じたとする被害の内容などの前提となる事実関係が立証されていないと主張し、Ｙ２も、宅建業法に違反するような業務は行なっていないと主張している。

●裁判所の判断●

裁判所は概ね次のように判示し、Ｘの請求を棄却しました。

（Ｙ１のＸに対する不法行為責任又は工作物責任の有無）

① Ｘが主張する樹木による被害や落雪については証拠不十分で具体的な事実関係を認めるに足らない。

② また、当該家屋に屋根瓦が存在したとしても、Ｘが居住する以前においては、Ｘには何らかの法的利益が侵害されたとは評価し得ないし、以前から居住する母の身を案じざるを得ないなどとの支障があったとするＸの危惧感は、法的保護に値するものとは言えない。

③ さらに、Ｘが転居して以降は、社会通念上その間に台風や大雪などの荒天や地震等が少なからず生じていたと認められるにもかかわらず、Ｘは、屋根瓦が動いて位置が変わったとか、実際に落下したなどの事実を特に主張していない。そうすると、Ｘの主張するような放置された屋根瓦の落下や飛来によってＸ側建物等に損害が生じ得るという危険性は、抽象的な危惧感の域を超えるものとは言いがたい。

④ よって、Ｘが屋根瓦の放置によって何がしかの不安感を抱いたとしても、法的保護に値するような利益の侵害があったとは認められず、Ｙ１が、屋根瓦を屋根の上に放置したことが違法であるとは言えない。

（Ｙ２のＸに対する債務不履行責任又は不法行為責任の有無）

⑤ Ｘは、売買にかかる媒介契約に基づきＸに対しても善管注意義務や説明義務等を負う旨主張するが、同契約の当事者はＹ２とＹ１であるから、Ｙ２がXに対して同契約上の債務を負担する根拠を見出すことはできない。

⑥ また、宅建業法31条1項、35条1項及び47条に定められた善管注意義務や説明義務の対象に、当該宅地建物の取引関係に関与していない、取引の目的となる宅地建物の近隣住民が含まれないことは、各条項の文言上明白である。

⑦ なお、ＸがＹ２に対しＹ１への伝言を依頼したとの点についても、Ｘの提出した証拠上明らかではないし、仮にＹ２と当該伝言をする旨の合意がなされたとしても、法的拘束力を認め得る何らかの契約が成立したとまでは認められず、Ｙ２がかかる合意を反故にしてＸの期待が裏切られたとしても、受忍限度の範囲内というべきであるから、Ｘの何らかの権利が侵害されたと評価するこ

とはできない。

（結論）

⑧　以上から、Xの請求はいずれも理由がない。

○本事例を検討する際の留意点

上記判決からすれば、本事例においては、基本的には隣地の従前の所有者や、新しい隣地所有者に対し樹木や管理の適切な実施を求めるものであることを指摘し、隣地所有者との間で協議するよう助言することが大切です。

○本事例及び上記判決から学ぶこと

隣地の建物や樹木の管理が不十分な場合には、枝の越境や害虫の発生、隣地の建物等の破損などにより、土地建物に被害が生じる可能性があります。このような相隣関係の問題については、土地建物の所有者同志で解決を図るのが基本です。また、隣地の建物等が破損し、それによって自らが所有する建物等に損害が生じた場合には、隣地所有者に対し、工作物責任による賠償請求をすることも可能となります。

本事例や上記判決の事案では、隣地の土地建物が売却される機会において、当該売買に関与する媒介業者に対しその是正を求めていますが、判決が述べるとおり、媒介業者は、取引の対象となる土地建物の隣地の所有者に対し、契約上の債務や宅建業法上の善管注意義務・説明義務を負うことはありません。

宅建業者及び宅建士においては、本事例等のように、取引の対象である土地建物の隣地所有者等から取引とは直接関係のない対応を依頼された場合には、今後の買主のご近所づきあい等の観点から一定の対応をすることはありうるとしても、法的義務として対応することはできない点を理解してもらうようにすることが大切でしょう。

◆売主なりすまし

売主のなりすましにより手付金を詐取されたので、注意義務を怠った媒介業者に損害賠償を請求したい。

土地の売主になりすました者と売買契約を締結してしまい、手付金を詐取されました。この取引を依頼した媒介業者には、媒介契約上の注意義務があり、これを果たさなかったので、損害賠償を請求したい。　　（買主　法人）

関連裁判例の紹介

本事例を検討するに当たっては、平成30年3月29日東京地裁判決が参考になります。

【上記判決の概要】

●事案の概要●

（X　買主業者　Y　買主側媒介業者　A　売主　B　Yの元従業員　C　売主側媒介業者　D　「先行売買契約」の媒介業者）

平成28年5月、Xは、喫茶店において、Xに本件土地を紹介したB（Yの元従業員）と本件土地の売買に関して打合せをしたが、このとき、媒介業者としてYを紹介され、Xは、Yとの間で、本件土地の売買の媒介契約（本件媒介契約）を口頭で締結した。そしてXは、Yから、本件土地の売主Aと現在本件土地を所有している者との間で締結された先行売買契約書の写しを提示され、「現土地所有者は、Aとの間で売買契約を締結しており、Aがその所有権を取得する」との説明を受けた。

Yと別れた後、XとBは、別の喫茶店に移動し、A及びA側の媒介業者Cらと会い、先行売買契約書、先行売買契約の手付金領収書等の写しを提示し、土地売買契約の内容について協議した。そして、翌日、Aの事務所にて、売買代金1億3,000万円、手付金500万円とする売買契約（本件売買契約）を締結し、手付金の授受を行うことを合意した。

同日夜、Yは、Bから送付された土地売買契約書及び重要事項説明書を確認した上、Xに対し、当該書類をFAXで送付した。

翌日、X、Y及びBは、A及びCとの待合せ場所に集合したが、Cから、Aの事務所が使用できなくなったため、Yの事務所で契約締結することを提案された。Xは、Aの事務所を確認したいと返答し、全員でAの事務所に向かったが、Aの事務所には、事前に説明を受けた会社名とは異なる会社名が掲げられていた。その後、タクシーに分乗し、Yの事務所に向かう途中で、YはXに「何か嫌な予感がする」と述べた。

Ｙの事務所にて、Ａは、Ｘに対し、媒介業者Ｄの記名押印がされた先行売買契約書、重要事項説明書に加え、先行売買契約の手付金領収書の原本を示し、それらの写しを交付し、Ａの運転免許証を提示した。このときＸは、先行売買契約書記載の売買代金支払期限が延長となっていることに関し合意書が取得できていないため、本件売買契約の締結を延期したいと述べたが、Ｙから「ほかにも購入希望者がいる」と述べられたので、Ｘは、本件売買契約を締結し、手付金500万円をＡに支払った。

契約締結日の翌日、Ｘは、本件土地について、レインズで物件検索をしたところ、2億円とする売情報が掲載されていた。Ｘが、先行売買契約の媒介業者Ｄに電話で問い合わせたところ、本件土地はＡに対して売却されていないこと、Ａが交付した先行売買契約書は偽造されたものであることが発覚した。

以上のような経緯のもと、Ｘが、Ｙに対し、媒介契約上の善管注意義務違反があるなどと主張して、手付金相当額である500万円の支払を求める訴訟を提起したのが本事案である。

●相手方（Ｙ）の言い分●

これに対しＹは、Ｘとの間には媒介契約は成立していないので、善管注意義務違反が成立する余地はない、媒介契約はしていないけれどもＸのために売買契約前に契約の延期を提案したなどと主張している。

●裁判所の判断●

裁判所は、概ね次のように判示し、Ｘの請求を一部認容しました。

（ＸとＹ間の媒介契約の成否）

① Ｙは、媒介契約書が作成されておらず、Ｘから媒介の依頼を受けていないとして、本件媒介契約は成立していないと主張する。しかし、Ｙは、本件売買契約書及び重要事項説明書に記名押印していることとあわせ、先行売買契約書の写しの提示、本件土地売買契約書案のＸに対するFAXによる送付、契約締結場所としてＹ事務所の提供など、媒介に該当する行為を行っていることが認められる。よって、ＸとＹとの間で媒介契約が成立したものと言うことができる。

（媒介契約上の義務違反の有無）

② Ｙは、本件売買契約がいわゆる他人物売買であることを知っており、Ａと現所有者との先行売買契約が有効に締結されたものであるか否かについて、先行売買契約書に記載された媒介業者Ｄに連絡して確認すべき義務があったにもかかわらず、Ｙは、これをしていない。よって、Ｙは、本件媒介契約上の善管注意義務に違反すると言わざるを得ない。

③ また、Ｙは、本件売買契約締結の延期を勧めた旨供述するが、Ｙ自身が期限

に従い本件売買契約の締結に向けた行為をしていることからすると、当該供述は信用できない。よって、Ｙには、本件媒介契約上の善管注意義務違反があると言うべきである。

（損害について）

④　Ｘが、Ｄに電話で問い合わせ、現土地所有者がＡとの間で先行売買契約を締結していないことはすぐに判明したのであるから、ＸがＡに交付した手付金500万円は、Ｙの上記善管注意義務違反により生じた損害と認められる。

（過失相殺）

⑤　Ｘは、宅建業者であり、Ａが本件土地の所有権を取得できない場合に生じるリスクも当然理解していたと思われる。しかも、契約場所が突然変更され、Ａの事務所に異なる会社名の表示があり、Ｙからも注意喚起の発言があるなど、本件売買契約に不信感を抱くのに十分な状況にあった。したがって、Ｘは、宅建業者として、Ｙに対してＡの所有権取得の確実性の調査を指示することを求め得る状況にあったにもかかわらず、特段の確認をすることなく、安易に契約に至った過失があったと言わざるを得ない。よって、過失相殺により、損害額（500万円）からその2割（100万円）を減じるのが相当である。

（結論）

⑥　以上から、Ｘの請求は、400万円の支払いを求める限度で理由がある。

○本事例を検討する際の留意点

上記判決からすれば、本事例においては、媒介業者との間で媒介契約が成立したといえるか、媒介業者は売主がなりすましであることを認識し、または認識し得たと言えるのか、相談者に対し適切に注意喚起等を行っていたかなどを確認のうえ、対応を検討することが大切です。

○本事例及び上記判決から学ぶこと

売主が売買契約の目的物である不動産について売買権限を有することは、売買契約の締結においては当然の前提となります。売主が当該不動産の所有者であれば基本的に問題ありませんが（ただしこの場合でも、売主に行為能力があるか、共有物件であれば他の共有者から承諾があるかなどが問題となります）、上記判決の事案にように、売買契約の時点では売主以外の所有物であるときは特に注意が必要です。

売主が所有者以外の場合でも、他人物売買として有効ですが、売主は、その時点での所有者から所有権を取得して買主に移転する義務を負います（民法560条）。上記判決の事案のように、「先行売買契約」が事前になされている場合もありますが、当該先行売買契約が有効に成立しているのかはしっかりと確認することが必要です。

宅建業者及び宅建士においては、他人物売買に関与する場合には、売主が対象となる不動産をその時点での所有者から取得することが可能なのか、売主と所有者との間の売買契約が確実に履行されるかも含めて調査するなど、慎重に対応することが大切でしょう。

著者略歴

佐藤　貴美（さとう　たかよし）

平成元年　東北大学法学部卒業
平成元年　総理府（現内閣府）入省。
以後建設省、総務庁、公害等調整委員会等を経て、平成13年3月退職。（平成3年～5年　建設省住宅局民間住宅課に在籍し、賃貸住宅標準契約書の作成、マンション管理等の業務に携わる）
平成11年　司法試験合格
平成14年　弁護士登録（第一東京弁護士会所属）
平成16年　佐藤貴美法律事務所開設

主な著書　基礎からわかる賃貸住宅の管理（住宅新報社）
ビル管理のための建築関連法規ガイドブック（共著）（技術書院）
わかりやすい賃貸住宅標準契約書の解説（大成出版社）
建物賃貸管理・マンション管理　緊急時の対応Ｑ＆Ａ（大成出版社）
マンション管理・改修ガイドブック（共著）（大成出版社）
不動産賃貸借Ｑ＆Ａ（大成出版社）

不動産売買Ｑ＆Ａ

実務叢書 わかりやすい不動産の適正取引 シリーズ

2024年７月31日　第１版第１刷発行

著　佐藤貴美
編　(一財)不動産適正取引推進機構
（略称：ＲＥＴＩＯ）

発行者　箕浦文夫
発行所　株式会社大成出版社

〒156—0042
東京都世田谷区羽根木１—７—11　TEL 03（3321）4131㈹
https://www.taisei-shuppan.co.jp/

印刷　信教印刷

ISBN978—4—8028—3564—0